商业法律与法规

职业教育商贸、财经专业教学用书

主　编　陈　盈
副主编　林　轩

华东师范大学出版社
上海

图书在版编目(CIP)数据

商业法律与法规/陈盈主编. —上海:华东师范大学出版社,2015.11
 ISBN 978-7-5675-4349-2

Ⅰ.①商... Ⅱ.①陈... Ⅲ.①商法-中国-教材 Ⅳ.①D923.99

中国版本图书馆 CIP 数据核字(2015)第 283771 号

商业法律与法规
职业教育商贸、财经专业教学用书

主　　编　陈　盈
责任编辑　李　琴
特约审读　金　珺
装帧设计　徐颖超

出版发行　华东师范大学出版社
社　　址　上海市中山北路3663号　邮编 200062
网　　址　www.ecnupress.com.cn
电　　话　021-60821666　行政传真 021-62572105
客服电话　021-62865537　门市(邮购)电话 021-62869887
地　　址　上海市中山北路3663号华东师范大学校内先锋路口
网　　店　http://hdsdcbs.tmall.com

印 刷 者　常熟市文化印刷有限公司
开　　本　787×1092　16开
印　　张　12.75
字　　数　295千字
版　　次　2016年1月第1版
印　　次　2022年7月第7次
书　　号　ISBN 978-7-5675-4349-2/G·8812
定　　价　36.00元

出版人　王　焰

(如发现本版图书有印订质量问题,请寄回本社客服中心调换或电话 021-62865537 联系)

出版说明

CHUBANSHUOMING

本书立足于商业活动,着重阐述与市场主体及经营活动(商业活动)密切相关的法律、法规,以适应职业学校学生的就业岗位需求,为职业学校学生量身定做。

本书主要栏目设置如下:

案例导入: 以实际案例导入学习内容。

小小陪审团: 针对上下文的内容设置案例分析,针对性强。

深度链接: 对所学内容进行拓展,为有需要者提供补充资源。

本书相关资源请至 www.shlzwh.com 中的"教学资源"栏目,搜索关键字"商业法律"进行下载,或与我社客服联系:service@shlzwh.com,13671695658。

另,本书部分图片取自网络和其他书籍,来源明确的已做标注,如有不妥之处,也请联系我们。

华东师范大学出版社

2015 年 12 月

前　言

QIANYAN

现代法治社会要求每个社会成员都应该学法、知法、懂法、守法，依照法律从事各项生产和社会活动，一切活动必须纳入法律的轨道，用法律维护我们的合法权益。法律知识尤其是商业法律知识无疑应当成为商业营销专业技术人员知识结构的重要组成部分，对中等职业学校市场营销专业的学生更是这样。通过学习商业法律法规，树立正确的人生观、价值观，促进和规范市场经济中人与人之间的关系，正确处理市场经济中人与人之间的矛盾和纠纷，在生活中，遵守法律，享受个人权利、履行义务。

本教材是根据《上海市市场营销专业教学课程标准》的基本要求设计编写的。教材立足于商业活动，着重阐述与市场主体及经营活动(商业活动)密切相关的法律、法规，以适应职业教育学生的就业岗位需求，增加实践性的教学，进行重点案例的分析，增强学生的实践运用能力。

本教材的特点：

一、教材结构的新颖性。本教材选用学生今后生活、工作中能接触的相关法律、法规，增加了法律基础知识的介绍，让学生深感到法就在身边。

二、教材的实用性和实践性。本教材选用大量与理论相关的案例，案例引导明确、直观，通俗易懂，特别增加了学以致用的环节，注重学生的实践运用能力。

三、教材内容的准确性。本教材结合中国现行的相关法律条文，引入最新的法律、法规和司法解释，确保教学内容的准确性。

本教材由陈盈担任主编，林轩担任副主编。参编人员包括：胡咏雪、张伟、冯佳峰、祝毅晨、付晓伟、陈崎。

本教材编写过程中参阅了大量的参考资料及相关书籍，对于编写过程中存在的问题和不足之处，望读者能多提宝贵意见和批评指正，以便及时改进。

编　者

2015.12

目 录

MULU

第一章　民法　　1
第一节　民法概述　　1
第二节　民事主体　　4
第三节　民事法律行为　　7
第四节　代理　　9
第五节　民事权利　　11
第六节　民事责任　　17
第七节　诉讼时效　　19

第二章　合同法律制度　　23
第一节　合同法概述　　23
第二节　合同的订立　　27
第三节　合同的效力　　31
第四节　合同的履行、担保　　33
第五节　合同的变更、转让　　37
第六节　合同的解除与终止　　38
第七节　违约责任　　39

第三章　公司法律制度　　48
第一节　公司法律制度概述　　48
第二节　有限责任公司　　50
第三节　股份有限公司　　59
第四节　公司的合并与分立　　67
第五节　公司的解散和清算　　69
第六节　公司财务、会计　　71
第七节　违反公司法的法律责任　　72

第四章　知识产权法律制度　　76
第一节　知识产权法概述　　76
第二节　商标法　　78
第三节　专利法　　92
第四节　著作权法　　102

第五章　产品质量法律制度　　111

第一节　产品质量法概述　　111
第二节　产品质量的监督管理　　113
第三节　生产者、销售者的产品责任和义务　　115
第四节　产品质量侵权的损害赔偿　　117

第六章　反不正当竞争法律制度　　123

第一节　反不正当竞争法概述　　123
第二节　不正当竞争行为的种类　　124
第三节　不正当竞争行为的法律责任　　135

第七章　消费者权益保护法律制度　　140

第一节　消费者权益保护法概述　　140
第二节　消费者的权利和经营者的义务　　141
第三节　消费者权益保护途径及争议解决途径　　147
第四节　消费者组织　　149
第五节　侵害消费者权益的行为及应承担的法律责任　　150

第八章　劳动法律制度　　154

第一节　劳动法概述　　154
第二节　劳动者的权利和义务　　154
第三节　劳动合同　　162
第四节　劳动争议的解决　　169
第五节　违反劳动法的责任　　170

第九章　经济仲裁与经济诉讼法律制度　　177

第一节　经济仲裁　　177
第二节　经济纠纷诉讼　　185

第一章 民法

案例导入

【案例回放】

李某7岁的儿子小强平时非常淘气,经常用石头砸别人的窗户,攀摘树木花草等。一日,当小强在马路边玩耍时,遇见有人用三轮车拉着镜子。邻居萧某见状说:"你有本事把那个镜子砸碎,算你厉害。"小强听完当即就拿起石头砸过去,结果致使价值400多元的镜子被砸碎。事后,镜子的主人找到李某要求赔偿,李某支付了与镜子相当的价款。但随即得知小强乃是受萧某唆使,便要萧某赔偿。萧某说,自家小孩调皮惹祸当然由自己负责,以此拒绝赔偿。

1. 小强平时砸坏的东西应由谁赔偿?
2. 镜子的损坏赔偿最后应由谁来承担?

【以案析法】

1. 小强平时造成他人的损害应由李某来承担,因为小强今年只有7岁,属无民事行为能力人。根据《民法通则》的有关规定,不满10周岁的未成年人是无民事行为能力人,无民事行为能力人的监护人是他的法定代理人;未成年人的父母是未成年人的法定代理人。根据《民法通则》中的相关规定,无民事行为能力人、限制民事行为能力人造成他人损害的,由监护人承担民事责任。李某作为小强的法定监护人,当然应对小强的行为负责。

2. 镜子的损坏赔偿最后应由萧某来承担。案例中的小强砸镜子的行为是由萧某教唆所致,所以萧某才是侵权人,损失应由萧某来承担,此时小强充当了萧某侵权的工具。当然,如果萧某没有教唆,则李某只能自己来承担这一损失。

第一节 民法概述

一、民法的概念

民法是调整平等主体的自然人之间、法人之间以及自然人与法人或其他组织之间的财产关系和人身关系的法律规范的总称。

二、民法的调整对象

民法调整的是平等主体的公民之间、法人之间、公民和法人之间的财产关系和人身关系。

（一）平等主体之间的财产关系

财产关系是人们在占有、支配、交换和分配物质财富过程中所形成的具有经济内容的社会关系。只有符合以下特征才能成为民法调整的财产关系：

（1）这种财产关系的主体处于平等地位，即横向的财产关系；

（2）这种财产关系的主体一般是在自愿的基础上发生的；

（3）这种财产关系大多是等价有偿的。

（二）平等主体之间的人身关系

人身关系是指与人身不可分离而以特定精神利益为内容的社会关系。民法所调整的人身关系具有如下特征：

（1）这种人身关系的主体处于平等地位；

（2）这种人身关系是以特定的精神利益为内容的；

（3）这种人身关系与其主体不可分离。

民法所调整的社会关系的特点决定了民法与行政法、劳动法、婚姻法和经济法的不同。

三、民法的基本原则

民法的基本原则是制定、解释、执行和研究我国民法的指导思想，是我国民法的社会主义本质的集中表现。

（一）平等原则

民法上的平等原则，是指在民事活动中，民事主体的法律地位一律平等，所有具有民事主体资格的双方，在民事活动中的行为均应遵循这样的准则。

（二）自愿、公平、等价有偿、诚实信用原则

民事活动应当遵循自愿、公平、等价有偿、诚实信用的原则。

1. 自愿原则

自愿原则是指公民、法人等任何民事主体在市场交易和民事活动中都必须遵守自愿协商的原则，都有权按照自己的真实意愿独立自主地选择、决定交易对象和交易条件，建立和变更民事法律关系，并同时尊重对方的意愿和社会公共利益，不能将自己的意志强加给对方或任何第三方。只要进行交易或其他民事活动双方的交易等行为不违反法律规定，其他任何机关、团体、个人等第三方都不能干涉。

> **小小陪审员**
>
> 2010年，李某（男）与刘某（女）经人介绍认识，并与同年10月份登记结婚，李某对刘某疼爱有加、倍加呵护，但临近结婚了却仍玩兴不减，责任性不够强，为此刘某要李某在婚前写下保证书，内容为：如果某天李某先提出离婚，则李某婚前的所有财产分一半给刘某。婚后李某经常在外玩到深夜才回家，刘某劝过多次均无效，致使双方矛盾不断增多，经常争吵。2012年，李某向法院起诉离婚，庭审中刘某出示了李某的保证书，并请求法庭予以确认。

焦点问题:
　　李某的婚前保证书是否有效?

法理分析:(小组讨论)

判定结果:(小组讨论)

2. 公平原则

　　公平原则是指民事主体应依据社会公认的公平观念从事民事活动,以维持当事人之间的利益均衡。其基本要求是:民事主体应当本着公平的观念进行民事活动,正当行使民事权利和履行民事义务,兼顾他人利益和社会公共利益。根据我国相关法律的规定,民事行为中存在"重大误解"、"显失公平"等行为是当事人请求变更或撤销的法定事由。

☀ 小小陪审员

　　张先生、李先生都在北京某证券公司炒股。李先生是从事多年股票交易的老股民。2002年初,二人自愿签订《委托合同书》,约定张先生出资300万元,委托李先生进行股票交易。李先生保证如果张先生的资金亏损达10%以上,双方终止合同,亏损部分由李先生全额赔偿。而如果盈利达10%以上,张先生应把盈利部分的50%返还给李先生作为报酬。委托期限为半年。合同订立后,张先生依约交付李先生资金进行操作。至2002年8月,张先生账户内的资金亏损超过10%。后张先生将自己的账户接管,自行操作,当时账户内的亏损仍在10%以上。

　　2003年初,张先生将李先生起诉至法院,要求李先生赔偿其股票交易损失40余万元。庭审中,李先生认为双方的合同显失公平,违背利益共享、风险共担的原则。股市行情个人不能操纵,风险难免发生,出现亏损不能由自己承担。所以,不同意张先生的要求,同时请求法院撤销双方的委托合同。

焦点问题:
　　张先生和李先生的委托合同是否显失公平?

法理分析:(小组讨论)

判定结果:(小组讨论)

3. 等价有偿原则

　　等价有偿原则是公平原则在财产性质的民事活动中的体现,是指民事主体在实施转移财产等的民事活动中要实行等价交换,取得一项权利应当向对方履行相应的义务,不得无偿占有、剥夺他方的财产,不得非法侵害他方的利益;在造成他方损害的时候,应当等价赔偿。

4. 诚实信用原则

　　诚实信用原则是指民事主体进行民事活动必须意图诚实、善意,行使权利不侵害他人与社会的利益,履行义务信守承诺和法律规定,最终达到所有获取民事利益的活动,不仅应使当事人之间的利益得到平衡,而且也必须使当事人与社会之间的利益得到平衡的基本原则。自愿、等价有偿的原则是由民法所调整的财产关系的核心即商品关系这一特点决定的。

（三）保护公民、法人合法民事权益的原则

公民、法人的合法的民事权益受法律保护，任何组织和个人不得侵犯。

（四）遵守法律和国家政策原则

民事活动必须遵守法律，法律没有规定的，应当遵守国家政策。

（五）维护社会公共利益原则

民事活动应当尊重社会公德，不得损害社会公共利益，破坏国家经济计划，扰乱社会经济秩序。

第二节 民事主体

一、自然人（公民）

（一）自然人的涵义

所谓"自然人"是指基于自然规律出生的人。公民是指只具有中华人民共和国国籍的自然人。在民法中，自然人包括既有中国国籍的自然人、具有外国国籍的自然人以及无国籍的自然人。

（二）自然人的民事权利能力和民事行为能力

1. 自然人的民事权利能力

（1）自然人的民事权利能力的概念。

自然人的民事权利能力是指法律赋予自然人享有民事权利、承担民事义务的资格。它是自然人参加民事法律关系、取得具体民事权利承担民事义务的法律依据，也是自然人享有民事主体资格的标志。

（2）自然人民事权利能力开始与终止的时间。

自然人的民事权利能力始于出生，止于自然死亡。

（3）自然人的民事权利能力具有平等性。

2. 自然人民事行为能力

（1）自然人民事行为能力的概念。

自然人的民事行为能力是指自然人通过自己的行为行使民事权利或履行民事义务的能力。自然人的民事行为能力包括作出合法行为的能力，而且也包括对其违法行为应承担民事责任的能力。

自然人要有民事行为能力，就必须有正确识别事物、判断事物的能力，即有意思能力。意思能力是自然人具有行为能力的基础。自然人具有意思能力，一方面要达到一定的年龄，具备一定的社会活动经验；另一方面还要有正常的精神状态，能够理智地进行民事活动。

（2）自然人民事行为能力的种类。

自然人的民事行为能力是指自然人通过自己的行为行使民事权利能力的实现必须依赖于行为能力，只有具备行为能力的人，才能通过自己的行为依法行使具体的民事权利或承担民事义务。《民法通则》以我国公民的认识能力和判断能力为依据，以年龄、智力和精神状态为条

件,把自然人的民事行为能力分为完全民事行为能力、限制行为能力和无行为能力三类。(见表:公民的民事行为能力种类)

表　公民的民事行为能力种类

种类	范围	行为能力
完全民事行为能力	十八周岁以上的公民; 十六周岁以上不满十八周岁的公民,以自己的劳动收入为主要生活来源的	独立进行民事活动
限制民事行为能力	十周岁以上不满十八周岁的未成年人	可以进行与他的年龄、智力相适应的民事活动;其他民事活动由他的法定代理人代理,或者征得他的法定代理人的同意
无民事行为能力	不满十周岁的未成年人; 不能辨认自己行为的精神病人	由他的法定代理人代理民事活动

小小陪审员

民事行为能力与民事法律关系

张某去年只有17岁,在本镇的啤酒厂做临时工,每月有600元的收入。7月份,张某未经其父母同意,欲花500元钱从李某处买一台旧彩电,此事遭到了其父母的强烈反对,但李某还是买了下来。同年10月,张某因患精神分裂症丧失了民事行为能力。随后,其父找到李某,认为他们之间的买卖无效,要求李某返还钱款,拿走彩电。

焦点问题:
　　此买卖是否有效?
法理分析:(小组讨论)
判定结果:(小组讨论)

(三) 监 护

1. 概念

监护是指监护人对无民事行为能力人或限制行为能力人的人身、财产及其他合法权益的监护和保护。

2. 监护人的范围

未成年人的父母是未成年人的监护人。如未成年人的父母已亡或没有监护能力的,可以在祖父母、兄、姐等人中指定。无民事行为能力或限制民事行为能力的精神病人的监护人,可以从配偶、父母、成年子女、其他近亲等人员中指定。

3. 监护人的职责

监护人的职责是依法履行对被监护人的义务,保护其依法享有的权利。根据相关的法律规定,监护人的法定监护职责是:保护被监护人的身体健康;照顾被监护人的生活;管理和保护被监护人的财产;代理被监护人进行民事诉讼;对被监护人进行管理和教育;在被监护人合法权益受到侵害或者与人发生争议时,代理其进行诉讼。

> **深度链接**
>
> 宣告失踪和宣告死亡
>
> 一、宣告失踪
>
> 公民下落不明满二年的,利害关系人可以向人民法院申请宣告他为失踪人。失踪人的财产由他的配偶、父母、成年子女或者关系密切的其他亲属、朋友代管。代管有争议的,没有以上规定的人或者以上规定的人无能力代管的,由人民法院指定的人代管。失踪人所欠税款、债务和应付的其他费用,由代管人从失踪人的财产中支付。被宣告失踪的人重新出现或者确知他的下落,经本人或者利害关系人申请,人民法院应当撤销对他的失踪宣告。
>
> 二、宣告死亡
>
> 公民有下列情形之一的,利害关系人可以向人民法院申请宣告他死亡:
>
> (1) 下落不明满四年的;
>
> (2) 因意外事故下落不明,从事故发生之日起满二年的。
>
> 被宣告死亡的人重新出现或者确知他没有死亡,经本人或者利害关系人申请,人民法院应当撤销对他的死亡宣告。有民事行为能力人在被宣告死亡期间实施的民事法律行为有效。被撤销死亡宣告的人有权请求返还财产。依照继承法取得他的财产的公民或者组织,应当返还原物;原物不存在的,给予适当补偿。

二、法人

(一) 法人的概念

法人是具有民事权利能力和民事行为能力,依法独立享有民事权利和承担民事义务的组织。

(二) 法人成立的要件

1. 依法成立

这是社会组织成立法人的形式条件,也是法人能够合法存在以及其经济权益受到国家法律保护的前提条件。

2. 有必要的财产或者经费

它是指法人自有的或能够独立支配的并与经营规模或业务活动范围相适应的资金数额。这是法人成为实际民事主体,参与民事活动,为自己取得民事权利、设立民事义务的物质前提。

3. 有自己的名称、组织机构和场所

法人的名称是区别于其他组织、表明该法人性质和业务范围的标志;法人的组织机构是法人行使其职权和从事日常工作或经营活动不可缺少的常设机构;法人的场所是法人从事生产、经营活动的固定地点。这些都是法人具有独立民事主体地位的具体表现。

4. 能够独立承担民事责任

能够独立承担民事责任是指法人能够以自己的名义和自己所有或者经营管理的财产参与民事活动,享有权利和承担义务。

(三) 法人的民事权利和民事行为能力

法人的民事权利能力和民事行为能力,从法人成立时产生,到法人终止时消灭。

三、民事主体除自然人和法人外还包括其他组织和国家

民事主体除自然人和法人外,还包括其他组织和国家,例如,事业单位和社会团体法人、联营等形式。

第三节 民事法律行为

一、民事法律行为的概念和特征

(一) 民事法律行为的概念

民事法律行为是公民或者法人设立、变更、终止民事权利和民事义务的合法行为。

(二) 民事法律行为的特征

(1) 民事法律行为以行为人的意思表示为必备要素;
(2) 民事法律行为是以发生一定法律后果为目的的行为;
(3) 民事法律行为是一种合法行为。

二、民事法律行为的构成要件

根据《民法通则》的相关规定,民事法律行为应当具备下列条件:
(1) 行为人具有相应的民事行为能力;
(2) 意思表示真实;
(3) 不违反法律或者社会公共利益。

三、民事法律行为的形式

根据《民法通则》的相关规定,民事法律行为可以采取下列形式:

(一) 口头形式

口头形式即行为人用口头语言进行意思表示的形式,包括当面交谈和电话洽谈等直接对话方式,也包括托人带口信等。凡是法律不要求必须以书面形式进行的法律行为,都可以采用口头形式进行。口头形式简便易行,直接迅速,但又因没有文字根据而缺乏客观记载,不便于调查取证。因此,这种形式一般适用于数额不大或者可及时清结的民事法律行为,而不宜适用于数额较大,内容复杂,非即时可清结的民事法律行为。

（二）书面形式

书面形式即行为人用文字进行意思表示的形式。这种形式根据确凿、客观外形明显、易于查证，对于稳定经济关系，防止争议和解决纠纷都有积极作用。因此，标的数额较大，不能即时清结的民事法律行为应采用书面形式。

法律规定用特定形式的，应当依照法律规定。

民事法律行为从成立时起具有法律约束力。行为人非依法律规定或者取得对方同意，不得擅自变更或者解除。

四、无效的和可变更、可撤销的民事行为

（一）无效的民事行为

无效的民事行为是指不具备民事法律行为的法定有效条件，因而不能产生行为人所预期的法律后果的行为。无效的民事行为主要有：

(1) 无民事行为能力人实施的；
(2) 限制民事行为能力人依法不能独立实施的；
(3) 一方以欺诈、胁迫的手段或者乘人之危，使对方在违背真实意思的情况下所为的；
(4) 恶意串通，损害国家、集体或者第三人利益的；
(5) 违反法律或者社会公共利益的；
(6) 经济合同违反国家指令性计划的；
(7) 以合法形式掩盖非法目的的。

无效的民事行为，从行为开始起就没有法律约束力。

（二）可变更、可撤销的民事行为

可变更、可撤销的民事行为，又称为"相对无效的民事行为"，是指依照法律的规定，可以由当事人请求人民法院或者仲裁机关予以变更或者撤销的民事行为。被撤销的民事行为从行为开始起无效。民事行为部分无效，不影响其他部分的效力的，其他部分仍然有效。下列民事行为，一方有权请求人民法院或者仲裁机关予以变更或者撤销。

1. 行为人对行为内容有重大误解

行为是基于重大错误认识而实施的意思表示。所谓重大误解，是指行为人因对行为的性质、对方当事人、标的物的品种、质量、规格和数量等错误认识，并基于此错误认识而实施的、与自己的意思相悖，并造成较大损失的民事行为。

2. 显失公平

显失公平的合同是指一方在紧迫或缺乏经验的情况下而订立的明显对自己有重大不利的合同。

☀ **小小陪审员**

李某的父亲生前是一个集邮爱好者，去世时还留有几本邮票。李某对邮票从不感兴趣，在后来的几次搬家中他都觉得这些邮票不好处理。一日，李某的朋友刘某来吃饭，无意间发现了这几本邮票，刘某也是一集邮爱好者，他随即表示愿意全部购买，最后以5000

元的价格将邮票全部拿走,李某对这一价格也比较满意。事过不久,李某从父亲生前的一朋友处得知,他父亲所留的邮票中,有5张相当珍贵,可能每张都值5000元;同时另一同事告诉他,刘某正在寻找买主。李某立即找到刘某,要求退还刘某的5000元钱,取回邮票,但刘某坚决不同意。双方协商不成,李某诉至法院,要求撤销合同,返还邮票。

焦点问题:
　　李某与刘某间买卖邮票的行为的效力如何?
法理分析:(小组讨论)
判定结果:(小组讨论)

第四节　代理

一、代理的概念和特征

(一) 代理的概念

代理是指代理人在代理权限内以被代理人的名义实施民事法律行为,被代理人对代理人的代理行为,承担民事责任的法律制度。

(二) 代理的特征

从我国《民法通则》关于代理的规定可以看出,代理具有如下特征:
(1) 代理人应以被代理人的名义,并为被代理人的利益实施代理行为;
(2) 代理人须在代理权限内实施代理行为;
(3) 代理的行为是民事法律行为;
(4) 代理行为的法律后果由被代理人承担。

二、代理的适用范围

在实际生活中,代理制度有着广泛的适用范围。根据代理的性质,代理的适用范围主要包括:
(1) 代理进行各种民事法律行为,如代订合同等。
(2) 代理进行诉讼行为,如在民事诉讼、行政诉讼及刑事附带民事诉讼中,以原告、被告或第三人的诉讼代理人身份参加诉讼,维护本人的合法民事权益。
(3) 代理进行某些行政方面的行为,如代理进行房产登记、代理纳税、代理申请专利等。
但是,民法对代理的适用范围并非毫无限制。法律明确规定不适用代理的行为有:
(1) 违法行为不适用代理。违法行为,包括侵权行为、犯罪行为以及其他违反法律和社会公共利益的行为。法律不允许任何人实施,当然也不可能允许代理他人实施。

(2)具有严格人身性质的民事法律行为不适用代理。如立遗嘱、结婚登记、收养子女等行为,必须由本人亲自作出决定和进行表达。

(3)当事人依法约定应由本人实施的民事法律行为不适用代理,如约稿、预约演出等。被预约一方的履行行为也不能代理。

三、代理权的产生和终止

(一)代理权的产生

1. 代理的种类

按照代理权产生的根据不同,代理可分为委托代理、法定代理和指定代理三种。

(1)委托代理。

委托代理是指代理人根据被代理人的委托而进行的代理。委托代理是现实生活中最为常见的一种代理。

(2)法定代理。

法定代理是指法律根据一定的社会关系的存在而设立的代理。它是为无民事行为能力人和限制民事行为能力人而设立的。

(3)指定代理。

指定代理是指根据人民法院或指定单位的指定而产生的代理。它是在公民既无委托代理人又无法定代理人的情况下设定的。

小小陪审员

李某受单位委派到某国考察,王某听说后委托李某代买一种该国产的名贵药材。李某考察归来后将所买的价值1500元的药送至王某家中。但王某的儿子告诉李某,其父已于不久前去世,这药本来就是给他治病的,现在父亲已不在,药也就不要了,请李某自己处理。李某非常生气,认为不管王某是否活着,这药王家都应该收下。

焦点问题:
(1)李某的行为的法律后果到底应由谁来承担?
(2)药是否应由王家出钱买下?

法理分析:(小组讨论)
判定结果:(小组讨论)

---

2. 代理的形式

民事法律行为的委托代理,可以用书面形式,也可以用口头形式。

法律规定用书面形式的,应当用书面形式。书面委托代理的授权委托书应当载明代理人的姓名或者名称、代理事项、权限和期间,并由委托人签名或者盖章。委托书授权不明的,被代理人应当向第三人承担民事责任,代理人负连带责任。

(二)代理权的终止

代理权因一定的法律事实的发生而终止。

（1）有下列情形之一的，委托代理终止：
① 代理期间届满或者代理事务完成；
② 被代理人取消委托或者代理人辞去委托；
③ 代理人死亡；
④ 代理人丧失民事行为能力；
⑤ 作为被代理人或者代理人的法人终止。
（2）有下列情形之一的，法定代理或者指定代理终止：
① 被代理人取得或者恢复民事行为能力；
② 被代理人或者代理人死亡；
③ 代理人丧失民事行为能力；
④ 指定代理的人民法院或者指定单位取消指定；
⑤ 由其他原因引起的被代理人和代理人之间的监护关系消灭。

第五节　民事权利

一、民事权利的概念

民事权利是指自然人、法人或其他组织在民事法律关系中所享有的具体权利。它是民法赋予自然人、法人或其他组织在具体民事法律关系中实施一定行为或者获取一定利益的法律资格。从权利的基本内容来分，民事权利主要包括财产权和人身权，财产权是以财产为客体、以财产利益为内容的民事权利，如物权、债权等；人身权是指以特定的人身利益为客体，并不体现财产内容的民事权利，包括人格权和身份权。有些民事权利既有财产权性质，又有人身权性质，如知识产权、继承权等。

二、物权

（一）物权的概念

物权是指权利人依法对特定的物享有直接支配和排他的权利，包括所有权、用益物权和担保物权。

（二）物权的特征

1. 物权是支配权

物权是权利人直接支配的权利，即物权人可以依自己的意志就标的物直接行使权利，无须他人的意思或义务人的行为的介入。

2. 物权是绝对权

物权的权利主体只有一个，权利人是特定的，义务人是不特定的第三人。除权利人之外，其他一切不特定的人均为义务人主体。都应当尊重权利人行使物权的意愿，不得妨碍权利人行使权利；权利人根据享有的权利可以排斥任何第三人的干涉。

3. 物权是财产权

物权是一种具有物质内容的、直接体现为财产利益的权利,财产利益包括对物的利用、物的归属和就物的价值设立的担保,与人身权相对。

4. 物权的客体是物

物权的客体是特定的独立之物,不包括行为和精神财富。

5. 物权具有排他性

物权的权利人可以对抗一切不特定的人,所以物权是一种对世权。同一物上不许有内容不相容的物权并存,即"一物一权"。

应该注意的是,在共有关系上,只是几个共有人共同享有一个所有权,并非是一物之上有几个所有权。在担保物权中,同一物之上可以设立两个或两个以上的抵押权,但效力有先后次序的不同。因此,共有关系以及两个以上抵押权的存在都与物权的排他性并不矛盾。

6. 物权具有优先效力

物权的优先效力又称为物权的优先权。所谓优先权,是指同一物上有数种权利时,物权具有较其他权利优先行使的效力。在债权的标的上成立物权时,物权便具有优先于债权的权利;有担保的权利,优先于无担保的权利;先设定的物权,优先于后设定的物权。

(三)物权的种类

1. 所有权

所有权人对自己的不动产或者动产,依法享有占有、使用、收益和处分的权利。它是一种财产权,所以又称财产所有权。

2. 其他物权

建设用地使用权、地役权、抵押权、质权、留置权等他物权,仅仅是就占有、使用、收益某一方面的对于物的直接支配的权利,只是享有所有权的部分权能。

(四)物权的保护

物权受到侵害的,权利人可以通过和解、调解等途径解决,也可以依法向人民法院提起诉讼。物权的保护应当采取如下方式:

(1) 因物权的归属和内容发生争议的,利害关系人可以请求确认权利;

(2) 被无权占有人占有不动产或者动产的,权利人可以请求返还原物;不能返还原物或者返还原物后仍有损失的,可以请求损害赔偿;

(3) 造成不动产或者动产损毁的,权利人可以请求恢复原状;不能恢复原状或恢复原状仍有损失的,可以请求损害赔偿;

(4) 妨碍行使物权的,权利人可以请求排除妨害;

(5) 有可能危及行使物权的,权利人可以请求消除危险;

(6) 侵害物权,造成权利人损害的,权利人可以请求损害赔偿。

上述物权保护方式,可以单独适用,也可以根据权利被侵害的情形合并适用。

(五)物权的变动

物权的变动,是物权的产生、变更和消灭的总称。物权的产生,即物权人取得物权,它在特定的权利主体与不特定的义务主体之间形成了物权法律关系,并使特定的物与物权人相结合。物权的变更,有广义与狭义之分。广义的物权的变更,是指物权的主体、内容或者客体的变更。狭义的物权的变更,仅指物权的内容或者客体的变更。物权的消灭,从权利人方面观察,即物权的丧失,可以分为绝对的消灭与相对的消灭。

> **深度链接**
>
> 物权变动的原则
>
> 物权变动有以下原则：
> 1. 公示原则
> 要求物权的产生、变更、消灭,必须以一定的可以从外部查知的方式表现出来。
> 2. 公信原则
> 物权的变动以登记或者交付为公示方法,当事人如果信赖这种公示而为一定的行为(如买卖、赠与),即使登记或者交付所表现的物权状态与真实的物权状态不相符合,也不能影响物权变动的效力。

三、债权

（一）债权的概念

债是按照合同的约定或者依照法律的规定,在当事人之间产生的特定的权利和义务关系。享有权利的人是债权人,负有义务的人是债务人。

债权人有权要求债务人按照合同的约定或者依照法律的规定履行义务。

（二）债权的种类

按照债权的发生根据不同,债权可以分为以下几种：

1. 合同之债

合同是指当事人之间设立、变更、终止民事法律关系的协议。合同是债权发生的最常见的根据。当事人既可以通过合同设立债权,也可以通过合同变更债权或撤销债权。

> **深度链接**
>
> 遗赠扶养协议
>
> 遗赠扶养协议是一种附条件的民事法律行为,它以扶养人先履行对遗赠人的生养死葬义务为条件,然后遗赠人的转移财产的法律行为才生效。

> **小小陪审员**
>
> 胡某有两层楼房一幢,二层于2003年租给其内侄李某夫妇居住。2005年胡某考虑到自己年老多病,身边又没有其他亲人,遂与李某签合同约定,以李某对其生前悉心照料,死后料理好后事为条件,胡某将在房产证书上把李某列为共有人。2005年底,胡某到房产部门更改登记,将李某列在了共有人一栏,房产部门据此重新更换了房产证。但是,自李某夫妇被列为共有人之后,他们对胡某的态度越来越差,开始经常与胡某争吵,2007年10月的一天,李某甚至将胡某赶出家门。胡某为此极度痛苦,后悔万分。后在当地法律

援助中心的帮助下,胡某向法院提起诉讼,要求取消李某的楼房共有人的资格。

焦点问题:
(1) 胡某与李某之间的协议属于什么合同？这种法律行为是什么性质的法律行为？
(2) 法院应该怎样判决？

法理分析:（小组讨论）

判定结果:（小组讨论）

2. 不当得利之债

不当得利是指没有法律合同上的根据取得利益而使他人受到损失的事实。在发生不当得利的事实时,当事人之间便发生债权、债务关系,受损失的一方有权请求对方返还所得的利益,不当得利的一方有义务向另一方返还所发生的债,称为不当得利之债。

小小陪审员

原告李某在一家银行办理汇款业务时,因疏忽将3万元现金误存到被告吴某在中国工商银行的牡丹灵通卡账户上。当日原告李某即与被告吴某联系,要求其退还误存的现金3万元,遭被告拒绝,遂引起诉讼。

焦点问题:
本案中被告的行为是否构成不当得利？

法理分析:（小组讨论）

判定结果:（小组讨论）

3. 无因管理之债

无因管理是指没有法定的或者约定的义务,为避免他人利益受损失而进行管理或者服务的行为。形成无因管理的,管理或者服务者有权要求受益人偿付因管理事务或提供服务支出的必要费用,受益者负有偿还这种费用的义务。

小小陪审员

王某承包村里的鱼塘,经过精心饲养,收成看好。就在鱼出塘上市之际,王某不幸溺水而死,而其两个儿子都在外地工作,无力照管鱼塘。王某的同村好友李某便主动担负起照管鱼塘的任务,并组织人员将鱼打捞上市出卖,获得收益4万元。其中,应向村里上缴1万元,李某组织人员打捞出卖鱼所花费劳务费及其他必要费用共计2000元。现李某要求王某的继承人支付2000元费用,并要求平分所剩2.8万元款项。

焦点问题:
(1) 李某的行为是否属于无因管理？

(2)李某是否能分得2.8万元的款项？
法理分析：（小组讨论）
判定结果：（小组讨论）

4. 侵权行为之债

侵权行为是指侵害他人财产或人身权利的不法行为。侵权行为一旦发生，依照法律的规定，侵害人和受害人之间就产生债权债务关系。

四、人身权

（一）人身权的概念

人身权是指与人身相联系或不可分离的没有直接财产内容的权利，亦称人身非财产权。人身权与财产权共同构成了民法中的两大类基本民事权利。

（二）人身权的分类

人身权可分为人格权与身份权。

1. 人格权

人格权是指民事主体基于其法律人格而享有的、以人格利益为客体、为维护其独立人格所必需的权利。包括以下几个方面：

（1）生命权。

生命权是指人身不受伤害和杀害的权利或得到保护以免遭伤害和杀害的权利，取得维持生命和最低限度的健康保护的物质必须的权利。生命权也是人权最基本的权利。

（2）身体权。

身体权是指自然人对保持其肢体、器官和其他组织的完整而依法享有的权利。身体权有其独特的保护范围，对身体权的侵害行为，不以对身体的侵害造成生命、健康的损害为必要。

（3）健康权。

健康权是指自然人保持其正常的生理和心理的技能状态和社会适应能力的权利。

（4）姓名权。

姓名权是指公民决定其姓名、使用其姓名和变更其姓名并要求他人尊重自己姓名的权利，是以姓名利益为内容的权利。主要包括姓名的命名、使用、变更并排除他人的妨碍和侵害。

（5）名称权。

名称权是指法人和其他组织依法享有的决定、使用、改变自己的名称以及依法转让自己的名称，并不受人侵犯的权利。名称是法人和其他组织在参与民事活动时，为区别于其他组织而为自己确立的一个特定标志。法人的名称应能反映其营业性质、业务活动及隶属关系。

（6）肖像权。

肖像权是指人对自己的肖像享有再现、使用并排斥他人侵害的权利。肖像是指公民身体的外部表现,并通过传统美术和现代科学将人身体的外部表现在客观上再现,如通过雕塑、摄影、画像等。

(7) 名誉权。

名誉是指社会或他人对特定公民、法人的品德、才干、信誉、商誉、资历、功绩等方面的评价和总和。名誉权就是公民、法人依法享有的,有关自己的社会评价不受他人侵犯的一种人身权利。

(8) 隐私权。

隐私权又称个人生活秘密权,是指自然人不愿公开或让他人知悉个人秘密的权利。

(9) 信用权。

民事主体所具有的经济能力在社会上所获得的相应信赖与评价所享有的保有和维护的人格权。作为民事主体的自然人和法人,都依法享有信用权,其他任何人不得非法侵犯,征信机构也不能侵害这种权利。

2. 身份权

身份权是指公民或法人依一定行为或相互之间的关系所发生的一种民事权利。身份权作为一种民事权利,它不仅为权利人的利益而设立,同时也为相对人的利益而设立,因此权利人依法行使法律赋予的各项身份权利,也必须履行相应的法定义务。包括以下几个方面:

(1) 亲权。

亲权是指父母对未成年子女在人身和财产方面的管教和保护的权利和义务,它以保护未成年子女的利益为其唯一目的,因而,已成年及已因结婚而成年的子女均不在亲权的范围之内。亲权作为一种身份权,不得任意抛弃,非亲属身份人之间不产生亲权。

(2) 配偶权。

配偶是依照法定程序而确立夫妻关系的双方。配偶权,是指婚姻关系存续期间,夫与妻作为配偶间的一种身份权。

(3) 荣誉权。

荣誉权是指公民、法人所享有的,因自己的突出贡献或特殊劳动成果而获得的光荣称号或其他荣誉的权利。

(4) 亲属权。

亲属是由婚姻、血缘和收养产生的人与人之间的社会关系。亲属权是指父母与成年子女、祖父母与孙子女、外祖父母与外孙子女、兄弟姐妹间的身份权。

五、知识产权

知识产权是指权利人对其所创作的智力劳动成果所享有的专有权利。有关知识产权的知识,本书将在第四章中详细介绍。

第六节 民事责任

一、民事责任的概念和特征

（一）民事责任的概念

民事责任，即民事法律责任，是指民事主体因违反民事义务或者侵犯他人的民事权利所应当承担的法律后果。

（二）民事责任的特征

民事责任具有以下主要特征：
(1) 民事责任以民事义务的存在为前提，是违反民事义务的法律后果；
(2) 民事责任主要表现为财产责任；
(3) 民事责任的范围与损失的范围相适应；
(4) 民事责任是一种对违法行为的强制措施。

二、民事责任的种类

根据《民法通则》的规定，民事责任可分为违反合同的民事责任、侵权的民事责任、不履行其他义务的民事责任三种。

三、民事责任的归责原则

我国《民法通则》在确认"过错责任原则"为一般原则的基础上，同时又规定了"无过错责任"、推定过错责任原则及公平责任原则。

（一）过错责任原则

过错责任原则，是指以行为人的过错为依据，判断行为人对其造成的损害应否承担侵权责任的归责原则。其构成要件有以下四点。

1. **损害事实的发生**

即有人遭受了财产损失或精神损害。

2. **行为人实施了违法行为**

行为人只对自己的违法行为负责，如果行为人是出于正当防卫给侵害人造成损害，不构成侵权。

3. **违法行为与损害事实之间有因果关系**

即损害事实确实是由违法行为造成。

4. **行为人有过错**

行为人主观上是因故意或过失而实施违法行为。

（二）无过错责任原则

无过错责任原则是指在法律有特别规定的情况下，以已经发生的损害结果为价值判断标准,由与该损害结果有因果关系的行为人,不问其有无过错,都要承担侵权赔偿责任的归责原则。《民法通则》规定了以下几种情况,行为人应承担无过错责任:

(1) 国家机关或者国家机关工作人员的职务行为侵权;

(2) 产品缺陷致人损害;

(3) 高度危险作业致人损害;

(4) 污染环境致人损害;

(5) 地面施工致人损害;

(6) 建筑物致人损害;

(7) 饲养的动物致人损害。

(三) 公平责任原则

1. 公平原则的概念

公平原则是指致害人和受害人都没有过错,在损害事实已经发生的情况下,以公平考虑为价值判断标准,根据具体实际情况由双方公平地分担损失的原则。

2. 公平责任原则适用的情况

依《民法通则》的规定,以下几种情况可以适用公平责任原则:

(1) 无民事行为能力人、限制民事行为能力人致人损害,监护人已尽监护责任的。

无民事行为能力人、限制民事行为能力人致人损害的侵权责任,又称法定代理人侵权责任。即损害发生后,首先推定法定代理人主观上存在过错,若法定代理人不能证明自己无过错,则应承担赔偿责任;若法定代理人证明其已尽到监护职责而没有过错,亦应承担赔偿责任,只是可以基于公平的考虑,适当减轻其责任。

(2) 紧急避险造成损害,危险是由自然原因引起,且避险人采取的措施又无不当的。

根据《民法通则》的相关规定:因紧急避险造成损害的,由引起险情发生的人承担民事责任。如果危险是由自然原因引起的,紧急避险人不承担民事责任或者承担适当的民事责任。

(3) 行为人见义勇为而遭受损害的。

为了维护国家、集体或者他人合法权益而使自己受到损害,在侵害人无力赔偿或者没有侵害人的情况下,如果侵害人提出请求的,人民法院可以根据受益人受益的多少及其经济状况,责令受益人给予适当补偿。

(4) 堆放物品倒塌致人损害,当事人均无过错的。

因堆放物品倒塌造成他人损害的,如果当事人均无过错,应当根据公平原则酌情处理。确定堆放物品倒塌致人损害的民事责任时,应首先适用过错推定原则,推定物品堆放人有过错,如果物品堆放人证明其没有过错,即当事人均无过错,而由受害人承担全部损失又显失公平的,则应适用公平责任原则来分担责任。

(5) 当事人对造成损害均无过错,但一方是在为对方的利益或共同利益进行活动的过程中受到损害的。

当事人对造成损害均无过错,但一方是在为对方的利益或共同利益进行活动的过程中受到损害的,可以责令对方或者受益人给予一定的经济补偿。

四、民事责任的承担方式

根据发生损害事实的情况和后果,《民法通则》规定承担民事责任的方式主要有以下十种:

①停止侵害;②排除妨碍;③消除危险;④返还财产;⑤恢复原状;⑥修理、重做、更换;⑦赔偿损失;⑧支付违约金;⑨消除影响、恢复名誉;⑩赔礼道歉。

第七节 诉讼时效

一、诉讼时效的概念和特征

(一)诉讼时效的概念

诉讼时效是指民事权利受到侵害的权利人在法定的时效期间内不行使权利,当时效期间届满时,人民法院对权利人的权利不再进行保护的制度。

诉讼时效的起算,也即诉讼时效期间的开始,它是从权利人知道或应当知道其权利受到侵害之日起开始计算,即从权利人能行使请求权之日开始算起。

(二)诉讼时效的特征

诉讼时效的特征:
(1)诉讼时效不受当事人的意志控制并能发生权利消灭属于法律事实中的事件;
(2)诉讼时效具有强行性由法律规定的不得当事人自行约定或规定;
(3)诉讼时效的效果是期间与事实的结合。

在法律规定的诉讼时效期间内,权利人提出请求的,人民法院就强制义务人履行所承担的义务。而在法定的诉讼时效期间届满之后,权利人行使请求权的,人民法院就不再予以保护。值得注意的是,诉讼时效届满后,义务人虽可拒绝履行其义务,权利人请求权的行使仅发生障碍,权利本身及请求权并不消灭。当事人超过诉讼时效后起诉的,人民法院应当受理。受理后查明无中止、中断、延长事由的,判决驳回其诉讼请求。

二、诉讼时效的主要分类

按照诉讼时效适用范围的不同,诉讼时效分为一般诉讼时效和特殊诉讼时效。

(一)一般诉讼时效

一般诉讼时效是指在一般情况下普遍适用的时效,这类时效不是针对某一特殊情况规定的,而是普遍适用的。我国《民法通则》的相关规定我国民事诉讼的一般诉讼时效期间为二年,法律另有规定的除外。

(二)特别诉讼时效

特别诉讼时效是指针对某些特定的民事法律关系而制定的诉讼时效。特殊时效优于普通时效。

特殊时效可分为三种:

1. 短期诉讼时效

短期诉讼时效指诉讼时效不满二年的时效。下列的诉讼时效期间为一年:身体受到伤害要求赔偿的;出售质量不合格的商品未声明的;延付或拒付租金的;寄存财物被丢失或者损毁的。

2. 长期诉讼时效

长期诉讼时效是指诉讼时效期间在二年以上二十年以下的诉讼时效。如:《环境保护法》的相关规定:因环境污染损害赔偿提起诉讼的时效期间为三年,从当事人知道或者应当知道受到污染损害起时计算。

《海商法》的相关规定:有关船舶发生油污损害的请求权,时效期间为三年,自损害发生之日起计算;但是,在任何情况下诉讼时效期间不得超过从造成损害的事故发生之日起六年。

《合同法》的相关规定:因国际货物买卖合同和技术进出口合同争议提起诉讼或者申请仲裁的期限为四年,自当事人知道或者应当知道其权利受到侵害之日起计算。因其他合同争议提起诉讼或者申请仲裁的期限,依照有关法律的规定,诉讼时效期间为四年。

3. 最长诉讼时效

最长诉讼时效期间为二十年。我国《民法通则》的规定:从权利被侵害之日起超过二十年,人民法院不予保护。根据这一规定,最长的诉讼时效的期间是从权利被侵害之日起计算,权利享有人不知道自己的权利被侵害,时效最长也是二十年,超过二十年,人民法院不予保护。

诉讼时效具有强制性,任何时效都由法律、法规强制规定,任何单位或个人对时效的延长、缩短、放弃等约定都是无效的。

☀ 小小陪审员

2009年12月,胡某所在单位决定派他到加拿大学习两年。因办理出国手续一时钱不够用,遂向朋友张某借款3万元,并立字据约定胡某在出国前将钱还清。但胡某直到2010年7月27日出国,都一直没有还钱。此前张某虽然经常来看望胡某,但也对钱的事只字未提。胡某在国外两年与张某也有过联系,但都没有说钱的事。2012年8月,胡某回国。2012年10月张某因买房急需用钱,找到胡某,胡某当即表示,全部钱款月底还清,并在原来的字据上对此作了注明。11月5日,当张某再次来找胡某要钱时,胡某却称,他的一个律师朋友说他们之间的债务已超过二年的诉讼时效,可以不用还了。张某气愤至极,第二天就向法院提起了诉讼,要求胡某偿还3万元的本金和利息。

焦点问题:

(1) 胡某对王某债务的诉讼时效实际上是否已经届满?

(2) 胡某在2012年10月在字据上对月底还钱作注明的行为有何种效力?

(3) 张某能否通过诉讼要回胡某所欠的钱?

法理分析:(小组讨论)

判定结果:(小组讨论)

📌 **学以致用**

讨论分析：健康权、姓名权、肖像权、名誉权、荣誉权、亲权、配偶权、亲属权之类的人身权，哪些属于人格权，哪些属于身份权？

 知识巩固练习

一、重要概念

民法　民事权利能力　民事行为能力　监护　民事法律行为　代理　民事权利　物权　人身权　民事责任

二、简述题

1. 民法的调整对象是什么？
2. 民法的基本原则有哪些？
3. 民事行为能力的种类有哪些？
4. 民事法律行为的构成要件是什么？
5. 代理的适用范围是什么？
6. 代理的种类有哪些？
7. 物权的特征是什么？
8. 人身权分哪几类？
9. 民事责任的归责原则是什么？
10. 诉讼时效分哪几类？

三、案例分析

【案例一】

金某与某旅行社签订"团队出境旅游合同"，参加该旅行社组织的泰国七日游。旅游过程中，金某根据旅行社的安排乘坐摩托艇到泰国金沙岛旅游。期间，金某在参加旅行社安排的游泳项目时溺水，后被送往当地医院抢救并回国治疗。经鉴定，金某四肢瘫（四肢肌力Ⅳ级）伤残属Ⅳ级，颈部活动障碍伤残属Ⅹ级，金某颈段脊髓损伤并不全瘫系自身疾病基础上遭受外力引起，本次外力（溺水）对金某实际伤情以诱发加重介入度认定为宜。后金某将旅行社诉至法院，要求赔偿残疾赔偿金等费用44万余元。旅行社辩称，金某是完全民事行为能力人，对游泳的风险具有认知能力，其伤情系陈旧伤，本次溺水只是诱发性原因，不应承担赔偿责任。

问题：

旅行社对金某是否具有赔偿责任？

【案例二】

2015年4月6日，8岁儿童李浩冉和其5岁的弟弟李浩与8岁的邻居李某在村边树林里模仿动画片《喜羊羊与灰太狼》中烤羊肉串的剧情，做"绑架烤羊"游戏。李某把李浩弟兄俩绑在村东头的树上,点燃地上的树叶,火借风势迅速蔓延,导致李浩兄弟俩严重烧伤。幸遇村民施救,否则后果不堪设想。事发后,李浩冉、李浩将同伴李某和广东原创动力文化传播有限公司告上法庭。

问题:
广东原创动力文化传播有限公司是否应承担此事件的赔偿责任?

【案例三】

2009年8月,住某高层住宅17楼、年近70岁的周老太太,乘电梯下楼时,电梯突然向下坠落,然后又极不正常地上下升降数次。受惊的周老太太站立不稳,摔倒在电梯里,伤了骨盆,当场昏迷。后来被其他业主发现,紧急呼叫120急救车送医院抢救,留院治疗3个多月后方才出院,花费了各项医疗费约6万元。

2010年初,周老太将物业公司起诉至法院。周老太诉称,由于物业公司维护电梯不力,没有及时地保障电梯各项设备的安全,导致电梯失控,致使她受重伤住院,应当对她的各项损失承担全责,因此,要求物业公司在一个月内支付她各项医疗费用6万元。

物业公司辩称,公司方面已经尽责,且电梯的维保工作是由专业的电梯维保工程公司定期实施的,物业公司只是替电梯维保工程公司向业主代收电梯维护费而已。周老太平日身体有恙,伴有眩晕症;事发时她独自一人,不能证明受伤是由于电梯故障所致;再则,电梯本身老化严重,已到了需要大笔资金进行更换的地步。基于此,物业公司要求法院驳回原告的诉讼请求。

问题:
物业公司是否具有赔偿责任?

第二章 合同法律制度

案例导入

【案例回放】

李某本人酷爱收藏,并且具有相当的古玩鉴赏能力。其家中收藏有一商代酒杯,但由于年代太久远,李某无法评估其真实价值,而只能大略估计其价值在10万元以上。某日,李某将其酒杯带到一古董店,请古董店老板鉴赏,店老板十分喜欢该酒杯,并且知道其价值不下百万,于是提出向李某买下该酒杯,出价为50万元。李某对此高价内心十分满意,但仔细一想,心知该酒杯价值绝对超过50万,如果拍卖,超过百万也有可能。但苦于拍卖成本过高,自身也没有条件拍卖。于是,李某心生一计,同意将酒杯卖给古董店老板,待日后古董店老板高价卖出后再主张合同可撤销,要求变更合同。结果,古董店老板通过拍卖,酒杯被卖到1000万元。此后,李某向法院主张合同显失公正,要求古董店老板至少再补偿900万元。

1. 李某与古董店老板的合同是否成立,是否有效?
2. 李某的请求是否具有法律依据?
3. 法院应如何处理?

【以案析法】

1. 李某与古董店老板的买卖合同已经成立,双方意思表示真实并且一致,合同有效。
2. 没有法律依据。我国《合同法》规定,显示公正的合同属于可撤销或可变更合同。本案中的买卖合同不属于此种情况。首先,李某具有相当的古玩鉴赏能力,虽然他不知道酒杯的真实价值,但内心已经知道其价值绝对超过50万元,在此情况下他仍然将酒杯卖给古董店老板,法律上就应该推定其意思表示真实有效,而不属于因缺乏经验导致判断失误的情形;其次,李某将酒杯卖给古董店老板的时候,就已经准备事后主张合同变更,因此当然不存在被骗或者失误的情形,相反,李某心知肚明,不属于合同显失公正;再次,李某主张合同显失公正属于恶意,不应得到支持。
3. 法院不应支持李某的请求,应认定合同有效。

第一节 合同法概述

一、合同的概念和特征

(一) 合同的概念

合同是平等主体的自然人、法人、其他组织之间设立、变更、终止民事权利义务关系的协议。

(二) 合同的特征

合同具有以下四个特征:
(1) 合同是双方或多方当事人之间的民事法律行为;
(2) 合同当事人的法律地位平等;
(3) 合同是当事人意思表示一致的民事法律行为;
(4) 依法成立的合同,受法律保护。

婚姻、收养、监护等有关身份关系的协议,不适用《合同法》,而适用其他法律的规定。

二、合同的种类

(一) 合同的基本分类

《合同法》分则部分将合同分为 15 类。

1. 买卖合同

买卖合同是出卖人转移标的物的所有权于买受人,买受人支付价款的合同。

2. 供用电、水、气、热力合同

供用电合同是供电人向用电人供电,用电人支付电费的合同。

3. 赠与合同

赠与合同是赠与人将自己的财产无偿给予受赠人,受赠人表示接受赠与的合同。

4. 借款合同

借款合同是借款人向贷款人借款,到期返还借款并支付利息的合同。

5. 租赁合同

租赁合同是出租人将租赁物交付承租人使用、收益,承租人支付租金的合同。

6. 融资租赁合同

融资租赁合同是出租人根据承租人对出卖人、租赁物的选择,向出卖人购买租赁物,提供给承租人使用,承租人支付租金的合同。

7. 承揽合同

承揽合同是承揽人按照定作人的要求完成工作,交付工作成果,定作人给付报酬的合同。

8. 建设工程合同

建设工程合同是承包人进行工程建设,发包人支付价款的合同。

9. 运输合同

运输合同是承运人将旅客或者货物从起运地点运输到约定地点,旅客、托运人或者收货人支付票款或者运输费用的合同。

10. 技术合同

技术合同是当事人就技术开发、转让、咨询或者服务订立的确立相互之间权利和义务的合同。

11. 保管合同

保管合同是保管人保管寄存人交付的保管物,并返还该物的合同。

12. 仓储合同

仓储合同是保管人储存存货人交付的仓储物,存货人支付仓储费的合同。

13. 委托合同

委托合同是委托人和受托人约定,由受托人处理委托人事务的合同。

14. 行纪合同

行纪合同是行纪人以自己的名义为委托人从事贸易活动,委托人支付报酬的合同。

15. 居间合同

居间合同是居间人向委托人报告订立合同的机会或者提供订立合同的媒介服务,委托人支付报酬的合同。

(二) 其他分类

1. 计划与非计划合同

计划合同是依据国家有关计划签订的合同;非计划合同则是当事人根据市场需求和自己的意愿订立的合同。

2. 双务合同与单务合同

双务合同是当事人双方相互享有权利和相互负有义务的合同。单务合同是指仅有一方负担给付义务的合同,即合同当事人双方并不互相享有权利和负担义务,而主要由一方承担义务,另一方并不负有相对义务的合同。

3. 诺成合同与实践合同

诺成合同是当事人意思表示一致即可成立的合同。实践合同则要求在当事人意思表示一致的基础上,还必须交付标的物或者其他给付义务的合同。这种合同分类的目的在于确立合同的生效时间。

4. 主合同与从合同

主合同是指不依赖其他合同而独立存在的合同。从合同是以主合同的存在为存在前提的合同。主合同的无效、终止将导致从合同的无效、终止,但从合同的无效、终止不能影响主合同。

三、合同法的基本原则

(一) 平等原则

(1) 合同当事人的法律地位平等,一方不得将自己的意志强加给另一方;

(2) 合同当事人应当遵循公平原则确定各方的权利和义务;

(3) 合同当事人必须就合同条款充分协商,取得一致,合同才能成立。

(二) 自愿原则

当事人依法享有自愿订立合同的权利,任何单位和个人不得非法干预。自愿原则是贯彻合同活动的全过程的,包括:

(1) 订不订立合同自愿,当事人依自己意愿自主决定是否签订合同;

(2) 与谁订合同自愿,在签订合同时,有权选择对方当事人;

(3) 合同内容由当事人在不违法的情况下自愿约定;

(4) 在合同履行过程中,当事人可以协议补充、协议变更有关内容;

(5) 双方也可以协议解除合同;

(6) 可以约定违约责任,在发生争议时,当事人可以自愿选择解决争议的方式。

总之,只要不违背法律、行政法规强制性的规定,合同当事人有权自愿决定。

当然,自愿也不是绝对的,不是想怎样就怎样,当事人订立合同、履行合同,应当遵守法律、行政法规,尊重社会公德,不得扰乱社会经济秩序,损害社会公共利益。

(三) 公平原则

公平原则要求合同双方当事人之间的权利义务要公平合理,要大体上平衡,强调一方给付与对方给付之间的等值性,合同上的负担和风险的合理分配。具体包括:

(1) 在订立合同时,要根据公平原则确定双方的权利和义务,不得滥用权利,不得欺诈,不得假借订立合同恶意进行磋商;

(2) 根据公平原则确定风险的合理分配;

(3) 根据公平原则确定违约责任。

(四) 诚实信用原则

诚实信用原则要求当事人在订立、履行合同,以及合同终止后的全过程中,都要诚实,讲信用,相互协作。诚实信用原则具体包括:

(1) 在订立合同时,不得有欺诈或其他违背诚实信用的行为;

(2) 在履行合同义务时,当事人应当遵循诚实信用的原则,根据合同的性质、目的和交易习惯履行及时通知、协助、提供必要的条件、防止损失扩大、保密等义务;

(3) 合同终止后,当事人也应当遵循诚实信用的原则,根据交易习惯履行通知、协助、保密等义务,称为后契约义务。

(五) 不得损害社会公共利益原则

当事人订立、履行合同,应当遵守法律、行政法规,尊重社会公德,不得扰乱社会经济秩序,损害社会公共利益。

当事人订立合同,应当具有相应的民事权利能力和民事行为能力。当事人依法可以委托代理人订立合同。

🔅 小小陪审员

陈某承包的镇办拉丝厂的电线,是镇供电站专门拉的一条单线,为此电站站长经常以查电为由来厂里吃饭,每次陈某都十分客气。2004年7月,站长的弟弟吴某突然拉来一卡车西瓜,要求陈某买下。陈某声称已经给工人发过降温费,而且也用不了这么多西瓜,当场表示拒绝。但是当晚厂里的电就被停掉,电站站长告知陈某线路需要检修。第二天,吴某再次将西瓜拉来,并说只要陈某买下西瓜,电就可以送上。陈某无奈,只得以高于市场的价格买下全部西瓜。当晚电也真的就来了。事后陈某越想越生气但不知如何是好。最后一张状子将镇供电站告上法庭,要求返还西瓜退还购买西瓜的钱款。

焦点问题:
　　法院是否会支持陈某的诉讼请求?

法理依据:(小组讨论)

判定结果:(小组讨论)

第二节 合同的订立

一、合同订立的形式

当事人订立合同,有书面形式、口头形式和其他形式。

法律、行政法规规定采用书面形式的,应当采用书面形式。当事人约定采用书面形式的,应当采用书面形式。

书面形式是指合同书、信件和数据电文(包括电报、电传、传真、电子数据交换和电子邮件)等可以有形地表现所载内容的形式。

二、合同的内容

合同的内容由当事人约定,一般包括以下条款:

(1) 当事人的名称或者姓名和住所;
(2) 标的;
(3) 数量;
(4) 质量;
(5) 价款或者报酬;
(6) 履行期限、地点和方式;
(7) 违约责任;
(8) 解决争议的方法。

当事人可以参照各类合同的示范文本订立合同。

三、合同订立的程序

当事人订立合同,采取要约、承诺方式。

(一) 要约

(1) 要约是希望和他人订立合同的意思表示,该意思表示应当符合下列规定:

① 内容具体确定;

② 表明经受要约人承诺,要约人即受该意思表示约束。

(2) 要约邀请是希望他人向自己发出要约的意思表示。寄送的价目表、拍卖公告、招标公告、招股说明书、商业广告等为要约邀请。

商业广告的内容符合要约规定的,视为要约。

(3) 要约的生效。

要约到达受要约人时生效。采用数据电文形式订立合同,收件人指定特定系统接收数据电文的,该数据电文进入该特定系统的时间,视为到达时间;未指定特定系统的,该数据电文进入收件人的任何系统的首次时间,视为到达时间。

(4) 要约的撤回和撤销。

要约可以撤回。撤回要约的通知应当在要约到达受要约人之前或者与要约同时到达受要约人。

要约可以撤销。撤销要约的通知应当在受要约人发出承诺通知之前到达受要约人。

有下列情形之一的,要约不得撤销:

① 要约人确定了承诺期限或者以其他形式明示要约不可撤销;

② 受要约人有理由认为要约是不可撤销的,并已经为履行合同做了准备工作。

(5) 要约的失效。

有下列情形之一的,要约失效:

① 拒绝要约的通知到达要约人;

② 要约人依法撤销要约;

③ 承诺期限届满,受要约人未作出承诺;

④ 受要约人对要约的内容作出实质性变更。

小小陪审员

某市百货公司通过新闻媒体播发招租启事:将市场装修后分摊位出租,投资装修费2000元。周某于月初得知此消息后,决定租赁两个柜台,于月中去提前支取了即将到期的定期存单,损失利息近千元。可是就在周某准备去租赁摊位时,百货公司又宣布说:因主管部门未批准,摊位不再招租了,请已办理租赁手续的租户到公司协商处理办法;未办理手续的,百货公司不再接待。周某认为百货公司这种做法太不负责任,所以要求百货公司赔偿自己的预期收入若干万元,以及利息损失。双方协商未果,诉至法院。

焦点问题:
百货公司的招租启事是否属于要约?

法理依据:(小组讨论)

判定结果:(小组讨论)

(二) 承诺

1. 承诺的概念

承诺是受要约人同意要约的意思表示。

2. 承诺的方式

承诺应当以通知的方式作出,但根据交易习惯或者要约表明可以通过行为作出承诺的除外。

3. 承诺的生效

承诺应当在要约确定的期限内到达要约人。要约没有确定承诺期限的,承诺应当依照下列规定到达:

(1) 要约以对话方式作出的,应当即时作出承诺,但当事人另有约定的除外;

(2) 要约以非对话方式作出的,承诺应当在合理期限内到达;

(3) 要约以信件或者电报作出的,承诺期限自信件载明的日期或者电报交发之日开始计算。信件未载明日期的,自投寄该信件的邮戳日期开始计算。要约以电话、传真等快速通讯方式作出的,承诺期限自要约到达受要约人时开始计算。

承诺生效时合同成立。

承诺通知到达要约人时生效。承诺不需要通知的,根据交易习惯或者要约的要求作出承诺的行为时生效。

受要约人超过承诺期限发出承诺的,除要约人及时通知受要约人该承诺有效的以外,为新要约。

受要约人在承诺期限内发出承诺,按照通常情形能够及时到达要约人,但因其他原因承诺到达要约人时超过承诺期限的,除要约人及时通知受要约人因承诺超过期限不接受该承诺的以外,该承诺有效。

承诺的内容应当与要约的内容一致。受要约人对要约的内容作出实质性变更的,为新要约。有关合同标的、数量、质量、价款或者报酬、履行期限、履行地点和方式、违约责任和解决争议方法等的变更,是对要约内容的实质性变更。

承诺对要约的内容作出非实质性变更的,除要约人及时表示反对或者要约表明承诺不得对要约的内容作出任何变更的以外,该承诺有效,合同的内容以承诺的内容为准。

4. 承诺的撤回

承诺可以撤回。撤回承诺的通知应当在承诺通知到达要约人之前或者与承诺通知同时到达要约人。

> ☼ 小小陪审员
>
> 甲商场在广告中称:"我公司现有某型号、某品牌的彩电1000台,每台优惠售价2100元,先来先买,欲购从速,售完为止(优惠期10天)。"张某得知此广告后(广告发布后第3天),给甲公司发了一函件称:贵公司的所有彩电,本人均同意购买,其他条件可以商量。
>
> **焦点问题:**
> 　　合同是否成立?为什么?
> **法理依据:**(小组讨论)
> **判定结果:**(小组讨论)

四、合同的成立

(一)合同成立的时间

(1) 当事人采用合同书形式订立合同的,自双方当事人签字或者盖章时合同成立;

(2) 当事人采用信件、数据电文等形式订立合同的,可以在合同成立之前要求签订确认书,签订确认书时合同成立;

(3) 法律、行政法规规定或者当事人约定采用书面形式订立合同,当事人未采用书面形式但一方已经履行主要义务,对方接受的,该合同成立;

(4) 采用合同书形式订立合同,在签字或者盖章之前,当事人一方已经履行主要义务,对方接受的,该合同成立。

(二)合同成立的地点

(1) 承诺生效的地点为合同成立的地点。

(2) 当事人采用合同书形式订立合同的,双方当事人签字或者盖章的地点为合同成立的地点。

(3) 采用数据电文形式订立合同的,收件人的主营业地为合同成立的地点;没有主营业地的,其经常居住地为合同成立的地点。当事人另有约定的,按照其约定。

五、缔约过失责任

缔约过失责任是指在合同订立过程中,一方因违背其依据的诚实信用原则所产生的义务,而致使另一方的信赖利益的损失,并应承担损害赔偿的责任。

(一) 缔约过失责任的构成要件

由于缔约过失责任采取的是过错责任原则,所以其构成要件应当包括客观要件和主观要件这两个方面。具体来说,缔约过失责任的构成要件有以下四个:

(1) 缔约一方当事人有违反法定附随义务或先合同义务的行为;

(2) 该违反法定附随义务或先合同义务的行为给对方造成了信赖利益的损失;

(3) 违反法定附随义务或先合同义务一方缔约人在主观上必须存在过错;

(4) 缔约人一方当事人违反法定附随义务或先合同义务的行为与对方所受到的损失之间必须存在因果关系。

以上是四个要件缺一不可,否则就不能产生缔约过失责任。同时四要件间又是彼此联系的有机整体,缔约过失责任的认定必须严格按照这四个构成要件来进行。

(二) 缔约过失责任的行为类型

1. 订立合同过程中的一般过错责任

当事人在订立合同过程中有下列情形之一,给对方造成损失的,应当承担损害赔偿责任:

(1) 假借订立合同,恶意进行磋商;

(2) 故意隐瞒与订立合同有关的重要事实或者提供虚假情况;

(3) 有其他违背诚实信用原则的行为。

2. 违反保守商业秘密义务的责任

当事人在订立合同过程中知悉的商业秘密,无论合同是否成立,不得泄露或者不正当地使用。泄露或者不正当地使用该商业秘密给对方造成损失的,应当承担损害赔偿责任。

 深度链接

格式条款

格式条款是当事人为了重复使用而预先拟定,并在订立合同时未与对方协商的条款。采用格式条款订立合同的,提供格式条款的一方应当遵循公平原则确定当事人之间的权利和义务,并采取合理的方式提请对方注意免除或者限制其责任的条款,按照对方的要求,对该条款予以说明。

对格式条款的理解发生争议的,应当按照通常理解予以解释。对格式条款有两种以上解释的,应当作出不利于提供格式条款一方的解释。格式条款和非格式条款不一致的,应当采用非格式条款。

第三节　合同的效力

合同的效力是指已经成立的合同在当事人之间产生的法律约束力,即法律效力。合同的效力可分为四大类,即有效合同、无效合同、效力待定合同、可变更或者可撤销合同。

一、有效合同

有效合同是指依照法律的规定成立并在当事人之间产生法律约束力的合同。有效合同应当具备以下条件:
(1) 行为人具有相应的民事行为能力;
(2) 意思表示真实;
(3) 不违反法律或者社会公共利益。

二、无效合同

无效合同是指合同虽然已经成立,但因欠缺合同生效要件,不发生法律约束力的合同。无效的合同自始没有法律约束力。合同部分无效,不影响其他部分效力的,其他部分仍然有效。

根据《合同法》的规定,有下列情形之一的,可认定合同无效:
(1) 一方以欺诈、胁迫的手段订立合同,损害国家利益;
(2) 恶意串通,损害国家、集体或者第三人利益;
(3) 以合法形式掩盖非法目的;
(4) 损害社会公共利益;
(5) 违反法律、行政法规的强制性规定;
(6) 对于造成对方人身伤害或者因故意或重大过失造成对方财产损失免责的合同条款;
(7) 提供格式条款一方免除责任、加重对方责任、排除对方主要权利的条款无效。

三、效力待定合同

效力待定合同是指合同虽然已经成立,但因其不完全符合有关生效要件的规定,因此其效力能否发生,尚未确定,一般须经有权人表示承认才能生效。

效力待定合同的三种情况:
(1) 限制行为能力人依法不能独立订立的合同,必须经过其法定代理人的追认才有效;
(2) 行为人没有代理权、超越代理权或者代理权终止后以被代理人名义订立的合同,必须经过被代理人的追认才能对被代理人产生法律拘束力,否则,后果由行为人承担;
(3) 无处分权人处分他人财产权利而订立的合同,经权利人追认才有效。

🔅 小小陪审员

为庆贺小红的12岁生日,小红的姑姑给她买了一把价值500元的古筝。生日后不久,小红在学校里以古筝交换14岁的同学小杰的价值100元的电动玩具1个。3个月后,小红的母亲知道此事,将电动玩具返还给了小杰,并要求小杰返还古筝,小杰拒不返还。

焦点问题:
小红的母亲要求小杰返还古筝的请求能否得到法律的支持?
法理依据:(小组讨论)
判定结果:(小组讨论)

四、可变更、可撤销合同

(一) 可变更、可撤销合同的含义

可变更或可撤销的合同是指合同已经成立,因为存在法定事由,允许当事人申请变更或撤销全部合同或部分条款。

(二) 申请变更或者撤销合同的法定事由

(1) 因重大误解订立的;
(2) 在订立合同时显失公平的。

一方以欺诈、胁迫的手段或者乘人之危,使对方在违背真实意思的情况下订立的合同,受损害方有权请求人民法院或者仲裁机构变更或者撤销。

当事人请求变更的,人民法院或者仲裁机构不得撤销。

🔅 小小陪审员

2003年1月6日,家住镇江市润州区蒋乔乡的张君与住镇江市中山东路的尚永签订了一份汽车转让协议,约定尚永将一辆桑塔纳轿车以35200元的价格转让给张君。协议签订后,双方均履行了协议。张君满心欢喜买了一辆便宜轿车,按他的想法,一般轿车报废时间为15年,该车还可以跑近10年。可是同年4月张君进行车辆年检时发现该车原为出租车,2004年6月即报废。这样张君的心情由喜转悲,花3万多竟然买了辆报废车,这也太冤枉了啊。经多方打听原来该桑塔纳轿车是尚某于2002年9月4日从别人手中花28000元购买的,该车出厂日期为1996年6月,并且原来就是一辆出租车。

张君得知这个消息后感到很惊讶,要求将车辆退还尚某,尚某认为车辆买卖协议合法有效。双方对此未达成一致意见,无奈之下,张某于2003年10月向京口法院起诉,认为尚某故意隐瞒车辆已经接近报废年限这一重大事实,导致对他所购车辆的质量和性质产生错误认识,属重大误解。要求法院判决变更车辆价款,判令尚某返还多付的车价款,并承担所有的诉讼费用。接到法院的应诉通知后,尚某毫不示弱,当即向法院提出了反诉,

他在诉状中称,张某在订立合同时对该车状况是了解的,根本不存在重大误解,因此原告的诉讼请求不能成立,并要求法院驳回张某的诉讼请求。

同时张君申请对该车价格进行评估。经镇江市价格认证中心鉴定,该车 2003 年 1 月 6 日的价格鉴定值为 19343 元。张君对车辆价格鉴定结论无异议,尚某认为市场经济条件下,价格可以由当事人双方自行协商,没有必要鉴定,且鉴定时的车况与 2003 年 1 月 6 日已不同,故鉴定结论也不科学,但其也未在规定的期限内书面提出重新鉴定申请。

焦点问题:
案例中的汽车买卖合同是否存在重大误解?
法理依据:(小组讨论)
判定结果:(小组讨论)

(三)撤销权的消灭

有下列情形之一的,撤销权消灭:
(1) 具有撤销权的当事人自知道或者应当知道撤销事由之日起一年内没有行使撤销权;
(2) 具有撤销权的当事人知道撤销事由后明确表示或者以自己的行为放弃撤销权。

五、合同无效和撤销的法律后果

合同无效、被撤销或者终止的,不影响合同中独立存在的有关解决争议方法的条款的效力。

合同无效或者被撤销后,因该合同取得的财产,应当予以返还;不能返还或者没有必要返还的,应当折价补偿。有过错的一方应当赔偿对方因此所受到的损失,双方都有过错的,应当各自承担相应的责任。

当事人恶意串通,损害国家、集体或者第三人利益的,因此取得的财产收归国家所有或者返还集体、第三人。

第四节 合同的履行、担保

一、合同的履行

(一)合同的履行含义

合同的履行就是合同生效以后,合同当事人依照合同的约定实施属于合同标的的行为。

(二)合同履行的原则

1. 全面履行原则

当事人应当按照约定全面履行自己的义务。全面履行原则,又称适当履行原则或正确履行原则。它要求当事人按合同约定的标的及其质量、数量,合同约定的履行期限、履行地点、适当的履行方式、全面完成合同义务的履行原则。

2. 诚实信用原则

当事人应当遵循诚实信用原则,根据合同的性质、目的和交易习惯履行通知、协助、保密等义务。

诚实信用原则就是要求人们在市场活动中讲究信用、恪守诺言、诚实不欺、在不损害他人利益和社会利益的前提下追求自己的利益,以"诚实商人"的形象参加经济活动。

3. 协作履行原则

协作履行原则是指当事人不仅适当履行自己的合同债务,而且应基于诚实信用原则的要求协助对方当事人履行其债务的履行原则。

合同生效后,当事人就质量、价款或者报酬、履行地点等内容没有约定或者约定不明确的,可以协议补充;不能达成补充协议的,按照合同有关条款或者交易习惯确定。

(三)合同内容约定不明确时的履行

当事人就有关合同内容约定不明确,不能达成补充协议的,按照合同有关条款或者交易习惯仍不能确定的,适用下列规定:

(1) 质量要求不明确的,按照国家标准、行业标准履行;没有国家标准、行业标准的,按照通常标准或者符合合同目的的特定标准履行;

(2) 价款或者报酬不明确的,按照订立合同时履行地的市场价格履行;依法应当执行政府定价或者政府指导价的,按照规定履行;

(3) 履行地点不明确,给付货币的,在接受货币一方所在地履行;交付不动产的,在不动产所在地履行;其他标的,在履行义务一方所在地履行;

(4) 履行期限不明确的,债务人可以随时履行,债权人也可以随时要求履行,但应当给对方必要的准备时间;

(5) 履行方式不明确的,按照有利于实现合同目的的方式履行;

(6) 履行费用的负担不明确的,由履行义务一方负担。

(四)价格发生变动时的合同履行

执行政府定价或者政府指导价的,在合同约定的交付期限内政府价格调整时,按照交付时的价格计价。逾期交付标的物的,遇价格上涨时,按照原价格执行;价格下降时,按照新价格执行。逾期提取标的物或者逾期付款的,遇价格上涨时,按照新价格执行;价格下降时,按照原价格执行。

(五)合同履行中的抗辩权

双务合同履行中的抗辩权是指在符合法律规定的条件下,合同当事人一方对抗对方当事人的履行请求权,暂时拒绝履行其债务的权利。合同履行中抗辩权分为下列种类:

1. 同时履行抗辩权

同时履行抗辩权是指双务合同(双方互负义务)的当事人应同时履行义务的,一方在对方未履行前,有拒绝对方请求自己履行合同的权利。同时履行抗辩权的成立条件有四个:

(1) 双方之债务基于同一双务合同而发生;

(2) 须双方互负的债务均已届清偿期;

(3) 同时履行抗辩权的行使须相对人有不履行或履行不符合约定的行为;

(4) 同时履行抗辩权的行使应以合同具备能履行的客观条件为准。

2. 先履行抗辩权

先履行抗辩权是指双务合同中应先履行义务的一方当事人未履行时,对方当事人有拒绝其履行请求的权利。其成立要件是：

（1）双方当事人互负债务；

（2）两个债务之间有先后履行顺序。至于该顺序是当事人约定的还是法律直接规定的，在所不问；

（3）先履行一方未履行或其履行不符合法律规定和合同的约定。先履行一方未履行，既包括先履行一方在履行期限届满前未予履行的状态，又包含先履行一方于履行期限届满时尚未履行的状态。

在先履行抗辩权的行使问题上，在先履行一方未构成违约时，先履行一方未请求后履行一方履行的，先履行抗辩权的行使不需要明示，先履行一方请求后履行一方履行的，后履行方拒绝履行需要明示。在先履行一方已构成违约并请求后履行一方履行时，先履行抗辩权的行使需要明示。先履行抗辩权的成立并行使，产生后履行一方可一时中止履行自己债务的效力，后履行一方在先履行方未履行前可以拒绝对方的履行请求，以此保护自己的期限利益、顺序利益。

3. 不安抗辩权

不安抗辩权是指双务合同中应先履行义务的一方当事人，有证据证明对方当事人不能或可能不能履行义务时，在对方当事人未履行合同或提供担保之前，可以暂时中止履行合同的权利。先履行债务的当事人，有确切证据证明对方有下列情形之一的，可以中止履行：

（1）经营状况严重恶化；

（2）转移财产、抽逃资金，以逃避债务；

（3）丧失商业信誉；

（4）有丧失或者可能丧失履行债务能力的其他情形。

当事人没有确切证据中止履行的，应当承担违约责任。

中止履行的一方应及时通知对方。对方提供适当担保时，应当恢复履行；对方在合理期限内未恢复履行能力并且未提供适当担保的，中止履行的一方可以解除合同。

> **深度链接**
>
> **合同履行中的代位权和撤销权**
>
> **一、代位权**
>
> 代位权诉讼即因债务人怠于行使其债权，对债权人造成损害的，债权人可以向人民法院请求以自己的名义代位行使债务人的债权，但该债权专属于债务人自身的除外。代位权作为一种有效的债的保全措施，代位权的行使范围以债权人的债权为限。债权人行使代位权的费用，由债务人负担。
>
> **二、合同撤销权**
>
> 合同撤销权即可撤销合同的撤销权，是指撤销权人因合同欠缺一定生效要件，而享有的以其单方意思表示撤销已成立的合同的权利。

二、合同的担保

（一）合同担保的概念

合同的担保就是当事人约定的、可以保证合同履行的措施。合同的担保是保证合同履行的一项重要制度。

(二) 合同担保的形式

根据《中华人民共和国担保法》的规定，合同担保的形式有保证、定金、抵押、质押和留置五种。

1. 保证

保证担保是指保证人与贷款人约定，当借款人违约或者无力归还贷款，保证人按约定履行债务或承担责任的行为。具有代为清偿债务能力的法人及其他组织或公民(自然人)可以做保证人。

保证的方式有一般保证和连带责任保证两种方式。当事人在保证合同中约定，债务人不能履行债务时，由保证人承担保证责任的，为一般保证。当事人在保证合同中约定保证人与债务人的债务承担连带责任的，为连带责任保证。

2. 定金

定金是指在合同订立或在履行之前支付一定数额的金钱作为担保的担保方式。

当事人可以依照《中华人民共和国担保法》约定一方向对方给付定金作为债权的担保，债务人履行债务后，定金应当抵作价款或者收回。给付定金的一方不履行约定的债务的，无权要求返还定金；收受定金的一方不履行约定的债务的，应当双倍返还定金。

 小小陪审员

某市朝阳玻璃制品厂(以下简称甲方)与某市天然气供应公司(以下简称乙方)签订了常年供气合同。合同规定，乙方每天向甲方供应生产用气4000立方，如减少或停供须提前五天通知甲方做好准备。甲方按月结清天然气款。双方约定，甲方向乙方交付定金5万元。

合同签订后不久，随着用气单位的增多，天然气供应日趋紧张，有些用气单位向乙方许诺可以购买高价气。乙方为追求本单位的经济效益，要求甲方减少用气2000立方，甲方不同意。乙方在未提前通知的情况下，单方突然停止向甲方供气，致使甲方生产设备受损，造成损失约4万元。甲方派人前去与乙方交涉，要求其保证供气，并双倍返还其已交付的定金。乙方不同意。甲方遂向某市人民法院起诉，要求乙方继续履行合同，双倍返还其已交付的定金，赔偿其他损失。

焦点问题：
(1) 该合同是否为有效合同？
(2) 甲方的诉讼请求有无法律依据？
(3) 单方停止供气违约方应承担什么责任？

法理依据：(小组讨论)
判定结果：(小组讨论)

---

3. 抵押

抵押是指债务人或者第三人不转移某些财产的占有，将该财产作为债权的担保。债务人不履行债务时，债权人有权依法以该财产折价或者以拍卖、变卖该财产的价款优先受偿。

抵押是建立在某些特定的物之上的，是一种债的担保形式。主要保障债权人在债务中不履行债务时有优先受偿的权利，而这一优先受偿权是以设置抵押的实物形态变成值来实现的，所以抵押是以抵押人所有的实物形态为抵押主体，以不转移所有权和使用权作为债务担保的一种法律保障行为。按揭是抵押的一种。

4. 质押

质押是指合同的一方当事人或者第三人将其动产或权利凭证移交对方当事人占有,作为合同的担保的一种方式。一方当事人或者第三人为出质人,对方当事人为质权人,移交的动产后权利凭证为质物。出质人不履行合同时,质权人有权依法以该动产折价或者以拍卖、变卖该动产的价款,后兑现权利凭证所得款物获得优先受偿。质押合同自质押物或权利凭证交质权人占有时生效。

5. 留置

留置是指债权人按照合同的约定占有债务人的动产,债务人不按照合同约定的期限履行债务的,债权人有权依照法律规定留置财产,以该财产折价或者以拍卖、变卖该财产的价款优先受偿。

第五节 合同的变更、转让

一、合同的变更

合同的变更是指在合同成立以后、尚未履行或尚未完全履行以前,合同当事人就合同的内容达成修改和补充的协议,或者依据法律规定请求人民法院或仲裁机构变更合同内容。

当事人协商一致,可以变更合同。法律、行政法规规定变更合同应当办理批准、登记等手续的,依照其规定。当事人对合同变更的内容约定不明确的,推定为未变更。

二、合同的转让

(一) 合同转让的概念

合同的转让是指在合同依法成立后,改变合同主体的法律行为。即合同当事人一方依法将其合同债权和债务全部或部分转让给第三方的行为。

(二) 合同权利的转让

债权人可以将合同的权利全部或者部分转让给第三人,但有下列情形之一的除外:

(1) 根据合同性质不得转让;
(2) 按照当事人约定不得转让;
(3) 依照法律规定不得转让。

债权人转让权利的,应当通知债务人。未经通知,该转让对债务人不发生效力。

债权人转让权利的通知不得撤销,但经受让人同意的除外。

债权人转让权利的,受让人取得与债权有关的从权利,但该从权利专属于债权人自身的除外。

债务人接到债权转让通知后,债务人对让与人的抗辩,可以向受让人主张。

(三) 合同义务的转让

债务人将合同的义务全部或者部分转移给第三人的,应当经债权人同意。

债务人转移义务的,新债务人可以主张原债务人对债权人的抗辩。

债务人转移义务的,新债务人应当承担与主债务有关的从债务,但该从债务专属于原债务人自身的除外。

(四)合同权利和义务的全部转让

当事人一方经对方同意,可以将自己在合同中的权利和义务一并转让给第三人。

> **☀ 小小陪审员**
>
> A 贸易商行于 9 月份向某服装厂订购了一批童装,总价值 18 万元。A 贸易商行(需方)预付了货款的 20% 即 3.6 万元,约定年底交货,11 月需方打电话给服装厂(供方)的厂长要求变动一下童装的部分花色,当时厂长不在,接电话的人员草草记下电话内容后,就忘了此事,等到 12 月底供方将童装交给需方时,需方才发现,童装的花色并未变更,仍和合同规定的一样,需方询问供方厂长时,供方说并不知道需方要求变更花色,需方说在 11 月底打过电话。供方接电话之人见闯了祸就矢口否认接过此电话,需方即以供方违约为由拒付货款,供方见要不回货款,即提起诉讼,要求需方承担违约责任,支持货款及违约金。
>
> **焦点问题:**
> 合同的变更成立吗?
> **法理依据:**(小组讨论)
> **判定结果:**(小组讨论)

第六节 合同的解除与终止

一、合同的终止

合同终止是指合同当事人双方在合同关系建立以后,因一定的法律事实的出现,使合同确立的权利义务关系消灭。有下列情形之一的,合同的权利义务终止:

(1)债务已经按照约定履行;
(2)合同解除;
(3)债务相互抵销;
(4)债务人依法将标的物提存;
(5)债权人免除债务;
(6)债权债务同归于一人;
(7)法律规定或者当事人约定终止的其他情形。

合同的权利义务终止后,当事人应当遵循诚实信用原则,根据交易习惯履行通知、协助、保密等义务。

二、合同的解除

(一) 合同解除的概念

合同的解除,是合同有效成立后,因当事人一方或双方的意思表示,使合同关系归于消灭的行为。合同解除是合同之债终止的事由之一。

(二) 合同解除的途径

合同解除可以通过以下两种途径:

1. 当事人协商一致,可以解除合同

当事人可以约定一方解除合同的条件。解除合同的条件成立时,解除权人可以解除合同。

2. 具备法定解除合同的条件

具备以下条件,不必经对方当事人同意,只需向对方作出解除合同的意思表示,就可以解除合同。有下列情形之一的,当事人可以解除合同:

(1) 因不可抗力致使不能实现合同目的;

(2) 在履行期限届满之前,当事人一方明确表示或者以自己的行为表明不履行主要债务;

(3) 当事人一方迟延履行主要债务,经催告后在合理期限内仍未履行;

(4) 当事人一方迟延履行债务或者有其他违约行为致使不能实现合同目的;

(5) 法律规定的其他情形。

法律规定或者当事人约定解除权行使期限,期限届满当事人不行使的,该权利消灭。

法律没有规定或者当事人没有约定解除权行使期限,经对方催告后在合理期限内不行使的,该权利消灭。

主张解除合同的,应当通知对方。合同自通知到达对方时解除。对方有异议的,可以请求人民法院或者仲裁机构确认解除合同的效力。

第七节　违约责任

一、违约责任的概念

违约责任也称为违反合同的民事责任,是指合同当事人因不履行合同义务或者履行合同义务不符合约定,而向对方承担的民事责任。违约责任与合同债务有密切联系。

二、违约责任的特征

(一) 违约责任是一种民事责任

法律责任有民事责任、行政责任、刑事责任等类型,民事责任是指民事主体在民事活动中,因实施民事违法行为或基于法律的特别规定,依据民法所应承担的民事法律后果。

(二) 违约责任是违约方对相对方承担的责任

合同关系的相对性决定了违约责任的相对性,即违约责任是合同当事人之间的民事责任,合同当事人以外的第三人对当事人之间的合同不承担违约责任。

(三) 违约责任是履行合同不完全或不履行合同义务而承担的责任

1. 违约责任是违反有效合同的责任

合同有效是承担违约责任的前提。这一特征使违约责任与合同法上的其他民事责任(如缔约过失责任、无效合同的责任)区别开来。

2. 违约责任以当事人不履行或不完全履行合同为条件

能够产生违约责任的违约行为有两种情形：一是一方不履行合同义务，即未按合同约定提供给付；二是履行合同义务不符合约定条件，即其履行存在瑕疵。

(四) 违约责任具有补偿性和一定的任意性

(1) 违约责任以补偿守约方因违约行为所受损失为主要目的，以损害赔偿为主要责任形式，故具有补偿性质。

(2) 违约责任可以由当事人在法律规定的范围内约定，具有一定的任意性。根据《合同法》的相关规定：当事人可以约定一方违约时应当根据违约情况向对方支付一定数额的违约金，也可以约定因违约产生的损失赔偿额的计算方法。

(五) 违约责任是财产责任，不是人身责任

违约责任一般限定在财产损害责任，故非人身责任。

(六) 违约责任有一定的选择性

违约相对人可以选择违约人承担违约责任的方式，比如说违约人违反约定没有完成合同义务，相对人可以在损害赔偿和违约金中选择一项要求违约人承担责任。

三、违约责任的构成要件

违约责任的构成要件如下：
(1) 有违约行为；
(2) 有损害事实；
(3) 违约行为与损害事实之间存在因果关系；
(4) 无免责事由。

小小陪审员

张某欲卖给李某旧房一间，双方于2013年4月1日签订了合同，并决定在4月15日去办理过户手续。双方还在合同中约定了标的额20%的违约金。李某全家2013年4月10日入住该房。在4月14日，张某通知李某房子不卖了，请退回。

焦点问题：

(1) 房子是否已交付？该合同的效力如何？标的物的所有权是否已转移？

(2) 李某起诉主张：第一要把房屋的产权过户，第二，张某违约，得按标的物价款的20%支付违约金。对他的

要求,法院应不应该支持?
法理依据:(小组讨论)
判定结果:(小组讨论)

四、承担违约责任的具体方式

当事人一方不履行合同义务或者履行合同义务不符合约定的,应当承担继续履行、采取补救措施或者赔偿损失等违约责任。

(一) 继续履行

继续履行也称强制实际履行,是指违约方根据对方当事人的请求继续履行合同规定的义务的违约责任形式。其特征为:

(1) 继续履行是一种独立的违约责任形式,不同于一般意义上的合同履行。具体表现在:继续履行以违约为前提;继续履行体现了法的强制;继续履行不依附于其他责任形式;

(2) 继续履行的内容表现为按合同约定的标的履行义务,这一点与一般履行并无不同;

(3) 继续履行以对方当事人(守约方)请求为条件,法院不得径行判决。

(二) 采取补救措施

(1) 采取补救措施作为一种独立的违约责任形式,是指矫正合同不适当履行(质量不合格)、使履行缺陷得以消除的具体措施。

(2) 采取补救措施的类型。关于采取补救措施的具体方式,中国相关法律做了如下规定:

① 根据《合同法》的相关规定为:修理、更换、重作、退货、减少价款或者报酬等;

② 根据《消费者权益保护法》的相关规定:修理、重作、更换、退货、补足商品数量、退还货款和服务费用、赔偿损失;

③ 根据《产品质量法》的相关条规定为:修理、更换、退货。

(三) 赔偿损失

(1) 赔偿损失,在合同法上也称违约损害赔偿,是指违约方以支付金钱的方式弥补受害方因违约行为所减少的财产或者所丧失的利益的责任形式。

(2) 赔偿损失的确定方式有两种:法定损害赔偿和约定损害赔偿。

① 法定损害赔偿。

法定损害赔偿是指由法律规定的,由违约方对守约方因其违约行为而对守约方遭受的损失承担的赔偿责任。

② 约定损害赔偿。

约定损害赔偿是指当事人在订立合同时,预先约定一方违约时应当向对方支付一定数额的赔偿金或约定损害赔偿额的计算方法。它具有预定型(缔约时确定)、从属性(以主合同的有效成立为前提)、附条件性(以损失的发生为条件)。

五、违约责任的免责

违约责任免责,是指在履行合同的过程中,因出现法定的免责条件或者合同约定的免责事由导致合同不履行的,合同债务人将被免除合同履行义务。

(一) 约定的免责

合同中可以约定在一方违约的情况下免除其责任的条件,这个条款称为免责条款。免责条款并非全部有效,侵犯对方人身权或财产权的免责条款是无效的。

(二) 法定的免责

法定的免责是指出现了法律规定的特定情形,即使当事人违约也可以免除违约责任。

我国《合同法》的相关规定:因不可抗力不能履行合同的,根据不可抗力的影响,部分或者全部免除责任,但法律另有规定的除外。当事人迟延履行后发生不可抗力的,不能免除责任。

> **学以致用**
>
> 请以下面案例背景材料为依据,为景荣实业有限公司和衡阳木制品加工场拟定一份办公家具的买卖合同。要求:格式正确,合同主要条款完备,内容具体明确,具有实际可操作性,不得照抄法条。

景荣实业有限公司已经注册了电子信箱(E-mail:jrsy@jrsy.com.cn);衡阳木制品加工厂也注册了电子信箱(e-mail:h-ymz@online.sh.cn)。2012年3月5日上午,景荣实业有限公司给衡阳木制品加工厂发出要求购买其厂生产的办公家具的电子邮件一份,电子邮件中明确了如下内容:①需要办公桌8张,椅子16张;②要求在3月12日之前将货送至景荣实业有限公司;③总价格15000元。电子邮件还对办公桌椅的尺寸、式样、颜色作了说明,并附了样图。

当天下午3时35分18秒,衡阳木制品加工厂收到邮件并以电子邮件回复景荣实业有限公司,对景荣实业有限公司的要求全部认可,5分钟后衡阳木制品加工厂的邮件到达景荣实业有限公司的邮箱,为对景荣实业有限公司负责起见,3月6日衡阳木制品加工厂还专门派人到景荣实业有限公司作了确认,但双方都没有签署任何书面文件。

2012年3月11日衡阳木制品加工厂将上述桌椅运至景荣实业有限公司。由于景荣实业有限公司已于10日以11000元的价格购买了另一家工厂生产的办公桌椅,就以双方没有签署书面合同为由拒收,双方协商不成,3月16日衡阳木制品加工厂起诉至法院。

> **深度链接**
>
> **家具买卖合同(样本)**
>
> 甲方(买方):
> 乙方(卖方):
> 　　根据国家有关法律法规,经过双方友好协商,并订立以下条款:

一、家具品名、规格型号、单位数量、单价总价、随机配件

见附件一(家具较多应在后面单独列表作为附件)或列表说明。

二、价格

合同总价为人民币大写：_____元,即_____元;该合同总价已包括货物设计、材料、制造、包装、运输、安装、调试、检测、验收合格交付使用之前及保修期内保修服务与备用物件等等所有其他有关各项的含税费用。本合同执行期间合同总价不变,甲方无须另向乙方支付本合同规定之外的其他任何费用。

三、质量标准

1. 乙方须出售的家具表面无划伤、无碰撞痕迹或其他创伤。
2. 家具符合《室内装饰装修材料木家具中有害物质限量》的环保标准。
3. 家具质量符合国家标准及行业标准。

四、交货及验收

1. 乙方交货期限为合同签订后的_____天内,交货到甲方指定地点_____,在____天内全部完成安装调试验收合格交付使用,并且最迟应在201__年__月__日前全部完成安装调试验收合格交付使用(如由于采购人原因造成合同延迟签定或验收的,时间顺延)。交货验收时须提供市级以上产品质检部门从同类产品中抽样检查合格的检测报告(个人的可以不写这句)。

2. 验收由甲方组织,乙方配合进行:

(1) 货物在乙方通知安装调试完毕后10个工作日内初步验收。初步验收合格后,进入三个月试用期;试用期间发生重大质量问题,修复后试用相应顺延;试用期结束后5个工作日内完成最终验收;

(2) 验收标准:按国家有关规定以及甲方招标谈判文件的质量要求和技术指标、乙方的报价文件及承诺与本合同约定标准进行验收;甲乙双方如遇对质量要求和技术指标的约定标准有相互抵触或异议的事项,由甲方在招标与投标文件中按质量要求和技术指标比较优胜的原则确定该项的约定标准进行验收;

(3) 验收时如发现所交付的货物有短装、次品、损坏或其他不符合标准及本合同规定之情形者,甲方应做出详尽的现场记录,或由甲乙双方签署备忘录,此现场记录或备忘录可用作补充、缺失和更换损坏部件的有效证据,由此产生的时间延误与有关费用由乙方承担,验收期限相应顺延;

(4) 如质量验收合格,双方签署质量验收报告。

3. 货物安装完成后10个工作日内,甲方无故不进行验收工作并已使用货物的,视同已安装调试完成并验收合格。

4. 乙方应将所提供货物的装箱清单、配件、随机工具、用户使用手册、原厂保修卡等资料交付给甲方;乙方不能完整交付货物及本款规定的单证和工具的,必须负责补齐,否则视为未按合同约定交货。

5. 如货物经乙方两次维修仍不能达到合同约定的质量标准,甲方有权退货,并视作乙方不能交付货物而须支付违约赔偿金给甲方,甲方还可依法追究乙方的违约责任。

五、付款方式

1. 甲方在本合同签订生效之日起接到乙方通知和票据凭证资料以及乙方交给甲方的合同履约保证金(按合同总价的百分之五计算款额￥_____元,人民币大写：_____元整)后的十五个工作日内支付合同金额百分之三十的价款；

2. 全部货物安装调试完毕并验收合格之日起,甲方接到乙方通知与票据凭证资料以后的十五个工作日内,提交支付凭证资料给××市财政国库支付执行机构办理财政国库集中支付手续,并由其向乙方核拨合同总价的百分之柒拾款项：￥_____元,人民币大写_____元整；

3. 合同履约保证金:在货物验收合格满一年后,甲方财务部门接到乙方通知和支付凭证资料文件,以及由甲方确认本合同货物质量与服务等约定事项已经履行完毕的正式书面文件后的十五个工作日内,递交结算凭证资料给银行并由其向乙方支付价款￥_____元,人民币大写：_____元整；

4. 乙方须向甲方出具合法有效完整的完税发票及凭证资料进行支付结算。

六、售后服务

1. 质保期为验收合格后____年,质保期内出现质量问题,乙方在接到通知后4小时内响应到场,24小时内完成维修或更换,并承担修理调换的费用；如货物经乙方两次维修仍不能达到本合同约定的质量标准,视作乙方未能按时交货,甲方有权退货并追究乙方的违约责任。货到现场后由于甲方保管不当造成的问题,乙方亦应负责修复,但费用由甲方负担。

2. 乙方须指派专人负责与甲方联系售后服务事宜。

七、违约责任

1. 甲方违约责任

(1) 甲方无正当理由拒收货物的,甲方应偿付合同总价百分之五的违约金；

(2) 甲方逾期支付货款的,除应及时付足货款外,每逾期1天应向乙方偿付欠款总额万分之五/天的违约金；逾期付款超过三十天的,乙方有权终止合同；

(3) 甲方偿付的违约金不足以弥补乙方损失的,还应按乙方损失尚未弥补的部分,支付赔偿金给乙方。

2. 乙方违约责任

(1) 乙方交付的货物质量不符合合同规定的,乙方应向甲方支付合同总价的百分之五的违约金,并须在合同规定的交货时间内更换合格的货物给甲方,否则,视作乙方不能交付货物而违约,按本条本款下述第"(2)"项规定由乙方偿付违约赔偿金给甲方；

(2) 乙方不能交付货物或逾期交付货物而违约的,除应及时交足货物外,每逾期1天应向甲方偿付逾期交货部分货款总额的万分之五/天的违约金；逾期交货超过三十天,甲方有权终止合同,乙方则应按合同总价的百分之三十以下的款额向甲方偿付赔偿金,并须全额退还甲方已经付给乙方的货款及其利息；

(3) 乙方货物经甲方送交具有法定资格条件的质量技术监督机构检测后,如检测结果认定货物质量不符合本合同第三条第2款的国家规定环保标准,则视作乙方没有按时交货而违约,乙方须在30天内无条件更换合格的货物,如逾期不能更换合格的货物,甲方有权终止本合同,乙方应另付合同总价的百分之三十的赔偿金给甲方;

(4) 乙方保证本合同货物的权利无瑕疵,包括货物所有权及知识产权等权利无瑕疵。如任何第三方经法院(或仲裁机构)裁决有权对上述货物主张权利或国家机关依法对货物进行没收查处的,乙方除应向甲方返还已收款项外,还应另按合同总价的百分之五向甲方支付违约金并赔偿因此给甲方造成的一切损失;

(5) 乙方偿付的违约金不足以弥补甲方损失的,还应按甲方损失尚未弥补的部分,支付赔偿金给甲方。

八、争议解决办法

1. 因货物的质量问题发生争议,由××市质量技术监督局或其指定的质量鉴定单位进行质量鉴定。货物符合标准的,鉴定费由甲方承担;货物不符合质量标准的,鉴定费由乙方承担。

2. 合同履行期间,若双方发生争议,可协商或由市政府采购管理部门调解解决,协商或调解不成的,由××仲裁委员会仲裁。

九、其他

1. 如有未尽事宜,由双方依法订立补充合同。

2. 本合同一式六份,自双方签章之日起生效。甲方三份,乙方、政府采购管理部门、招标代理机构各执一份。

甲　　　方:(盖章)	乙　　　方:(盖章)
法定代表人:	法定代表人:
代　表　人:	代　表　人:
经　办　人:	经　办　人:
地　　　址:	地　　　址:
开　户　银行:	开　户　银行:
账　　　号:	账　　　号:
电　　　话:	电　　　话:
传　　　真:	传　　　真:
签约日期:	签约日期:

知识巩固练习

一、重要概念

合同　公平原则　要约　要约邀请　承诺　保证　定金　抵押　质押　留置

二、简述题

1. 合同的特征是什么?

2. 合同的种类有哪几类?
3. 合同法的基本原则是什么?
4. 合同订立的程序是怎样的?
5. 无效合同有哪几种情况?
6. 申请变更或者撤销合同的法定事由是什么?
7. 合同履行的原则是什么?
8. 合同履行中的抗辩权是什么?
9. 合同担保的形式有哪些?
10. 违约责任的构成要件有哪些?

三、案例分析

【案例一】

黄某向王某发出出卖一台旧电视的书面要约,要价800元,要约中写道:"请在15天之内答复,逾期不答复的视为默认。"

问题：

1. 关于默认的规定对王某是否有效?
2. 若黄某与王某成立合同,黄某只向王某交付电视机,遥控器却要留下自用。王某是否有权请求交付,为什么?
3. 黄某将电视机与遥控器一同交付,电视机已经损坏,不能使用,王某可否解除合同? 若电视机完好,但遥控器损坏,王某的解除权如何?
4. 若黄某将电视机交给王某试用,试用期间,电视机自燃,应由谁承担责任? 若不是自燃,电视机因为雷电而毁损,应由谁承担风险责任?
5. 买卖合同是否为要式合同?

【案例二】

某年3月5日,甲公司给乙公司发出传真,称:"本公司有一批盐酸欲出售,每吨5000元。如贵公司有意购买,请速与本公司销售部联系。"乙公司接到传真后,认为价格较合算,遂向甲公司发出订单,订购盐酸100吨,总价款50万元,并请甲公司在3月30日前给出正式答复。但直到4月中旬,甲公司才发来传真,说盐酸已出售,请谅解等等。由于乙公司为准备购货款及仓库花去近2万元的费用,遂将甲公司起诉到法院,要求甲公司承担违约责任,赔偿其经济损失2万元。

问题：

1. 乙公司能否要求甲公司对其承担其违约责任? 说明理由。
2. 对于乙公司的2万元损失,甲公司应承担什么责任?

【案例三】

2007年10月,甲公司与乙公司签订了一份钢材购销合同。合同约定甲方为乙方提供钢材1000吨。履行期限为2008年8月。在价格条款上,合同暂定为每吨价格2500元。同时合同约定,如果在2008年7月市场价格涨幅或者跌幅不超过100元,将按每吨2500元履行。合同还约定,在2008年7月双方就合同中钢材价格达成一致意见时,乙方应预付定金80万元。

乙与甲签约后,于2007年11月又分别与丙公司和丁公司签约,乙分别向丙、丁提供钢材各500吨,每吨价格为3000元,履行期限为2008年9月。合同还规定,如乙不能供货或者丙、丁中途退货均支付货款总额30%的违约金。

2008年7月,钢材价格涨至每吨3500元。乙急速向甲汇去定金80万元,甲收到定金后如数退还。时至2008年10月,乙因无法履行合同分别被丙、丁追索。

问题:
1. 甲、乙签订的合同是否成立?为什么?
2. 乙与丙、丁签订的合同是否成立?为什么?

【案例四】

甲某和某工厂订立一份买卖汽车的合同,约定由工厂在6月底将一部行驶3万公里的卡车交付给甲,价款3万元,甲交付定金5000元,交车后15日内余款付清。合同还约定,工厂晚交车一天,扣除车款50元,甲晚交款一天,应多交车款50元;一方有其他违约情形,应向对方支付违约金6000元。合同订立后,该卡车因外出运货耽误,未能在6月底以前返回。7月1日,卡车在途经山路时,因遇暴雨,被一块落下的石头砸中,车头受损,工厂对卡车进行了修理,于7月10日交付给甲。10天后,甲某在运货中发现卡车发动机有毛病,经检查,该发动机经过大修理,遂请求退还卡车,并要求工厂双倍返还定金,支付6000元违约金,赔偿因其不能履行对第三人的运输合同而造成的经营收入损失3000元。另有人向甲提出,甲某可以按照消费者权益保护法请求双倍赔偿。工厂意识到对自己不利,即提出汽车没有办理过户手续,合同无效,双方只需返还财产。

问题:
1. 汽车买卖合同是否有效?
2. 卡车受损,损失应由谁承担?
3. 甲某能否按照消费者权益保护法请求双倍赔偿?
4. 甲某能否要求退车?
5. 甲某能否请求工厂支付违约金并双倍返还定金?
6. 甲某能否请求工厂赔偿经营损失?
7. 甲某能否同时请求工厂支付6000元违约金和支付每天50元的迟延履行违约金?

第三章　公司法律制度

【案例回放】

某水产有限公司依照法定程序，于2005年4月登记成立。在公司股东大会上，选举李某为该公司董事长。后来，股东们发现李某原先担任某公司的经理，由于管理水平低下，致使该公司经营困难，该公司于2004年3月宣告破产。因此，某水产有限责任公司一持该公司10%股份的股东张某要求股东会解除李某的董事职务，并将其解任李某董事长职务的要求提交到公司股东会上进行讨论，而股东会因李某并无解任的法定事由而决议不予解任。股东张某遂决定向法院提起诉讼。法院会支持股东张某的主张吗？

【以案析法】

根据《公司法》规定，担任因经营管理不善而破产清算的公司、企业的董事或者经理、厂长，并对该公司、企业的破产负有个人责任的，自该公司、企业破产清算完结之日起未逾3年者，不得担任有限责任公司的董事、经理。李某对某公司的破产负有个人责任，自该公司破产清算还没有超过3年，因此不能担任某水产有限公司的经理。依照《中华人民共和国公司法》法院做出判决：某水产有限公司做出任命李某为公司董事决议的行为无效。

第一节　公司法律制度概述

一、公司的概念和特征

（一）公司的概念

公司是依照法律规定的条件与程序设立的、以营利为目的的企业法人。

（二）公司的特征

根据我国公司法的规定，公司是指在中国境内设立的有限责任公司和股份有限公司。一般而言，公司具有三个基本的法律特征：

1. 公司是依法设立的经济组织

公司必须依法设立；公司必须具备必要的财产；公司必须有自己的名称、组织机构和场所；公司必须具有完备的组织机构。

2. 公司是以营利为目的，具有营利性的经济组织

公司以营利为目的，是指设立公司的目的及公司的运作，都是为了谋求经济利益。公司的营利性实质上是股东设立公司的目的的反映。公司只有以营利为目的,实现公司利益最大化,才能让股东收回投资,并进而实现赢利。

3. 公司是具有法人资格的经济组织

公司是企业法人,有独立的法人财产,享有法人财产权。公司以其全部财产对公司的债务承担责任。公司必须能够以自己的名义从事民商事活动并独立承担民事责任。

二、公司的分类

(一) 按公司财产责任形式分

按公司财产责任形式,公司可分为:无限公司、有限责任公司、两合公司、股份有限公司。而《公司法》所称的公司是指依照本法在中国境内设立的有限责任公司和股份有限公司。其中,有限责任公司除一般有限责任公司外,还包括一人有限责任公司和国有独资公司。

(二) 按公司的组织结构分

按公司的组织结构,公司可分为:

1. 总公司与分公司

《公司法》规定公司可以设立分公司。设立分公司,应当向公司登记机关申请登记,领取营业执照。分公司不具有法人资格,其民事责任由总公司承担。

2. 母公司与子公司

《公司法》规定公司可以设立子公司。子公司具有法人资格,依法独立承担民事责任。

小小陪审员

甲集团公司是一家大型电器制品公司,有两个下属公司:一是 A 家电有限责任公司,该公司为甲集团的全资子公司;二是 B 电器公司,为甲集团的分公司。在某市经贸洽谈会上,甲集团公司董事长李某遇到某市彩管厂厂长宁某,宁某称其厂有批质地良好的彩管待销,李某想到下属两个公司正需彩管,遂给宁某牵线介绍。次月,某市彩管厂与 A 公司、B 电器公司签订了一份购销合同,某市彩管厂供给各种彩管共计 80 万支,价款 120 万元,A 公司、B 电器公司为共同需方,各提货 40 万支,价款各为 60 万元,货到 1 个月后付款。发货后 3 个月过去了,两公司以种借口搪塞,不付某市彩管厂的货款,某市彩管厂遂以甲集团公司为被告向法院起诉,要求其承担下属公司的经济责任。

焦点问题:
　　甲集团公司是否应当承担下属公司的经济责任?
法理依据:(小组讨论)
判定结果:(小组讨论)

三、公司法的调整对象

（一）公司法的概念

公司法是调整公司在设立、组织、活动和解散的过程中所发生的社会关系的法律规范的总称。

（二）公司法调整的对象

1. 公司的全部组织关系

（1）发起人相互间或股东相互间的关系；
（2）股东相互间的关系；
（3）公司与国家经济管理机关相互间的关系；
（4）公司内部组织机构相互间的关系。

2. 公司的部分经营关系

公司法不调整公司的全部经营关系，一般只调整那些与公司组织关系有密切联系的经营关系。主要是股票的发行、交易、债券的发行、转让，以及资本的增加、减少和出资的转让等。

第二节　有限责任公司

一、有限责任公司的概念和特征

（一）有限责任公司的概念

有限责任公司是指股东以其认缴的出资额为限对公司承担责任，公司以其全部资产对公司债务承担责任的公司。

（二）有限责任公司的特征

1. 股东责任的有限性

有限责任公司各股东对公司所负责任，仅以其认缴的出资额为限，除此之外对公司债权人不负直接责任，即股东对公司的债务以其认缴的出资额为限承担有限责任。如果公司的财产不足以清偿全部债务，股东也没有以自己出资以外的个人财产为公司清偿债务的义务。但公司对于其债务则不是承担有限责任，而是要以公司的全部财产承担无限责任。

2. 股东出资股份的非等额性

有限责任公司的资本一般不分为等额的股份，股东出资并不以股份为单位计算，而直接以出资额计算。

3. 公司资本的封闭性

有限责任公司的资本只能向全体股东认缴，而不能向社会公开募集股份，不能发行股票。公司发给股东的书面出资证明被称为"出资证明书"，亦称股单。股单只是一种权利证书，不能在证券市场上自由转让。同时，由于有限责任公司不向社会募集股份，其会计账簿亦无须公开。有限责任公司的资本封闭性特点，还表现为对股东出资转让的限制。依照我国《公司法》的相关规定，除非公司章程对股权转让另有规定，有限责任公司的股东向股东以外的其他人转让股权,必须经其他股东过半数同意;其他股东半数以上不同意转让的,不同意的股东应当购买该转让的股权,不购买的,视为同意转让;经股东同意转让的股权,在同等条件下,其他股东有优先购买权。依法转让股权后,公司应当注销原股东的出资证明书。向新股东签发出资证明书,并相应修改公司章程和股东名册中有关股东及其出资额的记载。

4. 股东人数的限制性

我国《公司法》规定,有限责任公司股东人数为50人以下。法律规定有限责任公司股东人数上限的目的,一方面是由有限责任公司的性质决定的,因有限责任公司在一定程度上具有人合的特点,股东相互间需有信任关系,这就决定了股东人数不可能太多。

5. 公司组织的简便性

有限责任公司的设立程序简便,只有发起设立,而无募集设立。有限责任公司的组织机构也比较简单、灵活,可设董事会、监事会,也可以只设1名执行董事以及1至2名执行监事行使董事会、监事会的职权。其中设立股东会的,股东会的召集方法及决议的形成也比较简便。

6. 资合与人合的统一性

有限责任公司是一种资本的联合,具有资合公司的特点,同时,它又是一种人的集合,具有人合公司的特点。有限责任公司的资合性主要表现为公司注册资本为全体股东认缴资本的总和;股东可以用货币出资,也可以用实物、知识产权、土地使用权等可以用货币估价并可以依法转让的非货币作价出资;股东仅以自己认缴的出资额为限对公司负责。有限责任公司的人合性主要表现在各股东之间的相互关系具有人身因素,股东人数不多;股东向股东以外的其他人转让出资额,应当经其他股东过半数同意;全体股东可以约定不按照出资比例分取红利;公司章程可以规定股东不按照出资比例行使表决权。

二、有限责任公司的设立

(一) 设立条件

设立有限责任公司,应当具备下列条件:

1. 股东符合法定人数

有限责任公司由五十个以下股东出资设立。

2. 有符合公司章程规定的全体股东认缴的出资额

(1) 有限责任公司的注册资本为在公司登记机关登记的全体股东认缴的出资额。法律、行政法规以及国务院决定对有限责任公司注册资本实缴、注册资本最低限额另有规定的,从其规定。

(2) 股东可以用货币出资,也可以用实物、知识产权、土地使用权等可以用货币估价并可以依法转让的非货币财产作价出资;但是,法律、行政法规规定不得作为出资的财产除外。

股东不得以劳务、信用、自然人姓名、商誉、特许经营权或者设定担保的财产等作价出资。

对作为出资的非货币财产应当评估作价,核实财产,不得高估或者低估作价。法律、行政法规对评估作价有规定的,从其规定。

股东应当按期足额缴纳公司章程中规定的各自所认缴的出资额。股东以货币出资的,应当将货币出资足额存入有限责任公司在银行开设的账户;以非货币财产出资的,应当依法办理其财产权的转移手续。

股东不按照规定缴纳出资的,除应当向公司足额缴纳外,还应当向已按期足额缴纳出资的股东承担违约责任。

(3) 有限责任公司成立后,发现作为设立公司出资的非货币财产的实际价额显著低于公司章程所定价额的,应当由交付该出资的股东补足其差额;公司设立时的其他股东承担连带责任。

> **小小陪审员**
>
> 2007年8月8日,甲、乙、丙、丁共同出资设立了一家有限责任公司(下称公司)。公司未设董事会,仅设丙为执行董事。2008年6月8日,甲与戊订立合同,约定将其所持有的全部股权以20万元的价格转让给戊。甲于同日分别向乙、丙、丁发出拟转让股权给戊的通知书。乙、丙分别于同年6月20日和24日回复,均要求在同等条件下优先购买甲所持公司全部股权。丁于同年6月9日收到甲的通知后,至7月15日未就此项股权转让事项作出任何答复。戊在对公司进行调查的过程中,发现乙在公司设立时以机器设备折合30万元用于出资,而该机器设备当时的实际价值仅为10万元。
>
> **焦点问题:**
> (1) 丁未作答复将产生何种法律效果?
> (2) 乙、丙均要求在同等条件下,优先受让甲所持公司全部股权,应当如何处理?
> (3) 如果乙出资不实的行为属实,应当如何处理?
>
> **法理依据:**(小组讨论)
> **判定结果:**(小组讨论)

3. 股东共同制定公司章程

公司章程是指公司依法制定的,规定公司名称、住所、经营范围、经营管理制度等重大事项的基本文件,也是公司必备的规定公司组织及活动基本规则的书面文件。公司章程是股东共同一致的意思表示,载明了公司组织和活动的基本准则,是公司的宪章。公司章程具有法定性、真实性、自治性和公开性的基本特征。

根据《公司法》的相关规定,有限责任公司章程应当载明下列事项:
(1) 公司名称和住所;
(2) 公司经营范围;
(3) 公司注册资本;
(4) 股东的姓名或者名称;
(5) 股东的出资方式、出资额和出资时间;
(6) 公司的机构及其产生办法、职权、议事规则;
(7) 公司法定代表人;
(8) 股东会会议认为需要规定的其他事项。
股东应当在公司章程上签名、盖章。

4. 有公司名称,建立符合有限责任公司要求的组织机构

公司名称对一个企业将来的发展而言,是至关重要的,因为公司名称它不仅关系到企业在行业内的影响力,还关系到企业所经营的产品投放市场后,消费者对该企业的认可度。

根据《公司法》的相关规定,设立的有限责任公司,必须在公司名称中标明有限责任公司或

者有限公司字样。

5. 有公司住所

公司住所是指公司的主要办事机构所在地。主要办事机构所在地,通常是公司发出指令的业务中枢机构所在地。公司的住所是公司章程载明的地点,是公司章程的必要记载事项,具有公示效力。

公司住所记载于公司章程,才具有法律效力,是公司注册登记的必要事项之一。公司住所变更必须履行法定的变更登记手续,否则不得对抗第三人。

> **深度链接**
>
> **新《公司法》解读——开有限公司最低要多少资金**
>
> 根据新的《公司法》的相关规定,对大部分的公司不再限制最低注册资金,因此,对于这一部分公司而言,开办有限公司在法律上没有最低注册资金的限制,注册资金的限制将自主约定;另一方面,对于27类法律特别规定的公司仍须按法律规定的最低注册资本缴纳。
>
> 一、注册资本登记制度改革实行后,取消设立新公司注册资金的诸多限制
>
> (1) 自主约定注册资本总额。
>
> 取消有限责任公司最低注册资本3万元、一人有限责任公司最低注册资本10万元、股份有限公司最低注册资本500万元的限制,也就是说理论上可以"一元钱办公司"。
>
> (2) 自主约定公司设立时全体股东(发起人)的首次出资比例,也就是说理论上可以"零首付"。
>
> 二、对27类仍要严格遵守最低注册资本制度的公司而言,在法律、行政法规以及国务院决定未修改前,暂按现行规定执行
>
> 其中,包括银行业金融机构、证券公司、期货公司、基金管理公司、保险公司、保险专业代理机构和保险经纪人、直销企业、对外劳务合作企业、融资性担保公司、募集设立的股份有限公司,以及劳务派遣企业、典当行、保险资产管理公司、小额贷款公司等27个行业,仍然实行注册资本实缴登记制。
>
> 以证券公司为例,根据《证券法》规定,经国务院证券监督管理机构批准,证券公司可以经营下列部分或者全部业务:①证券经纪;②证券投资咨询;③与证券交易、证券投资活动有关的财务顾问;④证券承销与保荐;⑤证券自营;⑥证券资产管理;⑦其他证券业务。
>
> 证券公司经营上述第①~②项业务的,注册资本最低限额为人民币5000万元;经营第④~⑦项业务之一的,注册资本最低限额为人民币1亿元;经营第④~⑦项业务中两项以上的,注册资本最低限额为人民币5亿元。
>
> 三、对于除27类限制最低注册资本制度的公司外,其他的公司在理论上可以"零注册资金"开办有限公司
>
> 虽然对于一般公司而言,注册资本可以不再受到法律的限制,但是,它仍然要受到公司章程的制约,由章程自主约定其认缴出资额,由于股东以其认缴注册资本对公司债务承担连带清偿责任。开办有限公司的最低资金可以为零,只要股东不反对,同时,最低资金也可以很高,只要你自愿认缴了。开办有限责任公司注册资金的多少不再由法律规定,而由公司的章程、股东们的约定作出。

（二）有限责任公司的设立程序

1. 制定公司章程

有限责任公司章程应当载明下列事项：

（1）公司名称和住所；
（2）公司经营范围；
（3）公司注册资本；
（4）股东的姓名或者名称；
（5）股东的出资方式、出资额和出资时间；
（6）公司的机构及其产生办法、职权、议事规则；
（7）公司法定代表人；
（8）股东会会议认为需要规定的其他事项。

股东应当在公司章程上签名、盖章。

2. 股东的出资

出资证明书应当载明下列事项：

（1）公司名称；
（2）公司成立日期；
（3）公司注册资本；
（4）股东的姓名或者名称、缴纳的出资额和出资日期；
（5）出资证明书的编号和核发日期。

出资证明书由公司盖章。股东有权查阅、复制公司章程、股东会会议记录、董事会会议决议、监事会会议决议和财务会计报告。

股东可以要求查阅公司会计账簿。股东要求查阅公司会计账簿的，应当向公司提出书面请求，说明目的。公司有合理根据认为股东查阅会计账簿有不正当目的，可能损害公司合法利益的，可以拒绝提供查阅，并应当自股东提出书面请求之日起十五日内书面答复股东并说明理由。公司拒绝提供查阅的，股东可以请求人民法院要求公司提供查阅。

股东按照实缴的出资比例分取红利；公司新增资本时，股东有权优先按照实缴的出资比例认缴出资。但是，全体股东约定不按照出资比例分取红利或者不按照出资比例优先认缴出资的除外。

公司成立后，股东不得抽逃出资。

小小陪审员

甲、乙、丙、丁、戊五人拟共同组建一有限责任性质的饮料公司，注册资本200万元，其中甲、乙各以货币60万元出资；丙以实物出资，经评估机构评估为20万元；丁以其专利技术出资，作价50万元；戊以劳务出资，经全体出资人同意作价10万元。公司拟不设董事会，由甲担任执行董事；不设监事会，由丙担任公司的监事。

焦点问题：

饮料公司组建过程中，各股东的出资是否存在不符合公司法的规定之处？为什么？

法理依据：（小组讨论）

判定结果：（小组讨论）

(三) 公司的设立登记

股东认足公司章程规定的出资后,由全体股东指定的代表或者共同委托的代理人向公司登记机关报送公司登记申请书、公司章程等文件,申请设立登记。

三、有限责任公司的组织机构

(一) 股东会

1. 股东的概念

股东即为公司的出资人,除国家有特别限制外,有权代表国家投资的政府部门或机构、企业法人、具有法人资格的事业单位和社会团体、自然人等,均可以成为有限责任公司的股东。股东会的地位和性质由全体股东组成的股东会,是有限责任公司的最高权力机关。

2. 股东会行使职权

(1) 决定公司的经营方针和投资计划;
(2) 选举和更换非由职工代表担任的董事、监事,决定有关董事、监事的报酬事项;
(3) 审议批准董事会的报告;
(4) 审议批准监事会或者监事的报告;
(5) 审议批准公司的年度财务预算方案、决算方案;
(6) 审议批准公司的利润分配方案和弥补亏损方案;
(7) 对公司增加或者减少注册资本作出决议;
(8) 对发行公司债券作出决议;
(9) 对公司合并、分立、解散、清算或者变更公司形式作出决议;
(10) 修改公司章程;
(11) 公司章程规定的其他职权。

3. 股东会会议的召开和决议方式

股东会会议分为定期会议和临时会议。定期会议应当按照公司章程的规定按时召开。代表十分之一以上表决权的股东、三分之一以上的董事、监事会或者不设监事会的公司的监事,可以提议召开临时会议;上述人员、机构提议召开临时股东会会议的,公司应当召开。

召开股东会会议,应当于会议召开 15 日前通知全体股东;但是,公司章程另有规定或者全体股东另有约定的除外。

股东会会议由股东按照出资比例行使表决权;但是公司章程另有规定的除外。股东会的议事方式和表决程序,除本法有规定的之外,由公司章程规定。股东会会议作出修改公司章程、增加或者减少注册资本的决议,以及公司合并、分立、解散或者变更公司形式的决议,必须经代表三分之二以上表决权的股东通过。公司为股东或者实际控制人提供担保的,该利害关系股东或实际控制人不得参与该股东会决议事项的表决,该项表决由出席会议的其他股东过半数通过。

(二) 董事会及经理

1. 董事会的性质和地位

董事会是股东会的常设执行机关,由股东选举产生,行使公司的经营管理权。董事长是公司的法定代表人。董事会是由董事组成的、对内掌管公司事务、对外代表公司的经营决策机构。

2. 董事会的职权

董事会行使下列职权：

（1）召集股东会会议，并向股东会报告工作；

（2）执行股东会的决议；

（3）决定公司的经营计划和投资方案；

（4）制订公司的年度财务预算方案、决算方案；

（5）制订公司的利润分配方案和弥补亏损方案；

（6）制订公司增加或者减少注册资本以及发行公司债券的方案；

（7）制订公司合并、分立、解散或者变更公司形式的方案；

（8）决定公司内部管理机构的设置；

（9）决定聘任或者解聘公司经理及其报酬事项，并根据经理的提名决定聘任或者解聘公司副经理、财务负责人及其报酬事项；

（10）制定公司的基本管理制度；

（11）公司章程规定的其他职权。

3. 董事会的设置和组成

有限责任公司一般应设董事会。股东人数较少或规模较小的，可以设1名执行董事，不设董事会。董事会成员为3~13人。董事可以从公司股东中选任，也可以由股东选派的非股东出任。两个以上国有企业或者其他两个以上国有投资主体投资设立的有限责任公司，其董事会成员中应当有公司职工代表；其他有限责任公司董事会成员中可以有公司职工代表。董事会中的职工代表由公司职工通过职工代表大会、职工大会或者其他形式民主选举产生。

4. 董事会会议的召开和决议方式

董事会决议的表决，实行一人一票。董事会作出决议需经全体董事过半数通过。董事会应当对所议事项的决定做成会议记录，出席会议的董事应当在会议记录上签名。

5. 经理

经理是公司日常经营管理机关。由董事会聘任或解聘，对董事会负责。有限责任公司可以设经理，由董事会决定聘任或者解聘。经理列席董事会会议。

经理对董事会负责，行使下列职权：

（1）主持公司的生产经营管理工作，组织实施董事会决议；

（2）组织实施公司年度经营计划和投资方案；

（3）拟订公司内部管理机构设置方案；

（4）拟订公司的基本管理制度；

（5）制定公司的具体规章；

（6）提请聘任或者解聘公司副经理、财务负责人；

（7）决定聘任或者解聘除应由董事会决定聘任或者解聘以外的负责管理人员；

（8）董事会授予的其他职权；

（9）公司章程对经理职权另有规定的，从其规定。

（三）监事会

监事会是监督检查机关，董事、经理及财务负责人不得兼任监事。

1. 监事会的性质和职权

监事会、不设监事会的公司的监事发现公司经营情况异常，可以进行调查；必要时，可以聘请会计师事务所等协助其工作,费用由公司承担。

监事会、不设监事会的公司的监事行使下列职权：

（1）检查公司财务；

（2）对董事、高级管理人员执行公司职务的行为进行监督,对违反法律、行政法规、公司章程或者股东会决议的董事、高级管理人员提出罢免的建议；

（3）当董事、高级管理人员的行为损害公司的利益时,要求董事、高级管理人员予以纠正；

（4）提议召开临时股东会会议,在董事会不履行本法规定的召集和主持股东会会议职责时召集和主持股东会会议；

（5）向股东会会议提出提案；

（6）依照《公司法》的相关规定,对董事、高级管理人员提起诉讼；

（7）公司章程规定的其他职权。

2. 监事会的设置和组成

有限责任公司设立监事会,其成员不得少于三人。股东人数较少或者规模较小的有限责任公司,可以设 1～2 名监事,不设立监事会。监事会应当包括股东代表和适当比例的公司职工代表,其中职工代表的比例不得低于三分之一,具体比例由公司章程规定。监事会中的职工代表由公司职工通过职工代表大会、职工大会或者其他形式民主选举产生。

监事会设主席一人,由全体监事过半数选举产生。监事会主席召集和主持监事会会议；监事会主席不能履行职务或者不履行职务的,由半数以上监事共同推举一名监事召集和主持监事会会议。

董事、高级管理人员不得兼任监事。

监事的任期每届为三年。监事任期届满,连选可以连任。监事任期届满未及时改选,或者监事在任期内辞职导致监事会成员低于法定人数的,在改选出的监事就任前,原监事仍应当依照法律、行政法规和公司章程的规定,履行监事职务。

3. 监事会会议的召开和决议方式

监事会每年度至少召开一次会议,监事可以提议召开临时监事会会议。监事会的议事方式和表决程序,除本法有规定的外,由公司章程规定。监事会决议应当经半数以上监事通过。

> ### ☀ 小小陪审员
>
> 某股份有限公司于 2005 年 11 月成立。公司章程规定董事任期每届三年,可以连选连任。周某为该股份有限公司的董事。林某为该公司的股东。由于对公司的经营方针不满,林某向公司董事周某提出意见,要求改变公司的经营方针,按他的意见制订。董事周某认为公司的经营方针已由股东大会通过,他无权更改,即拒绝了林某的意见。后林某几次向周某提议修改经营方针,均未被周某采纳。2006 年 10 月召开股东大会时,林某与公司其他一些股东以董事周某不懂经营为由,提议解除周某董事之职。后股东大会通过了该提议,作出了解除周某董事之职的决议。周某当即反对此决议,认为股东大会的决议违反了《公司法》的规定,遂提起诉讼,请求法院判决确定股东大会的决议无效。

焦点问题：
　　周某的诉讼请求会得到法院的支持吗？
法理依据：（小组讨论）
判定结果：（小组讨论）

四、一人有限责任公司

（一）一人有限责任公司的概念

一人有限责任公司是指只有一个自然人股东或者一个法人股东的有限责任公司。

（二）《公司法》关于一人有限责任公司的特别规定

（1）一个自然人只能投资设立一个一人有限责任公司。该一人有限责任公司不能投资设立新的一人有限责任公司。

（2）一人有限责任公司应当在公司登记中注明自然人独资或者法人独资，并在公司营业执照中载明。

（3）一人有限责任公司章程由股东制定。

（4）一人有限责任公司不设股东会。

（5）一人有限责任公司应当在每一会计年度终了时编制财务会计报告，并经会计师事务所审计。

（6）一人有限责任公司的股东不能证明公司财产独立于股东自己的财产的，应当对公司债务承担连带责任。

五、国有独资公司

（一）国有独资公司的概念

国有独资公司是指国家单独出资、由国务院或者地方人民政府授权本级人民政府国有资产监督管理机构履行出资人职责的有限责任公司。

（二）《公司法》关于国有独资公司的特别规定

（1）国有独资公司章程，由国有资产监督管理机构制定，或者由董事会制订报国有资产监督管理机构批准。

（2）国有独资公司不设股东会，由国有资产监督管理机构行使股东会职权。

国有资产监督管理机构可以授权公司董事会行使股东会的部分职权，决定公司的重大事项，但公司的合并、分立、解散、增加或者减少注册资本和发行公司债券，必须由国有资产监督管理机构决定；其中，重要的国有独资公司合并、分立、解散、申请破产的，应当由国有资产监督管理机构审核后，报本级人民政府批准。

（3）国有独资公司设董事会。

董事每届任期不得超过三年。董事会成员中应当有公司职工代表。董事会成员由国有资产监督管理机构委派；但是，董事会成员中的职工代表由公司职工代表大会选举产生。董事会设董事长一人，可以设副董事长。董事长、副董事长由国有资产监督管理机构从董事会成员中指定。

(4) 国有独资公司设经理,由董事会聘任或者解聘。

经国有资产监督管理机构同意,董事会成员可以兼任经理。

(5) 国有独资公司的董事长、副董事长、董事、高级管理人员,未经国有资产监督管理机构同意,不得在其他有限责任公司、股份有限公司或者其他经济组织兼职。

(6) 国有独资公司监事会成员不得少于五人,其中职工代表的比例不得低于三分之一,具体比例由公司章程规定。

监事会成员由国有资产监督管理机构委派;但是,监事会成员中的职工代表由公司职工代表大会选举产生。监事会主席由国有资产监督管理机构从监事会成员中指定。

第三节　股份有限公司

一、股份有限公司的概念和特征

(一) 股份有限公司的概念

股份有限公司是指由一定数额的股东所组成,其全部资本分为等额股份,股东以其所持股份为限对公司承担责任,公司以其全部资产对公司的债务承担责任的企业法人。

(二) 股份有限公司的特征

(1) 募股集资的公开性;
(2) 股东数额的广泛性;
(3) 股份的等额性;
(4) 股份可自由转让性;
(5) 设立要求相对严格。

二、股份有限公司的设立

(一) 股份有限公司设立条件

设立股份有限公司,应当具备下列条件:

(1) 发起人符合法定人数;
(2) 有符合公司章程规定的全体发起人认购的股本总额或者募集的实收股本总额;
(3) 股份发行、筹办事项符合法律规定;
(4) 发起人制订公司章程,采用募集方式设立的经创立大会通过;
(5) 有公司名称,建立符合股份有限公司要求的组织机构;
(6) 有公司住所。

(二) 股份有限公司设立方式

股份有限公司的设立,可以采取发起设立或者募集设立的方式。

(1) 发起设立,是指由发起人认购公司应发行的全部股份而设立公司。

股份有限公司采取发起设立方式设立的,注册资本为在公司登记机关登记的全体发起人认购的股本总额。在发起人认购的股份缴足前,不得向他人募集股份。

以发起设立方式设立股份有限公司的,发起人应当书面认足公司章程规定其认购的股份,并按照公司章程规定缴纳出资。以非货币财产出资的,应当依法办理其财产权的转移手续。

发起人不依照《公司法》相关规定缴纳出资的,应当按照发起人协议承担违约责任。

发起人认足公司章程规定的出资后,应当选举董事会和监事会,由董事会向公司登记机关报送公司章程以及法律、行政法规规定的其他文件,申请设立登记。

(2) 募集设立,是指由发起人认购公司应发行股份的一部分,其余股份向社会公开募集或者向特定对象募集而设立公司。

股份有限公司采取募集方式设立的,注册资本为在公司登记机关登记的实收股本总额。法律、行政法规以及国务院决定对股份有限公司注册资本实缴、注册资本最低限额另有规定的,从其规定。

(三) 股份有限公司发起设立的程序

我国《公司法》所规定的股份有限公司发起设立的程序如下:

1. 确定发起人,签订发起人协议

发起人是指公司的筹建人。一般来说,可以是自然人,也可以是法人;可以是本国居民,也可以是外国人,但必须具备行为能力。根据我国《公司法》的规定,以发起设立方式设立股份有限公司,发起人应不少于 5 人。发起人协议是在公司设立过程中,由发起人订立的关于公司设立事项的协议。发起人协议的作用在于确定所设公司的基本性质和结构,协调发起人之间的关系及其权利和义务。

2. 制定公司章程

公司章程是规定公司组织和业务活动等事项的文件。通过制订章程向公众申明公司的设立宗旨、经营范围、资本数额等,并对公司业务活动进行法律约束。

3. 申请名称预先核准

在报送审批前,应办理公司名称预先核准。因此,发起人在签订设立公司协议后,即应向工商行政管理部门提出公司名称预先核准的申请,预先核准的公司名称,其有效期为 6 个月。

4. 申请与报批

由发起人向国务院授权部门或者省级人民政府提出设立股份有限公司的申请,向社会公开募集股份的,还应取得中国证监会核准。资金投向涉及国有资产、基本建设项目、技改项目、外商投资等有关事宜的,还要分别向有关政府部门报批。

5. 认购股份和缴纳股款

发起人可以用货币出资,也可以用实物、工业产权、非专利技术、土地使用权作价出资。对作为出资的实物、工业产权、非专利技术或者土地使用权,必须进行评估作价,核实财产,并折合为股份,不得高估作价。

6. 召开创立大会,并建立公司组织机构

采用发起设立方式的,发起人缴付全部出资后,应当召开全体发起人大会,选举董事会和监事会(股东代表)成员,并通过公司章程草案。发行的股份缴足后,发起人应当在 30 日内主持召开创立大会,创立大会由认股人组成。发起人应当在创立大会召开 15 日前将会议日期通知各认股人或予以公告。创立大会应有代表股份总数 1/2 以上的认股人出席,方可举行。创立大会行使下列职权:

(1) 审议发起人关于公司筹办情况的报告;

(2) 通过公司章程；

(3) 选举董事会成员；

(4) 选举监事会成员；

(5) 对公司的设立费用进行审核；

(6) 对发起人用于抵作股款的财产的作价进行审核；

(7) 作出是否同意公司股票在证券交易所交易的决议；

(8) 发生不可抗力或者经营条件发生重大变化直接影响公司设立的,可以作出不设立公司的决议。创立大会对上述所列事项作出的决议须经出席会议的认股人所持表决权的半数以上通过。

7. 设立登记并公告

由董事会向公司登记机关报送设立公司的批准文件、公司章程、验资报告等文件,申请设立登记。根据我国现有的法律、法规规定,股份有限公司的登记机关为省级以上工商行政管理部门。公司登记机关自接到股份有限公司设立登记申请之日起 30 日内,作出是否予以登记的决定。公司营业执照签发日期为公司成立日期。公司成立后,应当进行公告。设立股份公司的同时设立分公司的,应当就设立分公司向公司登记机关申请登记,领取营业执照。

（四）股份有限公司募集设立的程序

我国《公司法》所规定的股份有限公司募集的程序为：

1. 发起人认购规定数额的股份

以募集设立方式设立股份有限公司的,发起人认购的股份不得少于公司股份总数的 35%,其余股份应当向社会公开募集。即在向社会公开募股前,发起人确定其所认定的股份额必须占总股份的 35% 以上,发起人须填写有关书面文件,确认股份数和股款,达到法定要求。

2. 申请公开募股

设立股份有限公司必须经过国务院授权的部门或者省级人民政府批准。所以必须先获得批准设立股份有限公司的文件。然后,发起人还必须向国务院证券管理部门提交募股申请,并报送指定的有关资料和文件,经过批准,才可以向社会公开募集股份。

3. 认股缴款

发起人向社会公开募集股份,必须公告招股说明书,并制作认股书。认股书应当载明认股说明书所列事项,由认股人填写所认股数、金额、住所,并签名、盖章。认股人按照所认股数缴纳股款。即发起人在获得国务院证券管理部门对募股申请的批准后,将招股说明书公开,让社会公众了解,吸引投资者认股,由认股人填写认股书,使发起人了解认股人的情况,以便通知和联络。认股人在填写认股书后,按发起人公告的指定时间依认股书中所认购的股份数及金额缴纳股款。

根据我国《公司法》规定,代收股款的银行应当按照协议代收和保存股款,向缴纳股款的认股人出具收款单据,并负有向有关部门出具收款证明的义务。

4. 创立大会

创立大会是在发行股份的股款缴足后指定的时间内召开的,由发起人主持召开,各认股人参加的大会,讨论设立公司的重大事项及公司组织机构的建立。股款缴足后,发起人应当在 30 日内主持召开公司创立大会,创立大会由认股人组成。

《公司法》规定：发起人应当在创立大会召开 15 日前将会议日期通知各认股人或者予以公告。即发起人在确定的创立大会应有代表股份总数过半数以上的认股人出席，方可举行。创立大会的决议影响着公司设立行为的发展，若其会议没有超过过半数代表股份的认股人参加，则这些决议并不能反映大多数认股人的意志，是无效的。所以，创立大会须有代表股份总数二分之一以上的认股人出席才可举行。

5. 申请设立登记

创立大会选举出的董事会、监事会成员组成董事会、监事会。董事会在创立大会后主要参与和负责股份有限公司的设立登记。董事会应于创立大会结束后 30 日内，向公司登记机关报送下列文件，申请设立登记：

(1) 有关主管部门的批准文件；
(2) 创立大会的会议记录；
(3) 公司章程；
(4) 筹办公司的财务审计报告；
(5) 验资证明；
(6) 董事会、监事会成员姓名及住所；
(7) 法定代表人的姓名、住所。

董事会作为公司设立登记的申请人，必须提交以上法定的文件资料，交工商行政管理机关进行查验审核批准。若未经登记而以股份有限公司名义活动的，要追究责任。

6. 公告及备案

由于募集设立的股份有限公司往往规模巨大，资本雄厚，组织严密，社会影响大，因此公告是应当进行的程序。《公司法》中也明确指出，公司成立后，应当进行公告，而且股份有限公司经登记成立后，采取募集设立方式的，应当将募集股份情况报国务院证券管理部门备案，因为募集设立的股份有限公司向社会公开募股要经国务院证券管理部门批准，所以当其成立后应报管理部门备案。

三、公司章程的制定

股份有限公司章程应当载明下列事项：

(1) 公司名称和住所；
(2) 公司经营范围；
(3) 公司设立方式；
(4) 公司股份总数、每股金额和注册资本；
(5) 发起人的姓名或者名称、认购的股份数、出资方式和出资时间；
(6) 董事会的组成、职权和议事规则；
(7) 公司法定代表人；
(8) 监事会的组成、职权和议事规则；
(9) 公司利润分配办法；
(10) 公司的解散事由与清算办法；
(11) 公司的通知和公告办法；
(12) 股东大会会议认为需要规定的其他事项。

四、发起人应承担的义务和责任

股份有限公司的发起人应当承担下列责任：

(1) 公司不能成立时，对设立行为所产生的债务和费用负连带责任；

(2) 公司不能成立时，对认股人已缴纳的股款，负返还股款并加算银行同期存款利息的连带责任；

(3) 在公司设立过程中，由于发起人的过失致使公司利益受到损害的，应当对公司承担赔偿责任。

五、股份有限公司的组织机构

(一) 股东大会

股份有限公司股东大会由全体股东组成。股东大会是公司的权力机构，依照《合同法》的相关规定行使职权。

股东大会应当每年召开一次年会。有下列情形之一的，应当在两个月内召开临时股东大会：

(1) 董事人数不足《公司法》规定人数或者公司章程所定人数的三分之二时；

(2) 公司未弥补的亏损达实收股本总额三分之一时；

(3) 单独或者合计持有公司百分之十以上股份的股东请求时；

(4) 董事会认为必要时；

(5) 监事会提议召开时；

(6) 公司章程规定的其他情形。

股东大会会议由董事会召集，董事长主持；董事长不能履行职务或者不履行职务的，由副董事长主持；副董事长不能履行职务或者不履行职务的，由半数以上董事共同推举一名董事主持。

董事会不能履行或者不履行召集股东大会会议职责的，监事会应当及时召集和主持；监事会不召集和主持的，连续九十日以上单独或者合计持有公司百分之十以上股份的股东可以自行召集和主持。

召开股东大会会议，应当将会议召开的时间、地点和审议的事项于会议召开二十日前通知各股东；临时股东大会应当于会议召开十五日前通知各股东；发行无记名股票的，应当于会议召开三十日前公告会议召开的时间、地点和审议事项。

单独或者合计持有公司百分之三以上股份的股东，可以在股东大会召开十日前提出临时提案并书面提交董事会；董事会应当在收到提案后二日内通知其他股东，并将该临时提案提交股东大会审议。临时提案的内容应当属于股东大会职权范围，并有明确议题和具体决议事项。

无记名股票持有人出席股东大会会议的，应当于会议召开五日前至股东大会闭会时将股票交存于公司。

股东出席股东大会会议，所持每一股份有一表决权。但是公司持有的本公司股份没有表决权。

股东大会作出决议，必须经出席会议的股东所持表决权过半数通过。但是股东大会作出修改公司章程、增加或者减少注册资本的决议,以及公司合并、分立、解散或者变更公司形式的决议,必须经出席会议的股东所持表决权的三分之二以上通过。

公司转让、受让重大资产或者对外提供担保等事项必须经股东大会作出决议的,董事会应当及时召集股东大会会议,由股东大会就上述事项进行表决。

股东大会选举董事、监事,可以依照公司章程的规定或者股东大会的决议,实行累积投票制。

股东可以委托代理人出席股东大会会议,代理人应当向公司提交股东授权委托书,并在授权范围内行使表决权。

股东大会应当对所议事项的决定做成会议记录,主持人、出席会议的董事应当在会议记录上签名。会议记录应当与出席股东的签名册及代理出席的委托书一并保存。

(二) 董事会

股份有限公司设董事会,其成员为五人至十九人。

董事会成员中可以有公司职工代表。董事会中的职工代表由公司职工通过职工代表大会、职工大会或者其他形式民主选举产生。

董事会设董事长一人,可以设副董事长。董事长和副董事长由董事会以全体董事的过半数选举产生。

董事长召集和主持董事会会议,检查董事会决议的实施情况。副董事长协助董事长工作,董事长不能履行职务或者不履行职务的,由副董事长履行职务;副董事长不能履行职务或者不履行职务的,由半数以上董事共同推举一名董事履行职务。

董事会每年度至少召开两次会议,每次会议应当于会议召开十日前通知全体董事和监事。

代表十分之一以上表决权的股东、三分之一以上董事或者监事会,可以提议召开董事会临时会议。董事长应当自接到提议后十日内,召集和主持董事会会议。

董事会召开临时会议,可以另定召集董事会的通知方式和通知时限。

董事会会议应有过半数的董事出席方可举行。董事会作出决议,必须经全体董事的过半数通过。

董事会决议的表决,实行一人一票。

董事会会议,应由董事本人出席;董事因故不能出席,可以书面委托其他董事代为出席,委托书中应载明授权范围。

董事会应当对会议所议事项的决定做成会议记录,出席会议的董事应当在会议记录上签名。

董事应当对董事会的决议承担责任。董事会的决议违反法律、行政法规或者公司章程、股东大会决议,致使公司遭受严重损失的,参与决议的董事对公司负赔偿责任。但经证明在表决时曾表明异议并记载于会议记录的,该董事可以免除责任。

> **小小陪审员**
>
> 甲股份有限公司(以下简称甲公司)于2006年2月1日召开董事会会议,该次会议召开情况及讨论决议事项如下:
> (1) 甲公司董事会的7名董事中有6名出席该次会议。其中,董事谢某因病不能出席会议,电话委托董事李某代为出席会议并行使表决权。
> (2) 甲公司与乙公司有业务竞争关系,但甲公司总经理胡某于2003年下半年擅自为乙公司从事经营活动,损害甲公司的利益,故董事会作出如下决定:解聘公司总经理胡某;将胡某为乙公司从事经营活动所得的收益收归甲公司所有。
> (3) 为完善公司经营管理制度,董事会会议通过了修改公司章程的决议,并决定从通过之日起执行。
>
> **焦点问题:**
> (1) 董事谢某电话委托董事李某代为出席董事会会议并行使表决权的做法是否符合法律规定?
> (2) 董事会作出解聘甲公司总经理的决定是否符合法律规定?
> (3) 董事会作出将胡某为乙公司从事经营活动所得的收益收归甲公司所有的决定是否符合法律规定?
> (4) 董事会作出修改公司章程的决议是否符合法律规定?
>
> **法理依据:**(小组讨论)
> **判定结果:**(小组讨论)

(三) 经理

股份有限公司设经理,由董事会决定聘任或者解聘。公司董事会可以决定由董事会成员兼任经理。

(四) 监事会

股份有限公司设监事会,其成员不得少于三人。

监事会应当包括股东代表和适当比例的公司职工代表,其中职工代表的比例不得低于三分之一,具体比例由公司章程规定。监事会中的职工代表由公司职工通过职工代表大会、职工大会或者其他形式民主选举产生。

监事会设主席一人,可以设副主席。监事会主席和副主席由全体监事过半数选举产生。监事会主席召集和主持监事会会议;监事会主席不能履行职务或者不履行职务的,由监事会副主席召集和主持监事会会议;监事会副主席不能履行职务或者不履行职务的,由半数以上监事共同推举一名监事召集和主持监事会会议;董事、高级管理人员不得兼任监事;监事会行使职权所必需的费用,由公司承担;监事会每六个月至少召开一次会议。监事可以提议召开临时监事会会议;监事会的议事方式和表决程序,除《公司法》有规定的外,由公司章程规定;监事会决议应当经半数以上监事通过;监事会应当对所议事项的决定做成会议记录,出席会议的监事应当在会议记录上签名。

六、公司董事、监事、高级管理人员的资格和义务

董事、监事、高级管理人员应当遵守法律、行政法规和公司章程,对公司负有忠实义务和勤勉义务。

董事、监事、高级管理人员不得利用职权收受贿赂或者其他非法收入,不得侵占公司的财产。

(1) 有下列情形之一的,不得担任公司的董事、监事、高级管理人员:

① 无民事行为能力或者限制民事行为能力;

② 因贪污、贿赂、侵占财产、挪用财产或者破坏社会主义市场经济秩序,被判处刑罚,执行期满未逾五年,或者因犯罪被剥夺政治权利,执行期满未逾五年;

③ 担任破产清算的公司、企业的董事或者厂长、经理,对该公司、企业的破产负有个人责任的,自该公司、企业破产清算完结之日起未逾三年;

④ 担任因违法被吊销营业执照、责令关闭的公司、企业的法定代表人,并负有个人责任的,自该公司、企业被吊销营业执照之日起未逾三年;

⑤ 个人所负数额较大的债务到期未清偿。

公司违反以上条款规定选举、委派董事、监事或者聘任高级管理人员的,该选举、委派或者聘任无效。

(2) 董事、监事、高级管理人员在任职期间出现下列情形之一的,公司应当解除其职务:

① 挪用公司资金;

② 将公司资金以其个人名义或者以其他个人名义开立账户存储;

③ 违反公司章程的规定,未经股东会、股东大会或者董事会同意,将公司资金借贷给他人或者以公司财产为他人提供担保;

④ 违反公司章程的规定或者未经股东会、股东大会同意,与本公司订立合同或者进行交易;

⑤ 未经股东会或者股东大会同意,利用职务便利为自己或者他人谋取属于公司的商业机会,自营或者为他人经营与所任职公司同类的业务;

⑥ 接受他人与公司交易的佣金归为己有;

⑦ 擅自披露公司秘密;

⑧ 违反对公司忠实义务的其他行为。

董事、高级管理人员违反以上条款规定所得的收入应当归公司所有。

董事、监事、高级管理人员执行公司职务时违反法律、行政法规或者公司章程的规定,给公司造成损失的,应当承担赔偿责任。

股东会或者股东大会要求董事、监事、高级管理人员列席会议的,董事、监事、高级管理人员应当列席并接受股东的质询。

董事、高级管理人员应当如实向监事会或者不设监事会的有限责任公司的监事提供有关情况和资料,不得妨碍监事会或者监事行使职权。

董事、高级管理人员违反法律、行政法规或者公司章程的规定,损害股东利益的,股东可以向人民法院提起诉讼。

第四节　公司的合并与分立

一、公司合并

公司合并是指两个或两个以上的公司订立合并协议,依照《公司法》的规定,不经过清算程序,直接合并为一个公司的法律行为。

公司合并可以采取吸收合并或者新设合并:一个公司吸收其他公司为吸收合并,被吸收的公司解散。两个以上公司合并设立一个新的公司为新设合并,合并各方解散。

公司合并,应当由合并各方签订合并协议,并编制资产负债表及财产清单。公司应当自作出合并决议之日起十日内通知债权人,并于三十日内在报纸上公告。债权人自接到通知书之日起三十日内,未接到通知书的自公告之日起四十五日内,可以要求公司清偿债务或者提供相应的担保。

公司合并时,合并各方的债权、债务,应当由合并后存续的公司或者新设的公司承继。

二、公司分立

公司分立,其财产作相应的分割。

公司分立,应当编制资产负债表及财产清单。公司应当自作出分立决议之日起十日内通知债权人,并于三十日内在报纸上公告。

公司分立前的债务由分立后的公司承担连带责任。但是,公司在分立前与债权人就债务清偿达成的书面协议另有约定的除外。

三、公司合并与分立的程序

公司合并或者分立,登记事项发生变更的,应当依法向公司登记机关办理变更登记;公司解散的,应当依法办理公司注销登记;设立新公司的,应当依法办理公司设立登记。

> **深度链接**
>
> **公司分立后的债权债务承担情况**
>
> 公司分立是指一个法人分立为两个或两个以上法人的法律行为。分立的方式有两种:一种是创设式分立,即一个企业法人分成两个以上的法人,原法人消灭;另一种方式是存续式分立,即原法人存续,但分出其中一部分财产设立新法人,属创设式分立。法人分立后,消灭或变更原法人,设立新法人,因分立而消灭的法人,其权利义务由分立后的法人概括承受。《合同法》的相关规定,当事人订立合同后分立的,除债权人和债务人另有约定的以外,由分立的法人或者其他组织对合同的权利和义务享有连带债权,承担连带债务。法人或其他组织分立以后的债权债务承担情况,根据《合同法》的相关规定,可分为以下两种情况:

1. 约定承担

约定承担即债权人和债务人通过协商约定债权、债务具体应由哪几方承担。约定承担又分为两种情况：一种情况是明确确定由分立后的某一法人或者其他组织承担，即由单一的一方承担；另一种情况是约定由分立之后的法人或者其他组织按照一定的份额承担，即按份承担。按份承担债权、债务是指两个以上的债权人或者债务人按照确定的份额分享权利，分担义务。在法人或其他组织分立时，其债权债务若要分立后的法人或其他组织分担，须具备以下条件：

（1）法人或其他组织发生分立，这是产生按份承担的必要条件。法人或其他组织分立后，才能产生多个债权人或债务人，才能按照约定的分担方法分享权利，承担义务。

（2）法人或其他组织分立时的债权债务须为同一可分的给付。可分的给付是指一个给付可分为数个给付而无损于其性质或价值，可分给付的内容必须统一。

（3）债权人和债务人之间互相约定由分立后的法人或其他组织按份分担。这是法人或其他组织分立时，其债权债务由分立后的法人或其他组织按份分担的必要条件。至于如何按份分享权利或分担义务则无关紧要。

2. 法定承担

法定承担即债权人和债务人在没有约定时根据法律的规定，由分立后的法人或其他组织承担债权债务，但它们所分享的债权性质属于连带债权，所分担的债务也为连带债务。这样规定的目的是为了防止债务人采用分立的手段来逃避债务，从而保护债权人的利益不受侵害。

小小陪审员

2001年5月某市通利制药厂与某市物资公司签订了一份购买药材合同，合同约定物资公司向通利制药厂供应4吨药材，每吨单价为10万元，交货期限为2001年8月底，通利制药厂应于6月30日前预付款20万元，其余货款待交付药材后10天内全部付清。合同对所购药材的质量以及双方的违约责任作了明确规定。合同签订后，通利制药厂按期预付了20万元的货款。7月中旬，通利制药厂由于改制的需要，分立为通利药业有限公司和通利对外服务公司两个单位。通利制药厂向物资公司购买的4吨药材作为分配财产为通利药业有限公司所有。通利制药厂在清理原订合同时和物资公司协商约定，所购药材剩余价款由分立的两个单位各负担一半。8月底，物资公司送货时被告知药材运至通利药业有限公司，通利药业有限公司向物资公司支付了10万元，物资公司向其追要剩余的10万元，通利药业有限公司按照公司分立时签订的协议回复，自己对这笔债务只负担一半，其余一半应由通利对外服务公司支付。而通利对外服务公司提出自己资金紧张，而且并未占有、使用这4吨药材，这是通利药业有限公司所欠的货款，与己无关。物资公司追索无果，遂向法院提起了诉讼。

焦点问题：

法院能支持物资公司的诉讼请求吗？

法理依据：（小组讨论）
判定结果：（小组讨论）

> ⚓ **深度链接**
>
> 公司增资与减资
>
> 公司需要减少注册资本时，必须编制资产负债表及财产清单。
>
> 公司应当自作出减少注册资本决议之日起十日内通知债权人，并于三十日内在报纸上公告。债权人自接到通知书之日起三十日内，未接到通知书的自公告之日起四十五日内，有权要求公司清偿债务或者提供相应的担保。
>
> 有限责任公司增加注册资本时，股东认缴新增资本的出资，依照《公司法》设立有限责任公司缴纳出资的有关规定执行。
>
> 股份有限公司为增加注册资本发行新股时，股东认购新股，依照《公司法》设立股份有限公司缴纳股款的有关规定执行。
>
> 公司增加或者减少注册资本，应当依法向公司登记机关办理变更登记。

第五节 公司的解散和清算

一、公司的解散

公司因下列原因解散：

（1）公司章程规定的营业期限届满或者公司章程规定的其他解散事由出现；

（2）股东会或者股东大会决议解散；

（3）因公司合并或者分立需要解散；

（4）依法被吊销营业执照、责令关闭或者被撤销；

（5）公司经营管理发生严重困难，继续存续会使股东利益受到重大损失，通过其他途径不能解决的，持有公司全部股东表决权百分之十以上的股东，可以请求人民法院解散公司。

二、公司的清算

（一）清算组的成立

公司因法定原因而解散的，应当在解散事由出现之日起十五日内成立清算组，开始清算。有限责任公司的清算组由股东组成，股份有限公司的清算组由董事或者股东大会确定的人员组成。逾期不成立清算组进行清算的，债权人可以申请人民法院指定有关人员组成清算组进行清算。人民法院应当受理该申请，并及时组织清算组进行清算。

（二）清算组的职权

清算组在清算期间行使下列职权：

(1) 清理公司财产,分别编制资产负债表和财产清单;
(2) 通知、公告债权人;
(3) 处理与清算有关的公司未了结的业务;
(4) 清缴所欠税款以及清算过程中产生的税款;
(5) 清理债权、债务;
(6) 处理公司清偿债务后的剩余财产;
(7) 代表公司参与民事诉讼活动。

(三) 清算组成员的义务

清算组成员有下列义务:
(1) 清算组成员应当忠于职守,依法履行清算义务;
(2) 清算组成员不得利用职权收受贿赂或者其他非法收入,不得侵占公司财产;
(3) 清算组成员因故意或者重大过失给公司或者债权人造成损失的,应当承担赔偿责任。

(四) 清算程序

清算组应当自成立之日起十日内通知债权人,并于六十日内在报纸上公告。债权人应当自接到通知书之日起三十日内,未接到通知书的自公告之日起四十五日内,向清算组申报其债权。

债权人申报债权,应当说明债权的有关事项,并提供证明材料。清算组应当对债权进行登记。在申报债权期间,清算组不得对债权人进行清偿。

清算组在清理公司财产、编制资产负债表和财产清单后,应当制定清算方案,并报股东会、股东大会或者人民法院确认。

公司财产在分别支付清算费用、职工的工资、社会保险费用和法定补偿金,缴纳所欠税款,清偿公司债务后的剩余财产,有限责任公司按照股东的出资比例分配,股份有限公司按照股东持有的股份比例分配。

清算期间,公司存续,但不得开展与清算无关的经营活动。公司财产在未依照上述规定清偿前,不得分配给股东。

清算组在清理公司财产、编制资产负债表和财产清单后,发现公司财产不足清偿债务的,应当依法向人民法院申请宣告破产。

公司经人民法院裁定宣告破产后,清算组应当将清算事务移交给人民法院。

公司清算结束后,清算组应当制作清算报告,报股东会、股东大会或者人民法院确认,并报送公司登记机关,申请注销公司登记,公告公司终止。

> **小小陪审员**
>
> 某装饰工程有限公司与方草地餐饮有限责任公司签订了"建设工程施工合同",约定由某装饰工程有限公司为方草地餐饮公司进行室内装潢,某装饰工程有限公司完成施工任务并经方草地餐饮有限责任公司所属公司验收合格后交付使用,但方草地餐饮有限责任公司所属公司却一直未支付其应支付的工程款130万元;后餐饮公司因违法经营而被工商局吊销营业执照,但未清算,致使某装饰工程有限公司债权迟迟不能实现。某装饰工程有限公司将方草地餐饮有限责任公司的股东黄某、郑某、林某告上法庭。某装饰工程有

限公司认为,黄某、郑某、林某系债务人方草地餐饮有限责任公司的公司股东,在该有限责任公司被吊销执照后负有清算义务,但却未尽法定义务,方草地餐饮有限责任公司的股东黄某、郑某、林某不尽法定义务的行为是导致其债权不能实现的原因。故提出以上诉请。

焦点问题：
（1）原告关于有限责任公司被吊销执照后,其股东负有清算义务的主张是否有依据？
（2）被告黄某、郑某、林某是否应该对公司该笔债务负连带责任？

法理依据：（小组讨论）
判定结果：（小组讨论）

第六节 公司财务、会计

一、公司的财务会计制度

公司财务会计制度是公司财务制度和会计制度的统称,有时简称"财会制度",具体指法律、法规及公司章程中所确立的一系列公司财务会计规程。

公司财务会计报告是反映公司生产经营成果和财务状况的总结性的书面文件。它不仅是公司经营者准确掌握公司经营情况的重要手段,也是股东、债权人了解公司财产和经营状况的主要途径。

公司应当在每一会计年度终了时编制财务会计报告,并依法经会计师事务所审计。

有限责任公司应当依照公司章程规定的期限将财务会计报告送交各股东。股份有限公司的财务会计报告应当在召开股东大会年会的二十日前置备于本公司,供股东查阅；公开发行股票的股份有限公司必须公告其财务会计报告。

二、公司税后利润的分配

公司分配当年税后利润时,应当提取利润的百分之十列入公司法定公积金。公司法定公积金累计额为公司注册资本的百分之五十以上的,可以不再提取。

公司的法定公积金不足以弥补以前年度亏损的,在依照前款规定提取法定公积金之前,应当先用当年利润弥补亏损。

公司从税后利润中提取法定公积金后,经股东会或者股东大会决议,还可以从税后利润中提取任意公积金。公司弥补亏损和提取公积金后所余税后利润,有限责任公司股东按照实缴的出资比例分配；股份有限公司按照股东持有的股份比例分配,但股份有限公司章程规定不按持股比例分配的除外。

股东会、股东大会或者董事会违反《公司法》的相关规定,在公司弥补亏损和提取法定公积金之前向股东分配利润的,股东必须将违反规定分配的利润退还公司。公司持有的本公司股份不得分配利润。

三、公积金的用途

公司的公积金用于弥补公司的亏损、扩大公司生产经营或者转为增加公司资本。但是,资本公积金不得用于弥补公司的亏损。法定公积金转为资本时,所留存的该项公积金不得少于转增前公司注册资本的百分之二十五。

第七节 违反公司法的法律责任

一、公司设立过程中违法的法律责任

(1) 违反公司法规定,虚报注册资本、提交虚假证明文件或者采取其他欺诈手段隐瞒重要事实取得公司登记的,由公司登记机关责令改正,对虚报注册资本的公司,处以虚报注册资本金额5%以上15%以下的罚款;对提交虚假材料或者采取其他欺诈手段隐瞒重要事实的公司,处以5万元以上50万元以下的罚款;情节严重的,撤销公司登记或者吊销营业执照。

(2) 公司的发起人、股东虚假出资,未交付或未按期交付作为出资的货币或非货币财产的,责令改正,由公司登记机关责令改正,处以虚假出资金额5%以上15%以下的罚款。

(3) 公司的发起人、股东在公司成立后,抽逃其出资的,由公司登记机关责令改正,处以所抽逃出资金额5%以上15%以下的罚款。

二、违反公司财务会计规定的法律责任

(1) 公司违反《公司法》规定,在法定的会计账簿以外另立会计账簿的,由县级以上人民政府财政部门责令改正,处以5万元以上50万元以下的罚款。

(2) 公司在依法向有关主管部门提供的财务会计报告等材料上作虚假记载或者隐瞒重要事实的,由有关主管部门对直接负责的主管人员和其他直接责任人员处以3万元以上30万元以下的罚款。

(3) 公司不依照《公司法》规定提取法定公积金的,由县级以上人民政府财政部门责令如数补足应当提取的金额,并可对公司处以20万元以下的罚款。

三、公司合并、分立以及解散、清算中的违法责任

(1) 公司在合并、分立、减少注册资本或者进行清算时,不依照《公司法》规定通知或者公告债权人的,由公司登记机关责令改正,对公司处以一万元以上十万元以下的罚款。公司在进行清算时,隐匿财产,对资产负债表或者财产清单作虚假记载或者在未清偿债务前分配公司财产的,由公司登记机关责令改正,对公司处以隐匿财产或者未清偿债务前分配公司财产金额5%以上10%以下的罚款;对直接负责的主管人员和其他直接责任人员处以1万元以上10万元以下的罚款。

(2) 公司在清算期间开展与清算无关的经营活动的,由公司登记机关予以警告,没收违法所得。

(3) 清算组不依照《公司法》规定向公司登记机关报送清算报告,或者报送清算报告隐瞒重要事实或者有重大遗漏的,由公司登记机关责令改正。

清算组成员利用职权徇私舞弊、谋取非法收入或者侵占公司财产的,由公司登记机关责令退还公司财产,没收违法所得,并可以处以违法所得1倍以上5倍以下的罚款。

四、承担资产评估、验资或者验证机构的违法责任

(1) 承担资产评估、验资或者验证的机构提供虚假材料的,由公司登记机关没收违法所得,处以违法所得1倍以上5倍以下的罚款,并可以由有关主管部门依法责令该机构停业、吊销直接责任人员的资格证书,吊销营业执照。

(2) 承担资产评估、验资或者验证的机构因过失提供有重大遗漏的报告的,由公司登记机关责令改正,情节较重的,处以所得收入1倍以上5倍以下的罚款,并可以由有关主管部门依法责令该机构停业、吊销直接责任人员的资格证书,吊销营业执照。

(3) 承担资产评估、验资或者验证的机构因其出具的评估结果、验资或者验证证明不实,给公司债权人造成损失的,除能够证明自己没有过错的外,在其评估或者证明不实的金额范围内承担赔偿责任。

五、国家主管机关的违法责任

(1) 公司登记机关对不符合《公司法》规定条件的登记申请予以登记,或者对符合《公司法》规定条件的登记申请不予登记的,对直接负责的主管人员和其他直接责任人员,依法给予行政处分。

(2) 公司登记机关的上级部门强令公司登记机关对不符合《公司法》规定条件的登记申请予以登记,或者对符合《公司法》规定条件的登记申请不予登记的,或者对违法登记进行包庇的,对直接负责的主管人员和其他直接责任人员依法给予行政处分。

六、其他违法责任

(1) 未依法登记为有限责任公司或者股份有限公司,而冒用有限责任公司或者股份有限公司名义的,或者未依法登记为有限责任公司或者股份有限公司的分公司,而冒用有限责任公司或者股份有限公司的分公司名义的,由公司登记机关责令改正或者予以取缔,可以并处10万元以下的罚款。

(2) 公司成立后无正当理由超过6个月未开业的,或者开业后自行停业连续6个月以上的,可以由公司登记机关吊销营业执照。

公司登记事项发生变更时,未依照《公司法》规定办理有关变更登记的,由公司登记机关责令限期登记;逾期不登记的,处以1万元以上10万元以下的罚款。

(3) 外国公司违反《公司法》规定,擅自在中国境内设立分支机构的,由公司登记机关责令改正或者关闭,可以并处5万元以上20万元以下的罚款。

(4) 利用公司名义从事危害国家安全、社会公共利益的严重违法行为的,吊销营业执照。

(5) 公司违反《公司法》规定,应当承担民事赔偿责任和缴纳罚款、罚金的,其财产不足以支付时,先承担民事赔偿责任。

(6) 刑事责任的承担只能由《刑法》规定。违反《公司法》,同时触犯《刑法》构成犯罪的,依法追究刑事责任。

网上查询在新《公司法》实施后公司注册的流程。

一、重要概念

公司　公司法　有限责任公司　股东　一人有限公司　国有独资公司　股份有限公司　发起设立　募集设立　公司合并

二、简述题

1. 公司的特征是什么?
2. 公司法的调整对象是什么?
3. 有限责任公司的特征是什么?
4. 有限责任公司的设立条件是什么?
5. 有限责任公司设立的程序是什么?
6. 董事会的性质和地位是什么?
7. 股份有限公司的特征是什么?
8. 股份有限公司的设立条件是什么?
9. 股份有限公司的设立方式有哪些?
10. 不得担任公司董事、监事、高级管理人员的有哪几种情况?

三、案例分析

【案例一】

甲、乙、丙于2012年3月出资设立A有限责任公司。2013年4月,该公司又吸收丁入股。2015年10月,该公司因经营不善造成严重亏损,拖欠巨额债务,被依法宣告破产。人民法院在清算中查明:甲在公司设立时作为出资的机器设备,其实际价额为120万元,显著低于公司章程所定价额300万元;甲的个人财产仅为20万元。

问题:

1. 对于股东甲出资不实的行为,在公司内部应承担何种法律责任?
2. 当A公司被宣告破产时,对甲出资不实的问题应如何处理?
3. 对甲出资不足的问题,股东丁是否应对其承担连带责任?并说明理由。

【案例二】

某食品公司与某农业技术研究院共同设立从事食品生产的有限责任公司,甲公司。协议内容为:

1. 公司注册资本为1000万元,食品公司以货币出资,金额200万元,另外以某食品商标作价300万元,研究所新型食品加工专利技术出资,该技术作价500万元(有评估机构出具的评估证明)。

2. 公司董事会由5名董事组成,分别由双方按出资比例选派。董事长由食品公司推荐,公司的经理、财务负责人由董事长直接任命。

3. 双方按5∶5的出资比例分享利润、支付设立费用,分担风险。甲公司于2005年4月登记成立,并指派丁某作公司董事长。丁某聘任汪某作为公司经理。食品公司方面的某一董事王某称,有证据证明丁某原是研究所下属公司的承包人,承包期因贪污行为曾受到刑事处罚,1993年3月刑满释放,且于1年前向朋友借钱5万元炒股,被套牢,借款仍未还清。另外汪某原先担任某公司的经理,由于管理水平低下,致使该公司经营困难,该公司于2004年3月宣告破产。据上述两个理由,董事A认为丁某无权作董事长,汪某无权担任公司经理。

4. 食品公司方面另一些董事怀疑公司账目有假,有3人退出董事会,其中一名董事B提出,现董事会成员已不足公司章程所定人数的三分之二,应依法召开临时股东会,更换公司领导。

问题:

1. 食品公司与研究所的协议中,有关出资方式、比例及董事长的产生方式是否合法?请说明理由。
2. 丁某是否有资格作董事长?为什么?
3. 汪某是否有资格担任公司经理?为什么?
4. 董事B的提议是否符合法律规定?

【案例三】

某高校A、国有企业B和集体企业C签订合同决定共同投资设立一家生产性的科技发展有限责任公司。其中,A以高新技术成果出资,作价15万元;B以厂房出资,作价20万元;C以现金17万元出资。后C因资金紧张实际出资14万元。

问题:

1. 该有限责任公司能否有效成立?为什么?
2. 以非货币形式向公司出资,应办理什么手续?
3. C承诺出资17万元,实际出资14万元,应承担什么责任?
4. 设立有限责任公司应向什么部门办理登记手续?应提交哪些文件或材料?
5. A的出资是否符合法律规定?为什么?

第四章　知识产权法律制度

案例导入

【案例回放】

张某1970年4月完成一幅作品《春溪》，一直悬挂于家中客厅。1999年夏，万全酒厂的厂长李某去张某家做客。见到该画并为作品中的绿树幽溪所动。遂借回家欣赏。李某后来根据该画的绿树幽溪完成一商标设计。2001年12月5日申请注册。2002年2月10日取得注册商标。张某向法院诉称李某侵犯其著作权，李某以张某没有发表作品而无著作权进行抗辩。

1. 李某是否侵犯张某的著作权？
2. 此注册商标的商标权有效期是哪段时间？
3. 李某是否享有此商标的专用权？

【以案析法】

1. 李某说法不合法。根据《著作权法》的相关规定：中国公民、法人或者其他组织的作品，不论是否发表，依照本法享有著作权。故李某侵犯张某著作权。李某未经张某许可，原封未动照搬其作品，用于商业活动，适用于《著作权法》规定中的"剽窃他人作品的"侵权情形。

2. 此注册商标的商标专用权有效期为2002年2月10日至2012年2月9日止享有商标专用权。

3. 商标被商评委撤销、不保留申请记录，李某不享有此商标的商标专用权。

第一节　知识产权法概述

一、知识产权的概念及特征

（一）知识产权的概念

知识产权，概括地说是指公民、法人或者其他组织基于脑力劳动创造完成的智力成果所依法享有的专有权利。

在我国，按照《民法通则》的相关规定，知识产权包括下列内容：著作权（版权）、专利权、商标专用权、发明权及其他科技成果权。1993年，我国颁布了《反不正当竞争法》，其中一部分属于侵犯知识产权的不正当竞争行为也纳入了知识产权的调整范围。

根据 TRIPS 协定、《成立世界知识产权组织公约》等国际公约和我国《民法通则》、《反不正当竞争法》国内立法，知识产权的范围主要包括以下内容：

(1) 著作权和邻接权；

(2) 专利权；

(3) 商标权；

(4) 商业秘密权；

(5) 植物新品种权；

(6) 集成电路布图设计权；

(7) 商号权。

(二) 知识产权的特征

1. 无形财产权

知识产权的权利的客体是一种非物质性无形体的精神财富，不具有物质形态、不占有空间，其被占有也非实在而具体的占据。

2. 法定性

知识产权的确认或授予必须经过国家专门立法直接规定。

3. 双重性

知识产权既有某种人身权(如签名权)的性质，又包含财产权的内容。但商标权是一个例外，它只保护财产权，不保护人身权。

4. 专有性

知识产权为权利主体所专有。权利人以外的任何人，未经权利人的同意或者法律的特别规定，都不能享有或者使用这种权利。

5. 地域性

某一国法律所确认和保护的知识产权，只在该国领域内发生法律效力。

6. 时间性

法律对知识产权的保护规定一定的保护期限，知识产权在法定期限内有效。

(三) 知识产权的具体分类

1. 按照权利的内容

从权利的内容上看，知识产权包括人身权利和财产权利。知识产权中的人身权是与智力活动成果创造人的人身不可分离的专属权，比如：署名权、发表权、修改权等；知识产权中的财产权则是指享有知识产权的人基于这种智力活动成果而享有的获得报酬或其他物质利益的权利。

2. 按照智力活动成果

按照智力活动成果的不同，知识产权可以分为著作权、商标权、专利权等。

深度链接

世界知识产权组织

世界知识产权组织(World Intellectual Property Organization，简称 WIPO)是一个致力于促进使用和保护人类智力作品的国际组织。总部设在瑞士日内瓦的世界知识产权组织，是联合国组织系统中的 15 个专门机构之一。它管理着涉及知识产权保护各个方面的 24 项条约(16 部关于工业产权，7 部关于版权，加上《建立世界知识产权组织公约》)。

一、简介

世界知识产权组织是致力于利用知识产权(专利、版权、商标、外观设计等)作为激励创新与创造手段的联合国机构。世界知识产权组织、世界贸易组织、联合国教科文组织是现今三个最主要的管理知识产权条约的国际组织(后两个国际组织不是知识产权专门机构)。世界知识产权组织的总部设在瑞士日内瓦,在美国纽约联合国大厦设有联络处。

二、历史

世界知识产权组织的根源可追溯到1883年。1883年,《保护工业产权巴黎公约》诞生了。这是第一部旨在使一国国民的智力创造能在他国得到保护的重要国际条约。这些智力创造的表现形式是工业产权,即:发明(专利)商标工业品外观设计。

《巴黎公约》于1884年生效,当时有14个成员国,成立了国际局来执行行政管理任务,诸如举办成员国会议等。至2014年7月15日为止,成员国有187个国家。

三、职能

该组织主要职能是负责通过国家间的合作促进对全世界知识产权的保护,管理建立在多边条约基础上的关于专利、商标和版权方面的23个联盟的行政工作,并办理知识产权法律与行政事宜。该组织的很大一部分财力是用于同发展中国家进行开发合作,促进发达国家向发展中国家转让技术,推动发展中国家的发明创造和文艺创作活动,以利于其科技、文化和经济为解决私人知识产权争端提供便利。

四、与华关系

中国于1980年6月3日加入该组织,成为它的第90个成员国。中国1985年加入保护工业产权的巴黎公约,1989年加入商标国际注册的马德里协定,1992年10月加入保护文学艺术品伯尔尼公约,1994年1月1日加入专利合作条约。至1999年1月,中国共加入了该组织管辖的12个条约。

二、知识产权法的概念

知识产权法是指因调整知识产权的归属、行使、管理和保护等活动中产生的社会关系的法律规范的总称。

第二节 商标法

一、商标、商标法的概念

(一) 商标的概念

商标是指能够将不同的经营者所提供的商品或者服务区别开来,并可为视觉所感知的标记。

(二) 商标的分类

1. 根据识别对象的不同,商标可划分为商品商标和服务商标

服务商标是提供服务的经营者在其向社会提供的服务项目上使用的标记,也称为服务标记。

2. 根据构成要素的不同，商标可划分为平面商标和立体商标

平面商标是指以文字、图形或者文字、图形组合而成的标志。立体商标是指以商品形状或者其容器、包装的形状构成的三维标志。

3. 根据商标是否注册，商标可划分为注册商标和未注册商标

注册商标是商标法保护的对象，其所有人享有商标专用权。未注册商标可以自行在市场上使用，但其使用人不享有商标专用权，一般情况下，无权禁止他人使用相同商标，也无权阻止他人就相同商标提出注册申请。

4. 根据商标的用途，商标可划分为集体商标和证明商标

集体商标是指以工商业团体、协会或者其他组织名义注册、供该组织成员在工商业活动中使用，以表明使用者在该组织中的成员资格的标志。证明商标是指由对某个具体商品或者服务有检测和监督能力的组织注册，而由注册人以外的人使用于其商品或者服务，用以证明该商品或者服务的原产地、原料、制造方法、质量或者其他特定品质的标志。

（三）商标的作用

商标作为商品或服务项目的专用标记，对于鼓励生产或经营企业开展正当竞争，维护消费者的合法权益具有十分重要的意义。具体来说，商标作用主要表现在以下三个方面：

（1）商标可以帮助人们识别不同经营者的商品或者服务项目；

（2）商标客观上可以起到监督商品或服务质量的作用；

（3）商标具有广告宣传作用。

深度链接

商标和各种相邻标记的区别

一、商标与商品装潢

商品装潢，是指商品包装上的装饰，其目的和作用在于说明或美化商品刺激消费者的购买欲望。而商标则是为了识别不同经营者的商品或者服务项目。所以二者有着显著的区别。

二、商标与商号

商号，即厂商字号或企业名称。在现实生活中，商号与商标有着紧密的联系，有些老字号企业干脆就用商号作为其商品的商标，例如"张小泉"剪刀、"六必居"酱菜等，但商号不是区别商品或服务项目的标记，只是企业的称谓，因此商号与商标不能混为一谈。

三、商标与产地标记

产地标记是一个国家或地区的地理名称，用以表示某类产品的原产地。二者的区别在于，商标具有专有性，而产地标记不具有专有性。注册商标属于商标注册人所有，而产地标记不属于任何人所有。

四、商标与商务标语

商务标语是为了推销商品或者宣扬服务项目而使用的口号。与商标有密切的联系，但是商务标语不具有识别经营对象的功能，例如"营养丰富、美味可口"、"工艺先进、质量可靠"都属于商务标语。

（四）商标法的概念

商标法是确认商标专用权，规定商标注册、使用、转让、保护和管理的法律规范的总称。商标法的作用主要是加强商标管理，保护商标专用权，促进商品的生产者和经营者保证商品和服务的质量，维护商标的信誉，以保证消费者的利益，促进社会主义市场经济的发展。

国务院工商行政管理部门商标局主管全国商标注册和管理的工作。经商标局核准注册的商标为注册商标，商标注册人享有商标专用权，受法律保护。

国家规定必须使用注册商标的商品，必须申请商标注册，未经核准注册的，不得在市场销售。

二、商标权的主体、客体和内容

（一）商标权的主体

商标权主体又叫商标权人，是指依法享有商标权的自然人、法人或者其他组织，包括商标权的原始主体和继受主体。

商标权的原始主体是指商标注册人，继受主体是指依法通过注册商标的转让或者移转取得商标权的自然人、法人或者其他组织。

根据我国《商标法》规定，商标权主体包括依法成立的企业、事业单位、社会团体、个体工商户、个人合伙及外国人或外国企业，它们是商标权利的享有者。

> **深度链接**
>
> **商标申请人的条件**
>
> 根据我国《商标法》的相关规定，商标申请人必须是为自己生产、制造、加工、拣选或者经销的商品申请商标注册，超出此范围的商品，不能提出注册申请。
> (1) 生产是指创造出各种生产资料和生活资料；
> (2) 制造是指把原材料变成能使用的物品或者消费品；
> (3) 加工是把半成品变成成品；
> (4) 拣选是指对成品或者零件加以挑选、归类，然后用于销售；
> (5) 经销是指经营销售某种商品。

（二）商标权的客体

商标权的客体，就是商标权人所拥有的商标。

在我国只有注册商标的所有人才能成为商标权的主体，也只有注册商标才能是商标权的客体。未注册的商标，其使用人不享有商标权，因此也不能成为商标权的客体。

> **深度链接**
>
> **注册商标专用权的范围**
>
> 注册商标专用权的范围以核准注册的商标和核定使用的商品为限。
> 一、核准注册的商标
> 核准注册的商标是指经商标局注册在案的商标名称和商标图案，即注册在案的构成

商标的文字、图形或者其组合。

二、核定使用的商品

核定使用的商品是指经商标局核准在案的指定使用某商标的特定商品。

商标权所有人行使商标专用权，必须严格限定在上述范围以内。唯其如此，商标专用权才能受到法律保护。否则，如果超出"核准注册的商标和核定使用的商品"的权利范围，比如，商标权所有人不仅使用经核准注册的商标，而且使用也与该注册时未指定使用的其他商品，都将会受到商标局的严肃处理，甚至于撤销其注册商标。

1. 根据我国《商标法》的相关规定，作为商标权客体的商标必须具备以下条件

（1）商标的构成要素必须具备显著特征，便于区别；

（2）不得违反商标法的禁用条款。

2. **商标不得使用下列文字、图形**

（1）同中华人民共和国的国家名称、国旗、国徽、军旗、勋章相同或者近似的；

（2）同外国的国家名称、国旗、国徽、军旗相同或者近似的；

（3）同政府间国际组织的旗帜、徽记、名称相同或者近似的；

（4）同"红十字"、"红新月"的标志、名称相同或者近似的；

（5）本商品的通用名称和图形；

（6）直接表示商品的质量、主要原料、功能、用途、重量、数量及其他特点的；

（7）带有民族歧视性的；

（8）夸大宣传并带有欺骗性的；

（9）有害于社会主义道德风尚或者有其他不良影响的。

县级以上行政区划的地名或者公众知晓的外国地名，不得作为商标，但是，地名具有其他含义的除外；已经注册的使用地名的商标继续有效。

3. **下列标志不得作为商标注册**

（1）仅有本商品的通用名称、图形、型号的；

（2）直接表示商品的质量、主要原料、功能、用途、重量、数量及其他特点的；

（3）缺乏显著特征的。

4. **不得与他人的商标混同**

混同是指商标与他人的商标相同或者近似。申请注册的商标与他人的注册商标混同，不能获准注册。而使用与他人注册商标相同或者近似的商标，则构成侵权。

小小陪审员

北京某酒厂是"华灯"注册商标的商标权人，该商标使用在白酒商品上，河北某酒厂亦在白酒商品上使用未注册商标"华表"牌，且其酒瓶包装使用与"华灯"注册商标图样相似的装潢，北京某仓储运输公司帮助河北某酒厂运输，存储"华表"牌白酒并在北京某商场销售。北京某酒厂曾发函给河北某酒厂、北京某仓储运输公司及北京某商场，要求停止侵

权,但这三家单位均未理睬。现北京某酒厂诉河北某酒厂、北京某仓储公司及北京某商场侵犯其"华灯"商标权。

焦点问题:

(1)"华表""华灯",是否构成商标近似?

(2)河北某酒厂的商品装潢是否侵犯了"华灯"商标权?

(3)北京某仓储公司是否应承担商标侵权责任?

(4)北京某商场是否应承担商标侵权责任?

法理分析:(小组讨论)

判定结果:(小组讨论)

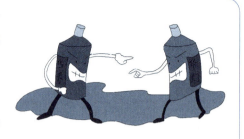

(三)商标权的内容

商标权法律关系的内容,是指权利主体依法享有的权利和义务主体应承担的义务。商标权是一种无形财产权。因为商标的价值、商标权来源于商标被有关商品或服务项目所使用,并用以区别其他的相同商品或服务,从而具有显著特征。法律所保护的是商标在有关的商品或服务贸易中的交换价值和使用价值,而不是有形的商品商标、服务商标的本身。所以,商标权虽属于财产权之一种,但在性质、权利范围等方面,与有形财产权(如机器、房屋、土地等财产物)均有很大区别。

> **⚓ 深度链接**
>
> **商标权的权利内容**
>
> 商标权的权利内容,既包括法律赋予商标所有人以专有使用商标的积极权利,也包括商标所有人禁止(排除)第三者侵犯商标专用的消极权利。其中,商标专有使用是核心。至于商标的转让、许可使用等项权利,均由专有使用权衍生而来。
>
> 一、专用权
>
> 注册商标专用权,是指商标权所有人对其注册商标依法享有的使用权。它具有独占性,是一种绝对排他的支配权。任何第三者未经商标权所有人同意,不得擅自使用该注册商标。就是说,商标经注册后,只有该商标专用权人才有权在其注册的商品(或服务项目)上使用该商标,他可以独占使用其注册商标,也可以依法定程序和方式许可他人使用;商标权还可以因一定的法律事实而移转,如商标权所有人(自然人)死亡后,该商标权中的财产权由其继承人继承,商标权可以通过签订合同转让其使用权或所有权。
>
> 二、禁止权
>
> 禁止权,是注册商标所有人有权禁止任何人未经其许可,在同一种商品或者类似商品上使用与其注册商标相同或者近似的商标;有权禁止他人销售明知是假冒注册商标的商品;有权禁止他人伪造、擅自制造其注册商标标识,或者销售伪造、擅自制造的注册商标标识;有权禁止他人损害商标专用权的其他侵权行为。对于上述侵犯商标专用权的违法行

为，商标权所有人有权请示有关工商行政管理部门或者诉请人民法院，追究侵权人的行政责任、民事责任，直至刑事责任。

专用权和禁止权正反两方面的结合，构成注册商标权的完整的权利内容。

商标权以外的所有人或组织，都处于商标权法律关系的义务主体地位，在注册商标有效期限内，他（它）们具有不作为的义务，即不得以任何行为妨碍、干涉商标权人行使商标权或以任何方式损害商标所有人的合法权益。

三、商标权的取得

（一）商标权的取得方式

按照商标是否由取得商标权的人创设，可将商标权的取得方式分为原始取得和继受取得。

1. **原始取得**

原始取得是指商标由商标权取得人创设的，其取得的商标权是最初直接取得的，而不是基于他人已存在的权利。商标权的原始取得大体采取以下三种方法：

（1）注册原则。

注册原则是指按申请注册的先后确定商标权的归属。世界上大多数国家规定，商标必须经过注册后才能取得商标权。为此，商标注册是取得商标权的必要程序，商标权属于该商标的首先注册人所有。注册原则又可以分为自愿注册和强制注册原则。

（2）使用原则。

使用原则是指按使用商标的先后确定商标权的归属。根据这一原则，商标权属于首先使用该商标的人。通常是谁先使用该商标，只要有首先使用的事实，该当事人即享有商标权。有些实行使用原则的国家也办理商标注册手续，但它在法律上只起声明作用，而不能确定商标权的归属。采取使用原则确定商标权的归属，不利于商标的管理工作和争议的处理，所以世界上只有少数国家的商标法采取使用原则。

（3）混合原则。

混合原则是上述二原则的折衷适用原则。依这种原则，商标权需经申请注册才能取得。但是在核准注册后的一定时间内，给先使用人以使用在先为由提出撤销与自己先使用商标相同或近似的注册商标的机会。只有经过一定期限后，无先使用人主张权利，核准注册的商标才取得稳定的商标权。

我国立法确定以注册方式取得商标权。根据我国《商标法》的相关规定：经商标局核准注册的商标，商标注册人享有商标专用权，受法律保护。

2. **继受取得**

继受取得是指商标权人取得的商标权是基于他人已存在的权利而产生的，而非最初直接取得。继受取得有两种方式：

（1）根据转让合同，出让人向受让人有偿或无偿地转移商标权；

（2）根据《继承法》的规定，以继承程序取得商标权。

依据我国《商标法》的规定，商标权的原始取得，应按照商标注册程序办理。商标权的继受取得也须依照转让注册商标的程序办理，方能取得商标权。

(二) 商标注册的原则

1. 注册原则

我国对于商标权的取得采取注册原则,商标权通过注册取得。不管商标是否经申请人使用,只要符合商标法的规定,经商标局核准注册,申请人便可取得商标权。反之,如果商标所有人不向商标局提出注册申请,即使其商标经过长期使用,也同样不能取得商标权。对于商标所有人是否申请注册,我国商标法则采取自愿注册原则。

自愿注册原则是指商标所有人自行决定是否申请注册。《商标法》在实行自愿注册原则的同时,对涉及人们健康的极少数商品实行强制注册。根据我国《商标法》的相关规定:"国家规定必须使用注册商标的商品,必须申请商标注册,未经核准注册的,不得在市场上销售。"我国《商标法》规定人用药品和烟草制品的商标实行强制注册。

2. 申请在先原则

对于两个或两个以上的申请人,在同一种或类似商品上申请注册相同或近似的商标时,准予最先申请者注册,驳回后申请者的申请。我国现行《商标法》实行的就是申请在先原则,但对于无法确定谁是先申请人的,则采用使用在先原则。根据我国《商标法》的相关规定:"同一天申请的,初步审定并公告使用在先的商标,驳回其他人的申请,不予公告。"

3. 优先权原则

优先权原则是《巴黎公约》所确立的工业产权国际保护的重要原则之一。它主要体现在工业产权保护的申请程序上。优先权,是指任何一个巴黎公约成员国国民向任何一个公约成员国就工业产权保护第一次提出正式申请后的一定期间内,再向其他成员国提出申请的,该成员国应当将申请人的第一次申请日视为在该国提出申请的日期,即优先权日。我国《商标法》的相关规定:商标注册申请人自其商标在外国第一次提出商标注册申请之日6个月内,又在中国就相同商品以同一商标提出商标注册申请的,依照该外国同中国签订的协议或者共同参加的国际条约,或者按照相互承认优先权的原则,可以享有优先权。

(三) 商标注册的申请

商标注册申请是商品的生产经营者及服务的提供者,依照法定程序向商标局提出的注册商标的请求。

自然人、法人或者其他组织申请商标注册或办理其他商标事务,可由申请人直接办理,也可委托国家认可的具有商标代理资格的组织代理。

外国人或者外国企业在中国申请商标注册和办理其他商标事宜的,应当委托国家认可的具有商标代理资格的组织办理。

⚓ **深度链接**

商标注册申请需提供的申请文件

一、商标注册申请书

申请人申请商标注册,必须向商标局提交商标注册申请书。申请商标注册,应当按照规定的商品分类表填报使用商标的商品类别和商品名称。商标注册申请人在不同类别的商品上申请注册同一商标的,应当按照商品分类表提出注册申请。注册商标需要在同一类的其他商品上使用的,应当另行提出注册申请。

二、商标图样

申请商标注册需提供商标图样。

三、证明文件

与申请书一同附送的证明文件包括以下几种:

(1) 国家规定必须使用注册商标的商品及一些特殊行业的商标注册申请所需的证明文件;

(2) 国内的报刊、杂志申请商标注册的,应当提交新闻出版主管部门发给的全国统一刊号的报刊登记证;

(3) 提交相关的营业执照副本或营业执照复印件,申请填报的商品或服务项目不得超出核准登记的经营范围;

(4) 办理集体商标和证明商标注册申请还应提交集体商标、证明商标的申请人主体资格证明和商标使用管理规则;

(5) 用人物肖像作为商标申请注册的,必须提供肖像权人授权并经公证机关公证;

(6) 外国申请人要求优先权的,应当在提出商标注册申请的时候提出书面声明,并且在三个月内提交第一次提出的商标注册申请文件的副本;未提出书面声明或者逾期未提交商标注册申请文件副本的,视为未要求优先权。

(四) 商标注册的审查和核准

商标审查是商标主管机关对商标注册申请是否符合商标法的有关规定所进行的一系列活动,商标审查是决定授予商标权的关键。

1. 形式审查

形式审查是对商标注册申请的文件、手续是否符合法律规定的审查,主要就申请书的填写是否属实、准确、清晰和有关手续是否完备进行审查。通过形式审查决定商标注册申请能否受理。

深度链接

形式审查的主要内容

一、申请人资格审查

主要审查申请人是否具有申请注册商标的主体资格和申请人申请商标所指定保护的商品是否符合法律规定。

二、外国申请人委托代理

外国申请人是否委托了我国指定的商标代理组织,国内申请人委托代理人的,其委托书是否符合要求。

三、申请书填写是否符合规定

申请书填写规定包括申请人的名义与印章、营业执照是否一致;申请人的地址是否准确;申请人指定的商品或服务填写是否规范、具体,分类是否准确。

四、商标及商标图样的规格、数量是否符合要求

五、应交送的证明文件是否完备,规费是否缴纳

六、审查一份申请是否只申报了一个商标

七、审查商标的申请日期,编定申请号

《商标法实施条例》规定,商标注册的申请日期,以商标局收到的申请书件的日期为准。通过审查认为申请手续齐备并按照规定填写申请书件的,编定申请号,发给《受理通知书》。

申请手续不齐备或者未按规定填写申请书件的,予以退回,申请日期不予保留。申请手续基本齐备或者申请书件基本符合规定,但是需要补正的,通知申请人予以补正。申请人在规定期限内补正并交回商标局的,保留申请日。

对于要求补正而未作补正或补正超过期限的,也同样予以退回,申请日不予保留。

2. 实质审查

实质审查是对商标是否具备注册条件的审查。申请注册的商标能否初步审定并予以公告取决于是否通过了实质审查。实质审查包括以下几个方面:

(1) 商标是否违背了商标法禁用条款;

(2) 商标是否具备法定的构成要素,是否具有显著特征;

(3) 商标是否与他人在同一种或类似商品上注册的商标相混同。

(五) 商标注册申请的初步审查及公告

(1) 申请注册的商标,凡符合《商标法》有关规定的,由商标局初步审定,予以公告。

(2) 申请注册的商标,凡不符合《商标法》有关规定或者同他人在同一种商品或者类似商品上已经注册的或者初步审定的商标相同或者近似的,由商标局驳回申请,不予公告。

(3) 两个或者两个以上的申请人,在同一种商品或者类似商品上,以相同或者近似的商标申请注册的,初步审定并公告申请在先的商标;同一天申请的,初步审定并公告使用在先的商标,驳回其他人的申请,不予公告。

深度链接

商标公告

《商标公告》是由国家工商行政管理总局商标局编辑出版的专门刊登有关商标注册和商标专用权事宜行政通知的定期官方刊物。

一、商标公告种类

商标公告主要种类有:初步审定公告、注册商标公告、续展注册商标公告、转让注册商标公告、变更注册商标公告、注销注册商标公告、撤销注册商标公告、商标使用许可合同备案公告及商标局有关商标的其他决定、通知等。

在《商标公告》上刊登依《商标法》应刊登的公告,其主要是使所公告的事项产生法律效力,并通过公之于众的方式将商标注册工作置于社会公众的监督之下,以保证商标注册工作的质量。同时也便于商标注册申请人为防止与他人已注册或已初步审定公告的商标

发生混同而进行查阅检索。

二、初步审定公告的内容

初步审定公告的内容有审定号、申请日期、商标图案、指定使用商品、申请人名称和地址。

三、刊登初步审定公告的目的

(1)公开征求社会公众的意见,社会公众可以依《商标法》对商标局初步审定结果进行监督,以使商标局准确核准商标注册。

(2)为商标注册人和先申请人及其他合法在先权利人提供维护自身权益、防止商标局核准注册与自己商标相混同或侵犯自己合法权益的商标的机会,以避免和减少商标注册后可能发生的争议。

(六)商标异议

设立异议程序,是为了提高商标审查和核准注册的质量。通过社会公众的监督和异议人的直接参与,使商标主管机关可以发现错误并及时纠正。当然异议必须在异议期内提出,超过3个月异议期提出的,商标局不予受理。

异议必须以书面形式提出,异议书应写明被异议商标的名称、图形、初步审定编号、商品类别及"商标公告"的期号、日期和异议理由,异议人如果是商标注册人或先申请人,还必须写明自己的注册商标或初步审定商标的名称、图形、核定商品及类别、注册号或初步审定号。

商标局收到异议书后,将异议书副本送达被异议人,并限期答辩。被异议人在30天的限期内未答辩的,异议裁定照常进行。商标局应认真听取双方陈述的理由和事实,保障异议人与被异议人平等地行使权利。经调查核实后,认为异议成立则裁定撤销初步审定商标,如果认为异议理由不成立则作出驳回异议裁定。并将异议裁定书送达双方当事人。异议人或被异议人如果对异议裁定不服,可以在收到裁定书15日之内,向商标评审委员会申请复审。商标评审委员会认为异议成立的,撤销被异议商标的初步审定;异议不成立的,驳回异议,被异议商标由商标局予以注册并公告。当事人对商标评审委员会的裁定不服的,可以自收到通知之日起三十日内向人民法院起诉。人民法院应当通知商标复审程序的对方当事人作为第三人参加诉讼。

(七)核准注册

核准注册是指商标局将核准的商标和核定使用的商品登记在《商标注册簿》上,登记的项目有:注册号、注册商标、核定商品、商品类别、有效期、注册人名称等。商标局对核准注册的商标要发布"注册商标公告"告知社会公众该商标已核准注册,受法律保护。同时商标局向商标注册人颁发《商标注册证》。《商标注册证》是商标注册人取得商标权的法律凭证。

初步审定公告的商标公告期届满,无异议的或经裁定异议不能成立的,予以核准注册,发给商标注册证书,并予公告。

初步审定公告的商标,从公告之日起经过3个月,无异议的,由商标局核准注册,发给商标注册证,并予公告。核准注册标志着商标注册申请人取得商标专用权,商标一经注册,即为注册商标,受国家法律的保护。

申请商标注册的,应当按规定的商品分类表填报使用商标的商品类别和商品名称。同一申请人在不同类别的商品上使用同一商标的,应当按商品分类表提出注册申请。注册商标需要在同一类的其他商品上使用的,应当另行提出注册申请。注册商标需要改变文字、图形的,应当重新提出注册申请。注册商标需要变更注册人的名义、地址或者其他注册事项的,应当提出变更申请。

四、商标权的期限和续展

(一)商标权的期限

注册商标的有效期为十年,自核准注册之日起计算。

(二)商标权续展

商标权的续展是指注册商标所有人为了在注册商标有效期满后,继续享有注册商标专用权,按规定申请并经批准延续其注册商标有效期的一种制度。商标权的续展制度有利于商标所有人根据自己的经营情况来进行选择。

1. 续展申请的时限

注册商标有效期满,需要继续使用的,应当在期满前六个月内申请续展注册;在此期间未能提出申请的,可以给予六个月的宽展期。宽展期满仍未提出申请的,注销其注册商标。每次续展注册的有效期为十年。续展注册经核准后,予以公告。

2. 续展申请的书件

每一个申请应当向商标局交送《商标续展注册申请书》一份,注册商标的商标图样五份,《商标注册证》的复印件一份(不需要提交《商标注册证》原件),并交纳续展注册的费用。如果注册人是在宽展期内申请续展的,则应按规定再交纳续展迟延费。

> **深度链接**
>
> **商标权续展的程序**
>
> 申请注册商标续展的条件和时间应当按照《商标法》及其实施条例的规定办理。具体如下:
> (1)续展注册申请人必须是注册商标所有人,可以是原注册商标所有人,或者是继承人或受让人;
> (2)提出的时间必须是在其注册商标有效期满前后六个月内;
> (3)应向商标局交送一份《商标续展注册申请书》、五份商标图样,及《商标注册证》复印件一份;
> (4)交纳申请费和注册费。

(三)注册商标的转让和使用许可

1. 注册商标的转让

转让注册商标的,转让人和受让人应当共同向商标局提出申请。受让人应当保证使用该注册商标的商品质量。转让注册商标经核准后,予以公告。

2. 注册商标的使用许可

商标注册人可以通过签订商标使用许可合同,许可他人使用其注册商标。许可人应当监督被许可人使用其注册商标的商品质量。被许可人应当保证使用该注册商标的商品质量。

经许可使用他人注册商标的,必须在使用该注册商标的商品上标明被许可人的名称和商品产地。

商标使用许可合同应当报商标局备案。

小小陪审员

2003年6月25日,某省辖市手表一厂生产的男表和女表各获得了商标局的注册商标专用权。男表的商标为"喜乐"牌,女表的商标为"乐喜"牌,之所以取这两个名称,一是为了表示大吉大利,二是为了防止被假冒。

2012年,因手表市场不景气,加上外国手表的冲击,而且厂里也经营管理不善,这种样式的机械表已无多少销路,厂里也没有能力转产高档的流行式样表,因此打算将此种手表的商标转让出去,以此获得一批资金用于改善设备。但该厂怕两个商标一齐转让出去后,生产出新表来再去重新提出别的名称的商标注册申请很麻烦,而且"喜乐"的商标已用了几十年了,有一定的市场号召力,再重新创牌比较艰难,故打算只将"乐喜"牌商标转让出去,而保留"喜乐"牌商标自用。

某中外合资企业听说后,愿意接受"乐喜"牌商标,于是双方开始洽谈,并于2013年2月签订了注册商标转让合同。合同规定由转让方负责办理"乐喜"牌商标的变更事宜。但因转让费的问题发生纠纷,起诉到法院,法院在审理过程中,发现双方均有违法现象。

焦点问题:

(1) 双方都有哪些违法现象?指出并简述理由。

(2) 假设该合资企业于2014年3月与手表一厂签订了注册商标使用许可合同,并办理了法律规定的手续,请问该合同有效否?

(3) 假设手表一厂将其注册商标"喜乐"牌用于所产的座式台钟上;该市手表二厂所生产的座式台钟表也用的是"喜乐"牌商标,但未注册,也未冒充手表一厂的注册标记,是否对手表一厂构成侵权?

法理分析:(小组讨论)

判定结果:(小组讨论)

五、商标的使用管理和已注册商标的争议处理

(一) 商标使用的管理

1. 对已注册商标的管理

使用注册商标,有下列行为之一的,由商标局责令限期改正或者撤销其注册商标:

(1) 自行改变注册商标的文字、图形或者其组合的;

(2) 自行改变注册商标的注册人名义、地址或者其他注册事项的;

(3) 自行转让注册商标的;

(4)连续三年停止使用的。

使用注册商标,其商品粗制滥造,以次充好,欺骗消费者的,由各级工商行政管理部门分别针对不同情况,责令限期改正,并可以予以通报或者处以罚款,或者由商标局撤销其注册商标。

注册商标被撤销的或者期满不再续展的,自撤销或者注销之日起一年内,商标局对与该商标相同或者近似的商标注册申请,不予核准。

2. 对未注册商标的管理

使用未注册商标,有下列行为之一的,由地方工商行政管理部门予以制止,限期改正,并可以予以通报或者处以罚款:

(1)冒充注册商标的;

(2)违反《商标法》规定的可作为商标注册申请要素的;

(3)粗制滥造,以次充好,欺骗消费者的。

对商标局撤销注册商标的决定,当事人不服的,可以在收到通知十五天内申请复审,由商标评审委员会做出终局决定,并书面通知申请人。

(二)已注册商标争议的处理

已经注册的商标,违反有关规定的,或者是以欺骗手段或者其他不正当手段取得注册的,由商标局撤销该注册商标;其他单位或者个人可以请求商标评审委员会裁定撤销该注册商标。

除上述情形外,对已经注册的商标有争议的,可以自该商标经核准注册之日起一年内,向商标评审委员会申请裁定。

对核准注册前已经提出异议并经裁定的商标,不得再以相同的事实和理由申请裁定。

商标评审委员会做出维持或者撤销注册商标的终局裁定后,应当书面通知有关当事人。

六、注册商标专用权的保护

(一)注册商标专用权的保护范围

根据《商标法》的相关规定,注册商标的专用权,以核准注册的商标和核定使用的商品为限。注册商标专用权的保护范围有以下几点:

1. 核准注册的商标

未注册的商标一般情况下是不受法律保护的,未注册商标的使用人不享有该商标的专用权,无权依照《商标法》的规定禁止他人使用,而只有有限的不受他人不正当干扰的使用权。

2. 核定使用的商品或服务

在核定使用的商品或服务上使用注册商标是法律保护的基本条件,他人未经许可不得在相同或类似商品或服务上使用相同或近似的商标。

3. 注册商标在有效期限内

注册商标的有效期限为10年,可无限续展。注册商标超过有效期限没有续展的,即不再受法律保护。

(二)侵犯注册商标专用权的行为及其法律责任

1. 侵犯注册商标专用权的行为

(1)未经注册商标所有人的许可,在同一种商品或者类似商品上使用与其注册商标相同或者近似的商标的。

类似商品是指在功能、用途、生产部门、销售渠道、消费对象等方面相同,或者相关公众一般认为其存在特定联系、容易造成混淆的商品。

（2）销售明知是假冒注册商标的商品的。

具有下列情形之一的，应当认定"明知"：

① 知道自己销售的商品上的注册商标被涂改、调换或覆盖的；

② 因销售假冒注册商标的商品受到过行政处罚或承担过民事责任、又销售同一种假冒注册商标的商品的；

③ 伪造、涂改商标注册人授权文件或知道该文件被伪造、涂改的；

④ 其他知道或应当知道是假冒注册商标的商品的情形。

（3）伪造、擅自制造他人注册商标标识或者销售伪造、擅自制造的注册商标标识的。

（4）给他人的注册商标专用权造成其他损害的。

具有下列情形之一的行为属于给他人注册商标专用权造成其他损害的行为：

① 将与他人注册商标相同或相近似的文字作为企业的字号在相同或类似商品上突出使用，容易使相关公众产生误认的；

② 复制、摹仿、翻译他人注册的驰名商标或其主要部分在不相同或不相类似商品上作为商标使用，误导公众，致使该驰名商标注册人的利益可能受到损害的；

③ 将与他人注册商标相同或相近似的文字注册为域名，并且通过该域名进行相关商品交易的电子商务，容易使相关公众产生误认的。

2. 侵犯注册商标专用权的法律责任

（1）民事责任。

民事责任主要包括：停止侵犯；消除影响；赔偿损失等。侵权人因侵权所得利益，或者被侵权人因被侵权所受损失难以确定的，由法院根据侵权行为的情节判决给予50万以下的赔偿。

销售不知道是侵犯注册商标专用权的商品，能证明该商品是自己合法取得的并说明提供者的，不承担赔偿责任。

（2）行政责任。

行政责任主要包括：责令停止侵权行为；没收、销毁侵权商品和专门用于制造侵权商品、伪造注册商标标识的工具；罚款。工商行政管理部门可以根据情节处以非法经营额20%以下或非法获利2倍以下的罚款；对侵犯注册商标专用权的单位的直接责任人员，可根据情节处以1万元以下的罚款。

（3）刑事责任。

未经注册商标所有人许可，在同一种商品上使用与其注册商标相同的商标，情节严重的，处3年以下有期徒刑或拘役，并处或单处罚金；情节严重的，处3年以上7年以下有期徒刑或拘役并处罚金。

小小陪审员

甲厂自2010年起在其生产的西服上使用"红枫"商标；2012年，乙服装厂也开始使用"红枫"商标。2014年3月，乙厂的"红枫"商标经国家商标局核准注册，其核定使用的商品为服装等。2015年1月，乙厂发现甲厂在西服上使用"红枫"商标，很容易引起消费者的误认，因此甲、乙双方发生侵权纠纷。

> 焦点问题：
> （1）甲、乙两个厂谁构成侵权？为什么？
> （2）侵权行为始于何时？请说明理由。
> （3）侵权方能否继续使用"红枫"商标？
>
> **法理解析：**（小组讨论）
>
> **判定结果：**（小组讨论）

第三节　专利法

一、专利、专利权及专利法的概念

（一）专利、专利权的概念

专利权简称"专利"，是发明创造人或其权利受让人对特定的发明创造在一定期限内依法享有的独占实施权，是知识产权的一种。

（二）专利法的概念

专利法是确认发明人（或其权利继受人）对其发明享有专有权，规定专利权人的权利和义务的法律规范的总称。

为了保护专利权人的合法权益，鼓励发明创造，推动发明创造的应用，提高创新能力，促进科学技术进步和经济社会发展，制定《专利法》。

二、专利权的主体、客体和内容

（一）专利权的主体

专利权的主体是指在专利权法律关系中享有权利和承担义务的人。根据法律规定，专利权的权利主体包括以下几种：

1. 发明人或设计人

发明人或设计人，是指对发明创造的实质性特点作出了创造性贡献的人。在完成发明创造过程中，只负责组织工作的人、为物质技术条件的利用提供方便的人或者从事其他辅助性工作的人，例如试验员、描图员、机械加工人员等，均不是发明人或设计人。其中，发明人是指发明的完成人；设计人是指实用新型或外观设计的完成人。发明人或设计人，只能是自然人，不能是单位、集体或课题组。

2. 非职务发明创造和职务发明创造

（1）非职务发明创造。

非职务发明创造是指既不是执行本单位的任务，也没有主要利用单位提供的物质技术条件所完成的发明创造。对于非职务发明创造，申请专利的权利属于发明人或者设计人。发明人或者设计人对非职务发明创造申请专利，任何单位或者个人不得压制。申请被批准后，该发明人或者设计人为专利权人。

(2) 职务发明创造。

职务发明创造是指执行本单位的任务或者主要是利用本单位的物质技术条件所完成的发明创造。职务发明创造申请专利的权利属于该单位；申请被批准后，该单位为专利权人。

利用本单位的物质技术条件所完成的发明创造，单位与发明人或者设计人订有合同，对申请专利的权利和专利权的归属作出约定的，从其约定。

根据《专利法》规定，职务发明有两大类：一是执行本单位的任务所完成的发明创造。具体包括：①在本职工作中的发明创造；②履行本单位交付的本职工作以外的任务所做出的发明创造；③退职、退休或者调动工作一年内做出的，与其在原单位的本职工作或者原单位分配的任务有关的发明创造。二是主要利用本单位的物质技术条件所完成的发明创造。本单位的物质技术条件，是指本单位的资金、设备、零部件、原材料或者不对外公开的技术资料等。

☼ 小小陪审员

许某曾任青山煤矿工程师，负责坑道消烟除尘研究工作，2010年10月退休。2012年5月，许利用过去工作积累的资料，研究出"消烟除尘空气净化器"，在某铜矿坑道试验使用效果极佳。2014年2月，许将净化器以个人名义向专利局提出专利申请。经许同意，铜矿在许指导下制造了15台在一些单位试用，准备进一步组织生产。2014年12月9日，许的专利获得批准并公告。青山煤矿得知消息后，向专利局提出撤销专利权的请求。

焦点问题：

(1) 青山煤矿认为许某开发的新技术是使用其工作期间积累的资料完成的，故属于职务发明。青山煤矿的请求是否能够成立？为什么？

(2) 许某考虑自己是青山煤矿的老职工，取得的工作成绩离不开单位的支持，所以与原单位口头协商，将专利技术交由单位持有。许某转让专利技术的行为是否有效？为什么？

法理分析：（小组讨论）
判定结果：（小组讨论）

3. 共同发明和委托发明

两个以上单位或者个人合作完成的发明创造、一个单位或者个人接受其他单位或者个人委托所完成的发明创造，除另有协议的以外，申请专利的权利属于完成或者共同完成的单位或者个人；申请被批准后，申请的单位或者个人为专利权人。

如果单位或者个人之间没有协议，构成委托开发的，申请专利权以及取得的专利权归受托人，但委托人可以免费实施该专利技术。

4. 合法受让人

合法受让人是指依有偿转让或无偿继承、赠与等方式而依法取得该专利权的单位或个人。

专利申请权和专利权可以转让。专利申请权转让之后，如果获得了专利，那么受让人就是该专利权的主体；专利权转让后，受让人成为该专利权的新主体。

继受了专利申请权或专利权之后，受让人并不因此而成为发明人、设计人，该发明创造的发明人、设计人也不因发明创造的专利申请权或专利权转让而丧失其特定的人身权利。

5. 外国人待遇

外国人包括具有外国国籍的自然人和法人。在中国有经常居所或者营业所的外国人，享有与中国公民或单位同等的专利申请权和专利权。在中国没有经常居所或者营业所的外国人、外国企业或者外国其他组织在中国申请专利的，依照其所属国同中国签订的协议或者共同参加的国际条约，或者依照互惠原则，可以申请专利，但应当委托国务院专利行政部门指定的专利代理机构办理。

6. 申请在先的原则

两个以上的申请人分别就同样的发明创造申请专利的，专利权授予最先申请的人。

同样的发明创造只能授予一项专利权。但是，同一申请人同日对同样的发明创造既申请实用新型专利又申请发明专利，先获得的实用新型专利权尚未终止，且申请人声明放弃该实用新型专利权的，可以授予发明专利权。

（二）专利权的客体

1. 专利权的客体的概念

专利权的客体是指专利权利和义务共同指向的对象，是指依法应授予专利权的发明创造。

2. 专利权客体的种类

根据我国《专利法》的相关规定，我国专利权的客体包括发明、实用新型和外观设计三类。

（1）发明。

发明是指对产品、方法或者其改进所提出的新的技术方案。发明分为产品发明、方法发明两种类型，既可以是原创性的发明，也可以是改进型的发明。

产品发明是关于新产品或新物质的发明。这种产品或物质是自然界从未有过的，是人利用自然规律作用于特定事物的结果。

方法发明是指为解决某特定技术问题而采用的手段和步骤的发明。能够申请专利的方法通常包括制造方法和操作使用方法两大类，制造方法如产品制造工艺、加工方法等，操作使用方法如测试方法、产品使用方法等。改进发明是对已有的产品发明或方法发明所作出的实质性革新的技术方案。

（2）实用新型。

实用新型是指对产品的形状、构造或者其结合所提出的适于实用的新的技术方案。产品的形状是指产品所具有的、可以从外部观察到的确定的空间形状；产品的构造是指产品的各个组成部分的安排、组织和相互关系。

（3）外观设计。

外观设计是指对产品的形状、图案或者其结合以及色彩与形状、图案的结合所作出的富有美感并适于工业应用的新设计。外观设计以产品的形状、图案和色彩等为要素，以美感目的为核心，并且能适于工业应用，即可以通过工业手段大量复制。

3. 不授予专利权的对象

根据我国《专利法》的相关规定，下列对象不授予专利权：

（1）科学发现；

(2) 智力活动的规则和方法;
(3) 疾病的诊断和治疗方法;
(4) 动物和植物的品种;
(5) 用原子核变换的方法获得的物质;
(6) 对平面印刷品的图案、色彩或者二者的结合作出的主要起标识作用的设计;
(7) 违反国家法律、社会公德或者妨害公共利益的发明创造。

(三) 专利权的内容

1. 专利权人的主要权利包括以下内容

根据《专利法》的相关规定,专利权人的主要权利包括以下内容:

(1) 独占实施权。

独占实施权是指专利权人对其专利产品或者专利方法依法享有的进行制造、销售或者使用的专有权利。

(2) 禁止权。

除法律另有规定的外,任何单位或者个人未经专利权人许可,不得为生产经营目的制造、使用、销售其专利产品,或者使用其专利方法以及使用、销售依照该专利方法直接获得的产品。

(3) 转让权。

转让权指专利权人将其获得的专利所有权转让给他人的权利;是指专利权人将其获得的专利所有权转让给他人的权利。转让专利权的,当事人应当订立书面合同,并向国务院专利行政部门登记,由国务院专利行政部门予以公告。专利权的转让自登记之日起生效。中国单位或者个人向外国人转让专利权的,必须经国务院有关主管部门批准。

(4) 实施许可权。

实施许可权指专利权人通过实施许可合同的方式,许可他人实施其专利并收取专利使用费的权利。

(5) 放弃权。

放弃权是指专利权人在保护期限届满前的任何时候,以书面形式声明或以不交年费的方式放弃其专利权的权利;

根据《专利法》的相关规定,专利权人以书面声明放弃其专利权的,专利权在期限届满前终止。专利权人提出放弃专利权声明后,一经国务院专利行政部门登记和公告,其专利权即可终止。

放弃专利权时需要注意:①在专利权由两个以上单位或个人共有时,必须经全体专利权人同意才能放弃;②专利权人在已经与他人签订了专利实施许可合同许可他人实施其专利的情况下,放弃专利权时应当事先得到被许可人的同意,并且还要根据合同的约定,赔偿被许可人由此造成的损失,否则专利权人不得随意放弃专利权。

(6) 标记权。

标记权是指专利权人享有在专利产品或者该产品的包装上、容器上、说明书上、产品广告上作上专利标记。

(7) 请求保护的权利。

当专利权受到侵害时,专利权人有权请求专利管理机关进行处理,或直接向人民法院起诉。

2. 专利权人的义务

依据《专利法》和相关国际条约的规定,专利权人应履行的义务包括:

(1) 按规定缴纳专利年费的义务。

专利年费又叫专利维持费。《专利法》规定,专利权人应当自被授予专利权的当年开始交纳年费。

(2) 不得滥用专利权的义务。

不得滥用专利权是指专利权人应当在法律所允许的范围内选择其利用专利权的方式并适度行使自己的权利,不得损害他人的知识产权和其他合法权益。

三、专利权的取得

(一) 取得专利的条件

授予专利权的发明和实用新型,应当具备新颖性、创造性和实用性。

1. 新颖性

新颖性是指该发明或者实用新型不属于现有技术;也没有任何单位或者个人就同样的发明或者实用新型在申请日以前向国务院专利行政部门提出过申请,并记载在申请日以后公布的专利申请文件或者公告的专利文件中。

授予专利权的外观设计,应当不属于现有设计;也没有任何单位或者个人就同样的外观设计在申请日以前向国务院专利行政部门提出过申请,并记载在申请日以后公告的专利文件中。

授予专利权的外观设计与现有设计或者现有设计特征的组合相比,应当具有明显区别并不得与他人在申请日以前已经取得的合法权利相冲突。也就是对于外观设计只有新颖性的要求。

2. 创造性

创造性是指与现有技术相比,该发明具有突出的实质性特点和显著的进步,该实用新型具有实质性特点和进步。

3. 实用性

实用性是指该发明或者实用新型能够制造或者使用,并且能够产生积极效果。

(二) 专利的申请

1. 专利申请的原则

(1) 形式法定原则。

申请专利的各种手续,都应当以书面形式或者国家知识产权局专利局规定的其他形式办理。以口头、电话、实物等非书面形式办理的各种手续,或者以电报、电传、传真、胶片等直接或间接产生印刷、打字或手写文件的通讯手段办理的各种手续均视为未提出,不产生法律效力。

(2) 单一性原则。

一件发明或者实用新型专利申请应当限于一项发明或者实用新型。属于一个总的发明构思的两项以上的发明或者实用新型,可以作为一件申请提出。

一件外观设计专利申请应当限于一项外观设计。同一产品两项以上的相似外观设计,或者用于同一类别并且成套出售或者使用的产品的两项以上外观设计,可以作为一件申请提出。

(3) 申请在先原则。

两个或者两个以上的申请人分别就同样的发明创造申请专利的,专利权授给最先申请的人。

（4）优先权原则。

申请人自发明或者实用新型在外国第一次提出专利申请之日起十二个月内，或者自外观设计在外国第一次提出专利申请之日起六个月内，又在中国就相同主题提出专利申请的，依照该外国同中国签订的协议或者共同参加的国际条约，或者依照相互承认优先权的原则，可以享有优先权。

申请人自发明或者实用新型在中国第一次提出专利申请之日起十二个月内，又向国务院专利行政部门就相同主题提出专利申请的，可以享有优先权。在我国优先权制度中不包括外观设计专利。

申请人要求优先权的，应当在申请的时候提出书面声明，并且在三个月内提交第一次提出的专利申请文件的副本；未提出书面声明或者逾期未提交专利申请文件副本的，视为未要求优先权。

2. 专利申请文件

申请发明或者实用新型专利的，应当提交请求书、说明书及其摘要和权利要求书等文件。请求书应当写明发明或者实用新型的名称，发明人的姓名，申请人姓名或者名称、地址，以及其他事项。说明书应当对发明或者实用新型作出清楚、完整的说明，以所属技术领域的技术人员能够实现为准；必要的时候，应当有附图。摘要应当简要说明发明或者实用新型的技术要点。权利要求书应当以说明书为依据，清楚、简要地限定要求专利保护的范围。

申请外观设计专利的，应当提交请求书、该外观设计的图片或者照片以及对该外观设计的简要说明等文件。申请人提交的有关图片或者照片应当清楚地显示要求专利保护的产品的外观设计。

3. 专利申请的审查和批准

（1）发明专利的审批。

① 初步审查。专利主管机关查明该申请是否符合专利法关于申请形式要求的规定。

② 早期公开。专利局收到发明专利申请后，经初步审查认为符合要求的，自申请日起满18个月，即行公布。专利局可以根据申请人的请求早日公布其申请。

③ 实质审查。发明专利申请自申请日起3年内，专利局可以根据申请人随时提出的请求，对其申请进行实质审查；申请人无正当理由逾期不请求实质审查的，该申请即被视为撤回。专利局认为必要的时候，可以自行对发明专利申请进行实质审查。

④ 授权登记公告。发明专利申请经实质审查没有发现驳回理由的，由国务院专利行政部门作出授予发明专利权的决定，发给发明专利证书，同时予以登记和公告。发明专利权自公告之日起生效。

（2）实用新型和外观设计专利的审批。

实用新型和外观设计专利申请经初步审查没有发现驳回理由的，由国务院专利行政部门作出授予实用新型专利权或者外观设计专利权的决定，发给相应的专利证书，同时予以登记和公告。实用新型专利权和外观设计专利权自公告之日起生效。

（3）复审。

国务院专利行政部门设立专利复审委员会。专利申请人对国务院专利行政部门驳回申请的决定不服的，可以自收到通知之日起三个月内，向专利复审委员会请求复审。专利复审委员会复审后，作出决定，并通知专利申请人。

专利申请人对专利复审委员会的复审决定不服的，可以自收到通知之日起三个月内向人民法院起诉。

四、专利权的期限、终止和无效

(一) 专利权的期限

发明专利权的期限为二十年,实用新型专利权和外观设计专利权的期限为十年,均自申请日起计算。

国务院专利行政部门收到专利申请文件之日为申请日。如果申请文件是邮寄的,以寄出的邮戳日为申请日。

(二) 专利权的终止

专利权期限届满后,专利权终止。有下列情形之一的,专利权在期限届满前终止:
(1) 没有按照规定缴纳年费的;
(2) 专利权人以书面声明放弃其专利权的。

专利权在期限届满前终止的,由国务院专利行政部门登记和公告。

(三) 专利权的无效

自国务院专利行政部门公告授予专利权之日起,任何单位或者个人认为该专利权的授予不符合《专利法》有关规定的,可以请求专利复审委员会宣告该专利权无效。

专利复审委员会对宣告专利权无效的请求应当及时审查和作出决定,并通知请求人和专利权人。宣告专利权无效的决定,由国务院专利行政部门登记和公告。

对专利复审委员会宣告专利权无效或者维持专利权的决定不服的,可以自收到通知之日起三个月内向人民法院起诉。人民法院应当通知无效宣告请求程序的对方当事人作为第三人参加诉讼。

五、专利的实施

专利实施的主要方式有以下几种:

(一) 专利权人自行实施

自行实施是指专利权人自己制造、使用、销售其专利产品或使用其专利方法。

(二) 许可他人实施

专利权人除自己实施其专利外,还可以通过签订专利许可合同,允许他人有条件地、有偿地实施其专利。通过签订专利许可合同而进行的交易,称为专利许可合同交易或专利许可证贸易。按许可权限大小不同,许可方式一般可分为下列五种:

1. 独占许可

独占许可是指许可方允许被许可方在一定期限、一定地域内有单独实施其专利的权利,许可方不能再自行实施或者允许第三方实施其专利。

2. 独家许可

独家许可又称排他许可,是指许可方就某项专利技术允许被许可方在一定时间和一定地域内,独家实施其专利,而许可方仍保留自行实施的权利,但不能再允许任何第三方在该期限、该地域内实施该专利。

3. 普通许可

普通许可是指许可方允许被许可方在规定时间和地区使用某项专利技术,而许可方仍然可以自行实施或再许可第三方等多方面实施。

4. 交叉许可

交叉许可是指双方以价值相当的专利技术互惠许可实施,即当事人双方均允许对方使用各自的专利技术。

5. 分许可

分许可是指许可方同意在许可合同上明文规定被许可方在规定的时间和地区实施其专利的同时,被许可方应从第三方支付的使用费中,给一定数额的使用费给许可方。

(三) 转让专利

专利申请权或专利权的所有人(转让方)可经通过与接受方(受让方)签订专利申请权或专利权转让合同,并向国家知识产权局专利局登记,由国家知识产权局专利局予以公告。专利申请权或者专利权的转让自登记之日起生效。

(四) 强制许可

强制许可又称为非自愿许可,是指国务院专利行政部门依照法律规定,不经专利权人的同意,直接许可具备实施条件的申请者实施发明或实用新型专利的一种行政措施。

有下列情形之一的,国务院专利行政部门根据具备实施条件的单位或者个人的申请,可以给予实施发明专利或者实用新型专利的强制许可:

(1) 专利权人自专利权被授予之日起满三年,且自提出专利申请之日起满四年,无正当理由未实施或者未充分实施其专利的;

(2) 专利权人行使专利权的行为被依法认定为垄断行为,为消除或者减少该行为对竞争产生的不利影响的。

(3) 根据公共利益需要的强制许可。

在国家出现紧急状态或者非常情况时,或者为了公共利益的目的,国务院专利行政部门可以给予实施发明专利或者实用新型专利的强制许可。

(4) 从属专利的强制许可。

一项取得专利权的发明或者实用新型比前已经取得专利权的发明或者实用新型具有显著经济意义的重大技术进步,其实施又有赖于前一发明或者实用新型的实施的,国务院专利行政部门根据后一专利权人的申请,可以给予实施前一发明或者实用新型的强制许可。

在依照前款规定给予实施强制许可的情形下,国务院专利行政部门根据前一专利权人的申请,也可以给予实施后一发明或者实用新型的强制许可。

取得实施强制许可的单位或者个人不享有独占的实施权,并且无权允许他人实施。取得实施强制许可的单位或者个人应当付给专利权人合理的使用费,或者依照中华人民共和国参加的有关国际条约的规定处理使用费问题。付给使用费的,其数额由双方协商;双方不能达成协议的,由国务院专利行政部门裁决。

专利权人对国务院专利行政部门关于实施强制许可的决定不服的,专利权人和取得实施强制许可的单位或者个人对国务院专利行政部门关于实施强制许可的使用费的裁决不服的,可以自收到通知之日起三个月内向人民法院起诉。

六、专利权的保护

(一)专利权的保护范围

发明或者实用新型专利权的保护范围以其权利要求的内容为准,说明书及附图可以用于解释权利要求的内容。

外观设计专利权的保护范围以表示在图片或者照片中的该产品的外观设计为准,简要说明可以用于解释图片或者照片所表示的该产品的外观设计。

(二)专利侵权

专利侵权行为是指在专利权有效期限内,行为人未经专利权人许可又无法律依据,以营利为目的实施他人专利的行为。它具有以下特征:

1. 必须有侵害行为

侵害行为是指行为人在客观上实施了侵害他人专利的行为。

2. 以生产经营为目的

非生产经营目的的实施,不构成侵权。

3. 违反了法律的规定

违反法律的规定是指行为人实施专利的行为未经专利权人的许可,又无法律依据。

> **小小陪审员**
>
> 2007年11月至2008年3月间,原告李某自行研制开发了本案所涉出租车显示报警器,防劫器。之后,原告将该报警防劫器产品及相关资料交由被告王某申请专利。被告王某于2008年4月28日向中华人民共和国知识产权局申请专利,并于2010年2月12日颁发专利证书,被授予实用新型专利权,但该专利公告中载明:设计人原告李某,被告王某,专利权人为被告王某。2010年12月29日,中华人民共和国知识产权局向被告发来通知书,告知本案所涉的专利权因未交纳第三年度年费和滞纳金,依照《专利法》的相关规定,该专利权于2010年4月28日终止,并在专利公报上公布。原告李某与被告王某因技术成果权属纠纷一案诉至法院,请求依法判令收回专利证书,确认本案所涉专利的技术成果权为原告所有。
>
>
>
> **焦点问题:**
> 自己研制的技术为何自己未享有知识产权?
> **法理分析:**(小组讨论)
> **判定结果:**(小组讨论)

(三)不视为侵犯专利权的行为

根据《专利法》的相关规定,有下列情形之一的,不视为侵犯专利权:

(1)专利产品或者依照专利方法直接获得的产品,由专利权人或者经其许可的单位、个人售出后,使用、许诺销售、销售、进口该产品的;

（2）在专利申请日前已经制造相同产品、使用相同方法或者已经作好制造、使用的必要准备，并且仅在原有范围内继续制造、使用的；

（3）临时通过中国领陆、领水、领空的外国运输工具，依照其所属国同中国签订的协议或者共同参加的国际条约，或者依照互惠原则，为运输工具自身需要而在其装置和设备中使用有关专利的；

（4）专为科学研究和实验而使用有关专利的；

（5）为提供行政审批所需要的信息，制造、使用、进口专利药品或者专利医疗器械的，以及专门为其制造、进口专利药品或者专利医疗器械的。

（四）专利侵权的法律责任

未经专利权人许可，实施其专利，即侵犯其专利权，引起纠纷的，由当事人协商解决；不愿协商或者协商不成的，专利权人或者利害关系人可以向人民法院起诉，也可以请求管理专利工作的部门处理。管理专利工作的部门处理时，认定侵权行为成立的，可以责令侵权人立即停止侵权行为，当事人不服的，可以自收到处理通知之日起十五日内依照《中华人民共和国行政诉讼法》向人民法院起诉；侵权人期满不起诉又不停止侵权行为的，管理专利工作的部门可以申请人民法院强制执行。

进行处理的管理专利工作的部门应当事人的请求，可以就侵犯专利权的赔偿数额进行调解；调解不成的，当事人可以依照《中华人民共和国民事诉讼法》向人民法院起诉。

根据专利法及专利法实施细则的规定，侵犯专利权的行为人应当承担的法律后果包括行政责任、民事责任、刑事责任等。

1. 行政责任

对专利侵权行为，管理专利工作的部门有权责令侵权行为人停止侵权行为、责令改正、罚款等，管理专利工作的部门应当事人的请求，还可以就侵犯专利权的赔偿数额进行调解。

2. 民事责任

（1）停止侵权。

停止侵权，是指专利侵权行为人应当根据管理专利工作部门的处理决定或者人民法院的裁判，立即停止正在实施的专利侵权行为。

（2）赔偿损失。

侵犯专利权的赔偿数额，按照专利权人因被侵权所受到的损失或者侵权人获得的利益确定；被侵权人所受到的损失或侵权人获得的利益难以确定的，可以参照该专利许可使用费的倍数合理确定。

（3）消除影响。

在侵权行为人实施侵权行为给专利产品在市场上的商誉造成损害时，侵权行为人就应当采用适当的方式承担消除影响的法律责任，承认自己的侵权行为，以达到消除对专利产品造成的不良影响。

根据《专利法》的规定，侵犯专利权的诉讼时效为二年，自专利权人或者利害关系人得知或者应当得知侵权行为之日起计算。

3. 刑事责任

依照《专利法》和《刑法》的规定，假冒他人专利，情节严重的，应对直接责任人员追究刑事责任。

根据《专利法》的规定，侵犯专利权的诉讼时效为二年，自专利权人或者利害关系人得知或者应当得知侵权行为之日起计算。

发明专利申请公布后至专利权授予前使用该发明未支付适当使用费的,专利权人要求支付使用费的诉讼时效为二年,自专利权人得知或者应当得知他人使用其发明之日起计算,但是,专利权人于专利权授予之日前即已得知或者应当得知的,自专利权授予之日起计算。

第四节　著作权法

一、著作权和著作权法的概念

(一)著作权的概念

著作权是指文学、艺术和科学等作品的作者或其他著作权人,在法定的期限内对其作品所依法享有的专有权利。

著作权,分为著作人格权与著作财产权。其中著作人格权的内涵包括了公开发表权、姓名表示权及禁止他人以扭曲、变更方式,利用著作损害著作人名誉的权利。著作财产权是无形的财产权,是基于人类智识所产生之权利,故属知识产权之一种,包括重制权、公开口述权、公开播送权、公开上映权、公开演出权、公开传输权、公开展示权、改作权、散布权、出租权等等。著作权要保障的是思想的表达形式,而不是保护思想本身,在保障私人之财产权利益的同时,须兼顾文明之累积与知识之传播,算法、数学方法、技术或机器的设计均不属著作权所要保障的对象。

(二)著作权法的概念

著作权法是调整著作权人,作品传播者与公众之间因著作权及相关权益的取得、行使和保护而产生的人身关系和财产关系的法律规范的总称。

二、著作权的主体、客体和内容

(一)著作权的主体

著作权的主体即享有著作权权利和承担著作权义务的人,一般意义上的著作权主体包括:

1. 作者

创作作品的公民是作者。创作,是指产生文学、艺术和科学作品的智力活动。为他人创作进行组织工作,提供咨询意见、物质条件,或者进行了其他辅助工作,均不视为创作。创作是一种事实行为,而非法律行为,不受自然人行为能力状况的限制,但创作成果必须符合作品的条件,创作主体才能取得作者身份。

2. 继受人

继受人,是指因发生继承、赠与、遗赠或受让等法律事实而取得著作财产权的人。继受包括继承人、受赠人、受遗赠人、受让人、作品原件的合法持有人和国家。继受著作权人只能成为著作财产权的继受主体,而不能成为著作人身权的继受主体,因著作人身权具有不可转让性。

3. 外国人和无国籍人

只要符合下列条件之一,外国人、无国籍人的作品即受我国著作权法保护:

（1）外国人、无国籍人的作品根据其作者所属国或者经常居住地国同中国签订的协议或者共同参加的国际条约享有著作权的；

（2）其作品首先在中国境内出版的。在中国境外首先出版，30日内又在中国境内出版的，视为该作品同时在中国境内出版；

（3）未与中国签订协议或者共同参加国际条约的国家的作者以及无国籍人的作品首次在中国参加的国际条约的成员国出版的，或者在成员国和非成员国同时出版的。

（二）著作权的客体

著作权客体是指著作权法保护的文学、艺术和自然科学等领域内的作品。著作权客体作品的分类：

（1）文字作品；

（2）口述作品；

（3）音乐、戏剧、曲艺、舞蹈、杂技艺术作品；

（4）美术、建筑作品；

（5）摄影作品；

（6）电影作品和以类似摄制电影的方法创作的作品；

（7）工程设计图、产品设计图、地图、示意图等图形作品和模型作品；

（8）计算机软件；

（9）法律、行政法规规定的其他作品。

根据《著作权法》的相关规定，依法禁止出版、传播的作品，不受本法保护；著作权人行使著作权，不得违反宪法和法律，不得损害公共利益。《著作权法》不适用于：①法律、法规，国家机关的决议、决定、命令和其他具有立法、行政、司法性质的文件，及其官方正式译文；②时事新闻；③历法、通用数表、通用表格和公式。

（三）著作权的内容

（1）著作权的人身权包括：

① 发表权，即决定作品是否公之于众的权利；

② 署名权，即表明作者身份，在作品上署名的权利；

③ 修改权，即修改或者授权他人修改作品的权利；

④ 保护作品完整权，即保护作品不受歪曲、篡改的权利。

（2）著作权的财产权包括：

① 复制权，即以印刷、复印、拓印、录音、录像、翻录、翻拍等方式将作品制作一份或者多份的权利；

② 发行权，即以出售或者赠与方式向公众提供作品的原件或者复制件的权利；

③ 出租权，即有偿许可他人临时使用电影作品和以类似摄制电影的方法创作的作品、计算机软件的权利，计算机软件不是出租的主要标的的除外；

④ 展览权，即公开陈列美术作品、摄影作品的原件或者复制件的权利；

⑤ 表演权，即公开表演作品，以及用各种手段公开播送作品的表演的权利；

⑥ 放映权，即通过放映机、幻灯机等技术设备公开再现美术、摄影、电影和以类似摄制电影的方法创作的作品等的权利；

⑦ 广播权，即以无线方式公开广播或者传播作品，以有线传播或者转播的方式向公众传

播广播的作品,以及通过扩音器或者其他传送符号、声音、图像的类似工具向公众传播广播的作品的权利;

⑧ 信息网络传播权,即以有线或者无线方式向公众提供作品,使公众可以在其个人选定的时间和地点获得作品的权利;

⑨ 摄制权,即以摄制电影或者以类似摄制电影的方法将作品固定在载体上的权利;

⑩ 改编权,即改变作品,创作出具有独创性的新作品的权利;

⑪ 翻译权,即将作品从一种语言文字转换成另一种语言文字的权利;

⑫ 汇编权,即将作品或者作品的片段通过选择或者编排,汇集成新作品的权利。

著作权人可以全部或部分转让上述权利,并依照约定或者《著作权法》有关规定获得报酬。

小小陪审员

黄黎民是某大学教授,1993年他将自己编写的教案借给同事陈某作备课参考。一年以后,陈某主动提出,愿为黄黎民教授将教案作些文字加工,然后交出版社出版,黄教授表示同意,并表示事后给予陈某一定的物质酬劳。但不久之后,陈某即携稿出国,去后一直杳无音讯。1996年春黄教授去世。2005年3月,黄教授家属偶然得知:10年前携稿出国的陈某已经是某国科研所的研究员了,而陈某早已于出国后不久即1995年将黄教授的教案以自己的名义出版了,先后得稿费折合人民币100万元。黄教授的家属非常气愤,就向陈某提出,全部稿费应归黄教授所有,并拟收回版权,然后以黄教授的名义在中国出版。陈某则表示,该书是他与黄教授合作的结果,只同意向黄教授家属支付一半的稿费,并且不同意其家属收回版权,只同意以后再版时加署黄教授的姓名。

焦点问题:

(1) 陈某是不是合作作者?

(2) 黄教授家属的要求是否合理?

(3) 陈某对该作品享有什么权利?本案应当如何处理?

法理分析:(小组讨论)

判定结果:(小组讨论)

三、著作权的保护期

(一) 著作权的保护期

(1) 作者的署名权、修改权、保护作品完整权的保护期不受限制。

(2) 公民的作品,其发表权和财产权的保护期为作者终生及其死亡后五十年,截止于作者死亡后第五十年的12月31日;如果是合作作品,截止于最后死亡的作者死亡后第五十年的12月31日。

(3) 法人或者其他组织的作品、著作权(署名权除外)由法人或者其他组织享有的职务作品,其发表权和财产权的保护期为五十年,截止于作品首次发表后第五十年的12月31日,但作品自创作完成后五十年内未发表的,《著作权法》不再保护。

电影作品和以类似摄制电影的方法创作的作品、摄影作品,其发表权和财产权的保护期为五十年,截止于作品首次发表后第五十年的12月31日,但作品自创作完成后五十年内未发表的,《著作权法》不再保护。

小小陪审员

甲是一名画家。2001年,甲花一个月的时间,创作了一副题为"山中山"的山水画。同年12月被某省图书馆收藏。当时双方曾达成书面协议,约定图书馆支付甲8800元。该画为图书馆永久收藏。2002年1月,甲死亡。2002年10月,某美术出版社出版了一套以国画作品为主的挂历,极为畅销。其中一幅就是该图书馆提供、由甲完成的作品,图书馆因此获得三万元。甲的子女认为,图书馆未经该画的著作权人同意,擅自将该画提供给某美术出版社印制挂历,属于侵犯著作权的行为。为此,要求图书馆负民事责任。图书馆则认为,甲的该画早已为其收购,就像其他买卖一样,图书馆作为买方对自己所购买的物品可以随意处置,钱货两清,图书馆与甲的继承人之间不再有任何关系,因而拒绝甲的子女的要求。甲的子女便向法院起诉。

焦点问题:
(1) 本案中的图书馆对甲所创作的山水画享有何种权利?为什么?
(2) 甲的子女对甲的山水画享有何种权利?为什么?
(3) 本案应该如何处理?

法理分析:(小组讨论)

判定结果:(小组讨论)

(二)著作权的限制

在下列情况下使用作品,可以不经著作权人许可,不向其支付报酬,但应当指明作者姓名、作品名称,并且不得侵犯著作权人依照《著作权法》享有的其他权利:

(1) 为个人学习、研究或者欣赏,使用他人已经发表的作品;

(2) 为介绍、评论某一作品或者说明某一问题,在作品中适当引用他人已经发表的作品;

(3) 为报道时事新闻,在报纸、期刊、广播电台、电视台等媒体中不可避免地再现或者引用已经发表的作品;

(4) 报纸、期刊、广播电台、电视台等媒体刊登或者播放其他报纸、期刊、广播电台、电视台等媒体已经发表的关于政治、经济、宗教问题的时事性文章,但作者声明不许刊登、播放的除外;

(5) 报纸、期刊、广播电台、电视台等媒体刊登或者播放在公众集会上发表的讲话,但作者声明不许刊登、播放的除外;

(6) 为学校课堂教学或者科学研究,翻译或者少量复制已经发表的作品,供教学或者科研人员使用,但不得出版发行;

(7) 国家机关为执行公务在合理范围内使用已经发表的作品;

(8) 图书馆、档案馆、纪念馆、博物馆、美术馆等为陈列或者保存版本的需要,复制本馆收藏的作品;

(9) 免费表演已经发表的作品,该表演未向公众收取费用,也未向表演者支付报酬;

(10) 对设置或者陈列在室外公共场所的艺术作品进行临摹、绘画、摄影、录像;

(11) 将中国公民、法人或者其他组织已经发表的以汉语言文字创作的作品翻译成少数民族语言文字作品在国内出版发行;

(12) 将已经发表的作品改成盲文出版。

上述规定适用于对出版者、表演者、录音录像制作者、广播电台、电视台的权利的限制。

四、著作权许可使用和转让合同

(一) 著作权许可合同

除《著作权法》规定另有规定以外,使用他人作品应当同著作权人订立许可使用合同,许可使用合同包括下列主要内容:

(1) 许可使用的权利种类;

(2) 许可使用的权利是专有使用权或者非专有使用权;

(3) 许可使用的地域范围、期间;

(4) 付酬标准和办法;

(5) 违约责任;

(6) 双方认为需要约定的其他内容。

(二) 著作权的转让合同

转让著作权中的财产权,应当订立书面合同。权利转让合同包括下列主要内容:

(1) 作品的名称;

(2) 转让的权利种类、地域范围;

(3) 转让价金;

(4) 交付转让价金的日期和方式;

(5) 违约责任;

(6) 双方认为需要约定的其他内容。

五、著作权的保护

侵害著作权保护应承担的法律责任:

(一) 民事责任

有下列侵权行为的,应当根据情况,承担停止侵害、消除影响、赔礼道歉、赔偿损失等民事责任:

(1) 未经著作权人许可,发表其作品的;

(2) 未经合作作者许可,将与他人合作创作的作品当作自己单独创作的作品发表的;

(3) 没有参加创作,为谋取个人名利,在他人作品上署名的;

(4) 歪曲、篡改他人作品的;

(5) 剽窃他人作品的;

(6) 未经著作权人许可,以展览、摄制电影和以类似摄制电影的方法使用作品,或者以改编、翻译、注释等方式使用作品的,《著作权法》另有规定的除外;

(7) 使用他人作品,应当支付报酬而未支付的;

(8) 未经电影作品和以类似摄制电影的方法创作的作品、计算机软件、录音录像制品的著

作权人或者与著作权有关的权利人许可,出租其作品或者录音录像制品的,《著作权法》另有规定的除外;

(9) 未经出版者许可,使用其出版的图书、期刊的版式设计的;

(10) 未经表演者许可,从现场直播或者公开传送其现场表演,或者录制其表演的;

(11) 其他侵犯著作权以及与著作权有关的权益的行为。

小小陪审员

此前,甲作曲、乙填词,共同创作抒情歌曲《初恋》。后来,甲无意间在同事家听到一首名为《热恋》的低格调的歌曲,与他所创作的《初恋》曲调完全一样。一看盒带上署名为甲作曲、乙填词。甲又气又羞,去谴责乙,声称乙侵犯了自己的著作权,要求停止侵害,并赔偿损失。乙辩称,原歌系合作,自己只改了自己填了的歌词部分,这是法律所允许的,拒绝了甲的上述要求。甲无奈,诉诸法院。

焦点问题:
乙的这一行为是否侵权?
法理分析:(小组讨论)
判定结果:(小组讨论)

(二) 行政、刑事责任

有下列侵权行为的,应当根据情况,承担停止侵害、消除影响、赔礼道歉、赔偿损失等民事责任;同时损害公共利益的,可以由著作权行政管理部门责令停止侵权行为,没收违法所得,没收、销毁侵权复制品,并可处以罚款;情节严重的,著作权行政管理部门还可以没收主要用于制作侵权复制品的材料、工具、设备等;构成犯罪的,依法追究刑事责任:

(1) 未经著作权人许可,复制、发行、表演、放映、广播、汇编、通过信息网络向公众传播其作品的,《著作权法》另有规定的除外;

(2) 出版他人享有专有出版权的图书的;

(3) 未经表演者许可,复制、发行录有其表演的录音录像制品,或者通过信息网络向公众传播其表演的,《著作权法》另有规定的除外;

(4) 未经录音录像制作者许可,复制、发行、通过信息网络向公众传播其制作的录音录像制品的,《著作权法》另有规定的除外;

(5) 未经许可,播放或者复制广播、电视的,《著作权法》另有规定的除外;

(6) 未经著作权人或者与著作权有关的权利人许可,故意避开或者破坏权利人为其作品、录音录像制品等采取的保护著作权或者与著作权有关的权利的技术措施的,法律、行政法规另有规定的除外;

(7) 未经著作权人或者与著作权有关的权利人许可,故意删除或者改变作品、录音录像制品等的权利管理电子信息的,法律、行政法规另有规定的除外;

(8) 制作、出售假冒他人署名的作品的。

小小陪审员

2001年5月,中国一少年儿童出版社从比利时独家引进出版了彩色绘图本《丁丁历险记》图书。同年7月,该社接到读者举报,称在市场上购买的《丁丁历险记》书中有大量的错页现象,出版社经核实后确认此书为盗版。后经调查发现,盗版系该社对外合作部编辑钟自仁利用职务之便复制,由做印刷业务的苏志坤负责联系制版及印刷复制工作,由陈涞伪造委印手续,分别联系北京冶金大业印刷有限公司等多家印刷厂分别盗印连环画册《丁丁历险记》5000套,在北京市金星印务有限公司、北京市通州胡各庄西堡村装订厂将盗印画册装订成册,违法经营额达270余万元。

焦点问题:
参与盗版的人员违反了什么法?会受到怎样的处罚?

法理分析:(小组讨论)

判定结果:(小组讨论)

学以致用

网上查阅资料:加多宝与王老吉之争,完成小论文:从"加多宝与王老吉之争"谈谈企业如何保护知识产权及自己感想。

要求:
1. 案例陈述(案情介绍争议焦点已有审判结果);
2. 理论分析及启示(理论分析与启示部分写自己所思所感,禁抄袭);
3. 案例争议焦点归纳准确,有明晰观点,内容层次清晰,且具有逻辑性理论分析,分析定要有深度。

知识巩固练习

一、重要概念

知识产权　商标　优先权　商标的续展　专利权　职务发明　合法受让人　实用新型标识权　著作权

二、简述题

1. 知识产权的特征有哪些?
2. 商标的分类有哪些?
3. 商标的取得方式是什么?
4. 商标注册的原则是什么?
5. 商标的期限是多少年?
6. 不得授予专利权的客体有哪些?

7. 不视为侵犯专利权的行为有哪几种？
8. 专利申请的原则是什么？
9. 专利的期限是多少年？
10. 著作权的保护期是多久？

三、案例分析

【案例一】

某市无线电厂生产的"散花"牌收音机，十分畅销。《商标法》公布后，无线电厂及时进行了注册，获得了该商标的专用权。但是好景不长。1994年2月，该无线电厂接到多次顾客投诉，称所购散花牌收音机质量低劣，用不了几天就坏了。该厂立即对产品进行质量检验，并未发现问题。待对投诉顾客购买的收音机检查之后，发现此种收音机根本不是该厂所生产，只是收音机的外型和商标相同，致使顾客误认为是该厂产品。经查，原来这种收音机是某市无线电二厂所为。又经过深入调查，发现无线电二厂所用商标是一无业游民李某勾结市印刷厂印刷的，由市印刷厂印好后交给李某，再由李某卖给无线电二厂，无线电二厂装配后又委托市家电经销部代为销售。家电经销部原先并不知是假冒收音机，后见质量低劣向无线电二厂询问才知，但见销路挺好，获利颇丰，也就不再追究下去。同时该经销部还勾结市邮局职工左某为此种假冒收音机的邮购提供方便，以此使该伪劣收音机大量流向外地。由于无线电厂的产品被假冒，使其蒙受巨大损失，该厂与无线电二厂多次进行交涉无果，遂向市人民法院以无线电二厂侵权为由提起诉讼，要求无线电二厂停止侵权行为，赔偿因此所受损失人民币80万元。人民法院受理案件后，追加市印刷厂、李某、左某、市家电经销部为共同被告，一并审理。

问题：

1. 本案中，共有多少个单位和个人侵犯了无线电厂的商标专用权？请逐一指出并说明实施了何种侵权行为。
2. 如侵权行为人违法数额较大，构成犯罪，那么哪些单位和个人应被追究刑事责任？对于单位犯罪的，该如何处罚？
3. 假设无线电厂未向人民法院起诉，而请求市工商行政管理部门处理，请问市工商局可以采取哪些措施？处理结果的法律效力如何？即若当事人不履行可否强制执行？
4. 假设无线电二厂生产的"散花"牌产品是录音机，虽然商标一样，但产品不同，是否构成侵权？
5. 假设法院判决各侵权人赔偿无线电厂的损失，如何计算赔偿额？
6. 法律对于商标标识有何要求？你知道商标标识有哪几种？各举一例。

【案例二】

某事业单位在北京2008年奥运会倒计时600天时，开展了迎奥运宣传活动，未经授权，在单位的宣传栏里张贴了"新北京，新奥运，新××"。（××为该单位简称宣传口号）

问题：

该单位进行的宣传活动，是否侵犯了奥林匹克知识产权？

【案例三】

周某生前与石某创作一部《生物遗传学》，并与春阳出版社签订图书出版合同。石某认为这部著作是他和周某合作作品,著作权应由他俩共同享有,现在周某去世,著作权就应该由其一人享有了。于是,他独得了出书的稿酬。周某的子女得知后,起诉石某侵犯了他们作为周某的继承人所应享有的著作权。

问题:

周某子女的起诉理由合理吗?

【案例四】

某甲将不适用于著作权法保护的时事新闻、已超过保护期限的作品汇编成册。而某乙又擅自翻印这些小册子共 3000 份。

问题:

某乙行为是否构成侵权?

第五章 产品质量法律制度

案例导入

【案例回放】

张某于展览会上向某皮衣厂购得2100元的皮衣一件,并看到"当面检验,概不退货"八个字。回来后发现皮衣脱皮,质量不合格。张某要求退货,被拒绝。张某于是向电视台公布,并对皮衣厂进行曝光,使得皮衣厂销售量大减。皮衣厂告张某侵犯其名誉权,要求赔礼道歉,并赔偿经济损失。

1. 皮衣厂八个字是否有效?
2. 皮衣厂告张某的侵犯是否成立?
3. 张某是否承担违约责任?
4. 皮衣厂是否承担产品责任?

【以案析法】

1. 那八个字属于格式条款,也就是霸王条款,是肯定无效的,这条条款免除了商家的质量保证义务,排除消费者进行补救的权利,根据《合同法》的规定,属于无效的格式条款。

2. 不成立。张某的行为从表面上看造成了皮衣厂的销量减少,但是并不属于侵权行为,而是维护自己权益的合法行为,他有权利采取社会监督的方法来维护自己的权益;从本质上来说,造成皮衣厂销量下降是因为其产品确实存在质量问题,张某的行为与皮衣厂销量下降并没有本质的因果关系。而且张某主观上并没有过错,不存在侵害他人权益的故意或者过失,这种行为是值得鼓励的行为。张某的行为不符合侵权行为的构成要件,所以不成立侵权。

3. 张某也无需承担违约责任。因为张某跟皮衣厂的买卖合同里,并没有规定张某不得向媒体公布这样的义务,也就不存在违约的问题。

4. 皮衣厂对其生产的产品负有质量保证责任,因此应当承担产品责任,当售出的产品不具备产品应当具备的使用性能,应当负责修理、更换或者退货。

第一节 产品质量法概述

一、产品的含义

产品质量法所称产品是指经过加工、制作,用于销售的产品。

二、产品质量

（一）产品质量的概念

产品质量是指产品在正常或规定条件下，满足或符合用途或需求所必须具备的特征和特性的总和。

（二）产品质量的特性

不同的产品具有不同的特征和特性，通常包括使用性能、安全性、可用性、可靠性、可维修性、经济性和环境等几个方面。

1. 产品的使用性能

产品的使用性能是指产品在一定条件下，实现预定目的或者规定用途的能力。任何产品都具有其特定的使用目的或者用途。

2. 产品的安全性

产品的安全性是指产品在使用、储运、销售等过程中，保障人体健康和人身、财产安全免受损害的能力。

小小陪审员

梁女士在淘宝网天猫商城购买了某品牌电饭锅，店家表示购买该产品还送刀具、量米杯、移动插座等赠品。收到货品时，梁女士发现刀具质量很差，但外观上移动插座与普通的插座无异。在周末家庭聚餐时，正好电磁炉的电源线不够长，她便启用了这个5米长的移动插座。谁知，一家人正一边吃饭一边聊天时，闻到一股焦味，大家寻找时，发现角落里冒烟，电源线已经交错熔在一起，致使那里的地板上留下焦痕。

这款5米长的移动插座是一款名为"亨博"品牌的插座，在包装袋上，"制造商"是一个不完整的地址，梁女士通过百度搜索无果，而其标注的网址连字母都写错，也无法登录，是典型的"问题产品"。

梁女士拨打了淘宝网天猫服务热线，一名客服人员称，如果是商品有问题可以维权，但如果是赠品有问题，则无法维权。该客服人员称，他们对店家的赠品没有硬性要求，一般是由店家自主操作。

焦点问题：

有问题的插座，作为赠品不具备产品的安全性，而由此引发的对消费者的侵害，是否受到《产品质量法》的保护？

法理依据：（小组讨论）

判断结果：（小组讨论）

---

3. 产品的可靠性

产品的可靠性是指产品在规定条件和规定的时间内，完成规定功能的程度和能力。一般可用功能效率、平均寿命、失效率、平均故障时间、平均无故障工作时间等参量进行评定。

4. 产品的可维修性

产品的可维修性是指产品在发生故障以后,能迅速维修恢复其功能的能力。

5. 产品的经济性

产品的经济性是指产品的设计、制造、使用等各方面所付出或所消耗成本的程度。同时,亦包含其可获得经济利益的程度,即投入与产出的效益能力。

三、产品质量法

(一) 产品质量法的概念

产品质量法是指为了调整产品生产与销售以及对产品质量监督管理过程中所形成的法律规范的总称。

(二) 产品质量法的调整对象

产品质量法的调整对象主要包括产品质量监督管理、产品质量责任、产品质量损害赔偿和处理产品质量争议等方面。

(三) 产品质量法的适用范围

产品质量法适用于中华人民共和国境内一切从事产品生产、销售活动的生产者和销售者。建设工程不适用本法规定;但是,建设工程使用的建筑材料、建筑构配件和设备,属于产品定义范围的,适用本法规定。

下列物品不适用产品质量法调整:

(1) 天然物品,如煤、油、水等;
(2) 农副产品;
(3) 初级加工品;
(4) 建筑工程;
(5) 专门用于军事的物品;
(6) 人体的器官及其组织体。

第二节 产品质量的监督管理

一、产品质量监督管理的含义

产品质量监督管理是指国家指定的产品质量专门机构,根据正式产品标准的规定,依照法定职权和法定程序,对企业产品质量所进行的监督性检验。

二、产品质量管理制度的主要内容

根据《产品质量法》规定,质量监督管理制度主要由下列内容构成:

(一) 产品质量检验合格制度

产品质量应当检验合格,不得以不合格产品冒充合格产品。可能危及人体健康和人身、财产安全的工业产品,必须符合保障人体健康和人身、财产安全的国家标准、行业标准;未制定国家标准、行业标准的,必须符合保障人体健康和人身、财产安全的要求。禁止生产、销售不符合保障人体健康和人身、财产安全的标准和要求的工业产品。

(二) 产品质量监督检查制度

国家对产品质量实行以抽查为主要方式的监督检查制度,对可能危及人体健康和人身、财产安全的产品,影响国计民生的重要工业产品以及消费者、有关组织反映有质量问题的产品进行抽查。

依据我国《产品质量法》的规定,抽查的样品应当在市场上或者企业成品仓库内的待销产品中随机抽取。监督抽查工作由国务院产品质量监督部门规划和组织,县级以上地方产品质量监督部门在本行政区域内也可以组织监督抽查。

监督抽查的产品质量不合格的,由实施监督抽查的产品质量监督部门责令其生产者、销售者限期改正。逾期不改正的,由县级以上人民政府产品质量监督部门予以公告;公告后经复查仍不合格的,责令停业,限期整顿;整顿期满后经复查产品质量仍不合格的,吊销营业执照。生产者、销售者对抽查检验的结果有异议的,可以自收到检验结果之日起十五日内向实施监督抽查的产品质量监督部门或者其上级产品质量监督部门申请复检,由受理复检的产品质量监督部门作出复检结论。

(三) 企业质量体系认证制度及产品质量认证制度

1. 企业质量体系认证制度

国家根据国际通用的质量管理标准,推行企业质量体系认证制度。企业根据自愿原则可以向国务院产品质量监督部门认可的或者国务院产品质量监督部门授权的部门认可的认证机构申请企业质量体系认证。经认证合格的,由认证机构颁发企业质量体系认证证书。

> **深度链接**
>
> **ISO 国际标准化组织**
>
> ISO 是目前世界上最大、最有权威性的国际标准化专门机构。其成员由来自世界上 117 个国家和地区的国家标准化团体组成,代表中国参加 ISO 的国家机构是中国国家技术监督局(CSBTS)。
>
> ISO 国际标准化组织和 IEC(国际电工委员会)、ITU(国际电信联盟)成为目前世界上三个最主要的国际标准化组织,对全球的经济和市场发展起着极其重要的技术推动作用。

2. 产品质量认证制度

国家参照国际先进的产品标准和技术要求,推行产品质量认证制度。企业根据自愿原则可以向国务院产品质量监督部门认可的或者国务院产品质量监督部门授权的部门认可的认证机构申请产品质量认证。经认证合格的,由认证机构颁发产品质量认证证书,准许企业在产品或者其包装上使用产品质量认证标志。

> **深度链接**
>
> **企业申请产品质量认证的基本条件**
>
> 企业申请产品质量认证必须具备四个基本条件:
>
> 1. 中国企业持有工商行政管理部门颁发的《企业法人营业执照》;外国企业持有有关部门机构的登记注册证明。
>
> 2. 申请产品质量认证的产品,其质量稳定,能正常批量生产。质量稳定指的是产品在一年以上连续抽查合格。小批量生产的产品,不能代表产品质量的稳定情况,必须正式成批生产产品的企业,才能有资格申请认证。
>
> 3. 申请产品质量认证的产品,其质量应当符合国家标准、行业标准及其补充技术要求,或符合国务院标准化行政主管部门确认的标准。这里所说的标准是指具有国际水平的国家标准或行业标准。产品是否符合标准需由国家质量技术监督局确认和批准的检验机构进行抽样检验予以证明。
>
> 4. 申请产品质量认证的企业,其企业质量体系符合ISO9000质量认证体系的标准。

3. 产品质量认证制度与企业质量体系认证的区别

产品质量认证体系与企业质量体系认证的区别有以下几个方面:

(1) 产品质量认证制度所认证的对象不是企业的质量体系,而是企业生产的某一产品;

(2) 产品质量认证制度所认证依据的标准不是质量管理标准,而是相关的产品标准;

(3) 产品质量认证制度所认证的结论不是证明企业质量体系是否符合质量管理标准,而是证明产品是否符合产品标准。

(四) 产品质量的社会监督制度

产品质量的提高,消费者权益的保护是关系全社会成员的事情,应当发挥全社会的力量来进行监督。

(1) 消费者有权就产品质量问题,向产品的生产者、销售者查询;向产品质量监督部门、工商行政管理部门及有关部门申诉,接受申诉的部门应当负责处理。

(2) 保护消费者权益的社会组织可以就消费者反映的产品质量问题建议有关部门负责处理,支持消费者对因产品质量造成的损害向人民法院起诉。

(3) 国务院和省、自治区、直辖市人民政府的产品质量监督部门应当定期发布其监督抽查的产品的质量状况公告。

(4) 产品质量监督部门或者其他国家机关以及产品质量检验机构不得向社会推荐生产者的产品;不得以对产品进行监制、监销等方式参与产品经营活动。

第三节 生产者、销售者的产品责任和义务

一、生产者的产品质量责任和义务

保证产品质量是产品生产者的首要义务。根据《产品质量法》有关规定,生产者的产品质

量责任和义务有以下几个方面：

（一）保证产品的内在质量

产品的内在质量包括以下几个方面：

（1）不存在危及人身、财产安全的不合理的危险，有保障人体健康和人身、财产安全的国家标准、行业标准的，应当符合该标准；

（2）具备产品应当具备的使用性能，但是，对产品存在使用性能的瑕疵作出说明的除外；

（3）符合在产品或者其包装上注明采用的产品标准，符合以产品说明、实物样品等方式表明的质量状况。

（二）产品或者其包装上的标识必须符合规定

产品或者包装上的标识必须符合以下规定：

（1）有产品质量检验合格证明；

（2）有中文标明的产品名称、生产厂厂名和厂址；

（3）根据产品的特点和使用要求，需要标明产品规格、等级、所含主要成份的名称和含量的，用中文相应予以标明；需要事先让消费者知晓的，应当在外包装上标明，或者预先向消费者提供有关资料。

小小陪审员

在某商家促销活动中，田某花了2699元购买了未拆封的型号为RQ1085飞利浦电动剃须刀盒装一件。

田某回家后拆开外包装，发现盒内装的是型号为RQ1060的剃须刀、型号为HQ8500的充电器、型号为RQ1000的清洁器的组合产品。上网一查，RQ1060型号的电动剃须刀价格仅为1082元。田某认为商家拿错了货物，返回商场飞利浦剃须刀专柜，要求商家更换型号为RQ1085的剃须刀。

商家遂与供货商飞利浦公司联系。公司称，自飞利浦剃须刀产品进入中国市场以来，所有外包装标注"飞利浦RQ1085"剃须刀产品都是由RQ1060电动剃须刀、HQ8500充电器及RQ1000高效能清洁器组成。田某认为商家与公司存在消费欺诈行为，要求提供型号为RQ1085电动剃须刀，或就消费欺诈行为赔礼道歉并赔偿损失。因协商未果，田某诉至法院。

焦点问题：

法院会支持田某的诉讼请求吗？

法理依据：（小组讨论）

判断结果：（小组讨论）

（4）限期使用的产品，应当在显著位置清晰地标明生产日期和安全使用期或者失效日期；

（5）使用不当，容易造成产品本身损坏或者可能危及人身、财产安全的产品，应当有警示标志或者中文警示说明；

（6）裸装的食品和其他根据产品的特点难以附加标识的裸装产品，可以不附加产品标识。

(三) 特殊产品符合包装要求

易碎、易燃、易爆、有毒、有腐蚀性、有放射性等危险物品以及储运中不能倒置和其他有特殊要求的产品,其包装质量必须符合相应要求,依照国家有关规定作出警示标志或者中文警示说明,标明储运注意事项。

(四) 不得违反《产品质量法》的禁止性规定

生产者不得违反的《产品质量法》的禁止性规定有以下几个方面:
(1) 生产者不得生产国家明令淘汰的产品;
(2) 生产者不得伪造产地,不得伪造或者冒用他人的厂名、厂址;
(3) 生产者不得伪造或者冒用认证标志等质量标志;
(4) 生产者生产产品,不得掺杂、掺假,不得以假充真、以次充好,不得以不合格产品冒充合格产品。

二、销售者的产品质量义务

《产品质量法》对销售者的产品质量义务,作了如下规定:
(1) 销售者应当建立并执行进货检查验收制度,验明产品合格证明和其他标识;
(2) 销售者应当采取措施,保持销售产品的质量;
(3) 销售者销售的产品的标识应当符合《产品质量法》的有关规定;
(4) 不得违反法律规定的禁止性规定。

第四节 产品质量侵权的损害赔偿

一、产品质量责任的构成要件

(一) 产品责任的概念

产品责任是指因产品存在缺陷,造成消费者、使用者或者他人的人身和财产损害时,产品的生产者、销售者应承担的赔偿责任。

(二) 产品质量责任的构成要件

1. 产品须有缺陷

产品缺陷是指产品存在危及人身、他人财产安全的不合理的危险;产品不符合保障人体健康,人身、财产安全的国家标准、行业标准。

> **深度链接**
>
> **产品缺陷**
>
> 缺陷包括设计上的缺陷、制造上的缺陷、指示上的缺陷、经营上的缺陷和开发上的缺陷。设计缺陷,是指产品在设计时在产品结构、配方等方面存在不合理的危险。制造缺

陷,是指生产者在制造过程中,违反对产品质量的监督、管理和控制的义务,致使产品具有危害人身或财产的危险性。指示上的缺陷是指未能对于产品在其使用上以及危险上应予注意的事项以适当的表示。经营缺陷,是指产品在经营过程中存在的不合理危险。开发上的缺陷主要是指依当时的科学水平尚不能发现的缺陷。

2. 有缺陷的产品造成人身或财产的损害事实

即有缺陷的产品造成消费者、使用者或其他第三人的人身或财产损害。

> **深度链接**
>
> **产品侵权责任中的损害事实**
>
> 产品侵权责任中的损害事实包括人身损害、财产损害和精神损害。人身损害包括致人死亡和致人伤残。财产损失,不是指缺陷产品本身的损失,即购买该产品所付价金的损失,而是指缺陷产品以外的其他财产的损失,其范围包括直接损失和间接损失。精神损害,是指缺陷产品致人损害,给受害人所造成的精神痛苦和感情创伤,一般不是指受害人名誉权等人格权或者人格利益的损害。

3. 产品缺陷与受害人的损害事实之间有因果关系

产品的缺陷与受害人的损害事实之间存在的引起与被引起的关系,产品缺陷是原因,损害事实是结果。

确认产品责任的因果关系,要由受害人证明。证明的内容是:损害是由于使用或消费有缺陷的产品所致。使用,是对可以多次利用的产品的利用、消费。受害人证明损害时,首先要证明缺陷产品曾经被使用或消费;其次要证明使用或消费该缺陷产品是损害发生的原因。

> **小小陪审员**
>
> 2004 年 7 月 28 日,北京市气候炎热异常,于某为招待来访的朋友,从某商场买了几瓶冰镇的啤酒来喝。于某在打开一瓶啤酒时,"砰"地一声,瓶体爆炸了,泡沫及玻璃碎片满地都是。于某的双手被划破,脸部刺了一道很深的切口,送医院缝了八针,花掉医药费 2000 元。之后,于某向法院起诉,要求维护其合法权益。经过法院调查。于某开瓶没有过错,而是厂家的啤酒瓶质量不合格,因气温高而发生爆炸。
>
> **焦点问题:**
> (1) 于某在本案中获得救济的前提条件是什么?
> (2) 于某的损失由谁来赔偿?
>
> **法理依据:**(小组讨论)
> **判断结果:**(小组讨论)

二、产品质量侵权的损害赔偿

(一) 销售者承担产品质量侵权损害赔偿的条件

销售者售出的产品有下列情形之一的,销售者应当负责修理、更换、退货;给购买产品的消费者造成损失的,销售者应当赔偿损失:

(1) 不具备产品应当具备的使用性能而事先未作说明的;
(2) 不符合在产品或者其包装上注明采用的产品标准的;
(3) 不符合以产品说明、实物样品等方式表明的质量状况的。

销售者依照相关法律的规定负责修理、更换、退货、赔偿损失后,属于生产者的责任或者属于向销售者提供产品的其他销售者(以下简称供货者)的责任的,销售者有权向生产者、供货者追偿。

小小陪审员

王某在某百货公司买到一台冰箱,冰箱附有产品合格证。王某买回冰箱后6天,发现冰箱噪音太大,就去找百货公司交涉,百货公司说冰箱一开始使用时有些噪音是正常的,过一段时间就会好。没过多长时间,冰箱的制冷器又出了问题,到后来完全丧失了冷冻食品的功能,成了一个食品储藏柜。王某再去找百货公司,百货公司说冰箱不是他们生产的,冰箱不制冷属冰箱的技术问题,此事只有生产厂家才能解决,因此让王某去找生产厂家。王某觉得生产厂家离本市有上千公里,况且冰箱又不像小件物品,可以来回搬运,只有先找百货公司,让百货公司找生产厂家。王某遭到百货公司拒绝,于是王某即向人民法院起诉,要求百货公司对冰箱进行维修,如修理不好,应负责退货。

焦点问题:
某百货公司对售出的有瑕疵的产品是否负有责任?
法理依据:(小组讨论)
判断结果:(小组讨论)

(二) 生产者免责的条件

生产者能够证明有下列情形之一的,不承担赔偿责任:

(1) 未将产品投入流通的;
(2) 产品投入流通时,引起损害的缺陷尚不存在的;
(3) 将产品投入流通时的科学技术水平尚不能发现缺陷的存在的。

小小陪审员

刘某与某机械厂的王某是好朋友,一日李某到机械厂办事,顺便找王某聊天。刘某走时发现自行车没气了,就问王某有无气筒,王某顺手拿起一个气筒递给刘某说:"这是我们厂新出的一批气筒的样品,你用吧。"当刘某拿起气筒打气时,气筒栓塞脱落,栓塞飞到刘某脸上造成伤害,刘某花去医疗费1600元,要求机械厂予以赔偿。

焦点问题:
  机械厂是否应当承担损害赔偿责任?
法理依据:(小组讨论)
判断结果:(小组讨论)

三、产品质量损害赔偿的范围

  因产品存在缺陷造成人身、他人财产损害的,受害人可以向产品的生产者要求赔偿,也可以向产品的销售者要求赔偿。属于产品的生产者的责任,产品的销售者赔偿的,产品的销售者有权向产品的生产者追偿。属于产品的销售者的责任,产品的生产者赔偿的,产品的生产者有权向产品的销售者追偿。

  因产品存在缺陷造成受害人人身伤害的,侵害人应当赔偿医疗费、治疗期间的护理费、因误工减少的收入等费用;造成残疾的,还应当支付残疾者生活自助具费、生活补助费、残疾赔偿金以及由其扶养的人所必需的生活费等费用;造成受害人死亡的,并应当支付丧葬费、死亡赔偿金以及由死者生前扶养的人所必需的生活费等费用。

四、产品质量损害赔偿的纠纷处理

  因产品质量发生民事纠纷时,当事人可以通过协商或者调解解决。当事人不愿通过协商、调解解决或者协商、调解不成的,可以根据当事人各方的协议向仲裁机构申请仲裁;当事人各方没有达成仲裁协议或者仲裁协议无效的,可以直接向人民法院起诉。

五、产品质量损害赔偿的诉讼时效

  因产品存在缺陷造成损害要求赔偿的诉讼时效期间为二年,自当事人知道或者应当知道其权益受到损害时起计算。

小小陪审员

  丁某从市场买回一只高压锅,一开始高压锅能正常使用,未有异常。时过一年半,一天,丁某做饭时,高压锅发生爆炸,锅盖飞起,煤气灶被损坏,天花板被冲裂,玻璃震碎。发生事故后,丁某找高压锅的生产厂家某日用品厂要求赔偿。日用品厂提出,丁某买的锅,已经过去一年多了,早已过了规定的保修期,因此对发生的损害不负责任。丁某与日用品厂进行多次交涉未果。

焦点问题:
  该日用品厂的理由是否成立?

法理依据:（小组讨论）
判断结果:（小组讨论）

学以致用

根据下列案例为宋某拟写一份产品质量投诉信。

【案例】：宋某在商场购买一台彩色电视机,并附有产品合格证。宋某使用两个多月后,电视机出现图像不清的现象,后来音像全无。宋某去找商场要求更换,商场言称电视机不是他们生产的,宋某找电视机厂进行交涉。拟写一份产品质量投诉信。

一、重要概念

产品　产品质量　产品质量法　企业质量体系认证制度　产品质量认证制度　产品责任

二、简述题

1. 《产品质量法》的适用范围有哪些?
2. 产品质量的特性有哪些?
3. 产品质量的社会监督制度是什么?
4. 生产者的产品质量责任和义务有哪些?
5. 销售者的产品质量义务是什么?
6. 产品责任构成要件有哪些?
7. 售出产品给消费者造成损失,销售者应当赔偿损失的有哪几种情况?

三、案例分析

【案例一】

陆某为装修新买的房屋先后向恒成装饰材料门市部购买了138.27平方米的水曲柳实木地板,购买价人民币18711元。装修竣工后不久,陆某发现室内飞虫不断,越来越多,影响正常生活。陆某认为,飞虫系地板中所长出,显然地板质量不合格,故要求将已铺设使用的地板退货,并要求恒成材料门市部赔偿由此带来的经济损失。

问题:

1. 地板铺设后出现飞虫是否属于产品质量瑕疵?
2. 恒成装饰材料门市部是否要承担由此造成的经济损失?

【案例二】

李某到一家商场购买了一台新款冰箱。运回家后,发现只有产品质量检验合格报告,而没有产品合格证,遂找到商场要求退货。被商场拒绝,理由是有质检合格报告表明质量合格,没有产品合格证不等于冰箱质量不合格。

问题:
质量检验合格报告是否能够替代合格证?

【案例三】

原告华某为筹建一大型购物超市,在进行店面装潢过程中需要使用一批地面砖。2003年7月26日,华某与仇某经协商达成买卖地面砖的口头协议,由华某向仇某购买规格为50 cm×50 cm的地面砖469块,每块2.80元。后仇某派人将上述地面砖送至华某处,华某给付了部分货款,但是该批地面砖没有具体的生产厂名、厂址和产品合格证。同年8月初,华某将地面砖铺设完毕。8月5日,华某向仇某支付了其余货款。当日,仇某向华某出具收条一份,载明:收到华某瓷砖款1312元。同年8月中旬,华某购买的地面砖开始出现表面剥落和磨损等严重现象,其遂与仇某进行交涉,仇某也到现场进行了察看,但双方对如何处理纠纷未能达成一致意见。同年9月28日,华某向当地消费者协会投诉。此后,消协也多次组织双方进行协商,但未能达成一致协议。为此,华某一纸诉状将仇某送上了被告席。

庭审中,原告华某诉称,因装修需要向仇某购买的地面砖在铺设后仅使用了半个月就出现了表面大面积磨损现象,严重影响了我店面的形象,我向消费者协会投诉后,消协组织我们多次协商,但仇某拒绝作出相应的赔偿,导致调解未果,要求仇某双倍返还价款2624元、赔偿经济损失8722.75元。

被告仇某辩称,华某所购买的地面砖是最便宜的,当时讲好了"一分钱、一分货",质量不能保证,出现地面砖表面磨损现象可能是走动太多的原因造成的,只同意赔偿2000元损失。

问题:
销售者出售产品的价格便宜,是否就不需要对售出的产品承担质量保证的义务?

【案例四】

余某在某商厦花500元购买了一套名牌西服,按照该商厦"买100,送50"的规定,余某获得了该商厦250元的赠券。回家后,余某发现该西服做工粗糙,经工商部门认定,该西服确属假冒产品。于是,余某找到商厦,要求商厦退货,并给付一倍的赔偿。该商厦答应余某的要求时,向余某索要250元的赠券,由于余某已将该赠券在该商厦消费,无法退还,商厦便要求余某退250元现金。余某则认为,该赠券是商店无偿赠与的,就拒绝退还。该商厦却告诉余某,如果不将赠券退还,就拒绝退该西服和赔偿。

问题:
余某该不该退还赠券?

第六章　反不正当竞争法律制度

案例导入

【案例回放】

2011年8月5日至8月8日,某百货有限公司安阳分公司举行了抽奖式有奖销售活动,最高奖项为CK情侣表一对。2011年8月9日11时,某消费者凭购物小票抽中最高奖项CK情侣表一对,每块表价格2650元,合计5300元,中奖者领取奖品时当场交纳了个人所得税1040元。某百货有限公司安阳分公司举行了抽奖式有奖销售活动是否违反了《反不正当竞争法》?

【以案析法】

有奖销售作为一种促销手段,对于活跃商品流通、搞活企业有一定的积极作用。因此,国家法律允许抽奖式有奖销售的同时,限制规定最高金额不得超过5000元,其目的是杜绝设立巨奖有奖销售活动。巨奖销售活动的危害有:一是客观上损害了竞争对手的利益,造成了对竞争秩序的破坏;二是利用了消费者的侥幸心理、投机心理诱其购物,造成部分消费者偏离购物本意,极易忽略商品本身的质量、性能和价值;三是使消费成本增加,导致物价不合理上涨,损害消费者的利益。故某百货有限公司安阳分公司的抽奖式有奖销售活动违反了《反不正当竞争法》的相关规定。

第一节　反不正当竞争法概述

一、不正当竞争和反不正当竞争法

(一) 不正当竞争行为的概念

不正当竞争行为是指经营者违反《反不正当竞争法》的规定,损害其他经营者的合法权益,扰乱社会经济秩序的行为。

(二) 不正当竞争行为构成要件

(1) 不正当竞争行为主体为经营者;

经营者是从事商品经营和营利性服务的法人、其他经济组织和个人。这里所说的经营者强调的是从事了经营活动的主体,而不论其是否有法定资格或能力。

(2) 存在不正当竞争行为;

(3) 损害了其他经营者的合法权益;

(4) 行为主体存在主观过错。

(三) 不正当竞争行为的行为特征

(1) 它是一种竞争行为；
(2) 行为主体是违法竞争经营者；
(3) 它是一种违法行为；
(4) 它是一种侵权行为。

二、反不正当竞争法的原则

经营者在市场交易中，应当遵循自愿、平等、公平、诚实信用的原则，遵守公认的商业道德。我国反不正当竞争的原则主要有两项：

(一) 自愿、平等、公平原则

自愿、平等、公平原则即竞争者参加竞争的机会应是均等的、市场应是自由开放的。竞争者既不能强迫、胁迫或利诱交易对方与自己进行交易或不与其他竞争对手进行交易，也不能以大欺小，依强凌弱，不当利用自己的竞争优势。同时，竞争者应相互尊重对方的独立地位，不得为自己利益损害竞争对手的利益。

(二) 诚实信用、遵守公认商业道德的原则

经营者的任何经济活动都应以正当的，符合商业道德的手段实现其经济目的。诚信，也是相关的国际公约所普遍认可的原则，如《保护工业产权巴黎公约》中就有相关规定："凡在工商业事务中违反诚实的习惯做法的竞争行为构成不正当竞争的行为。"由此可见，诚信既是经营之本，也是知识产权法的核心，更是判断是否正当竞争的标尺。

第二节　不正当竞争行为的种类

我国的《反不正当竞争法》列举规定了11种不正当竞争行为，其中四种属于限制竞争行为，包括搭售、滥用独占优势、滥用行政权力、串通投标招标；另外七种属于不正当竞争行为，包括市场混淆、商业贿赂、引人误解的虚假宣传、侵犯商业秘密、低价倾销、违反规定的有奖销售、商业毁谤。

一、混淆行为

混淆行为是指经营者在市场经营活动中，以种种不实手法对自己的商品或服务作虚假表示、说明或承诺，或不当利用他人的智力劳动成果推销自己的商品或服务，使用户或者消费者产生误解，扰乱市场秩序，损害同业竞争者的利益或者消费者利益的行为。

(一) 假冒他人的注册商标

注册商标权是知识产权的重要权利之一。商标法对注册商标权的内容、行使方式、保护范围作了专门规定。反不正当竞争法将假冒他人的注册商标作为不正当竞争行为予以禁止，其立法意图是编织更严密的法网，使这种行为受到来自商标法和反不正当竞争法两方面的防范和制裁。因此，在法律责任上，反不正当竞争法规定对此种行为依据商标法加以处罚。若不能

适用商标法制裁,而行为人确实对他人注册商标造成损害的,可依据反不正当竞争法追究法律责任。

小小陪审员

1992年美国鸿利公司来华投资,经营餐饮业,并将其经营的餐厅一直冠以"美国加州牛肉面大王"名称,至今在北京已先后设有20余家"美国加州牛肉面大王"连锁店。美国鸿利公司的"红蓝白"装饰牌匾,于2005年11月3日在我国获得外观设计专利。2005年9月30日,美国鸿利公司向我国国家工商行政管理局申请将自用的"美国加州牛肉面大王"注册为服务商标,至2006年5月仍未获批准。2005年4月1日,北京馨燕快餐厅开业。自开业始,该餐厅的横幅牌匾即打出"美国加州牛肉面大王"名称,牌匾的颜色依次为红白蓝三色,霓虹灯招牌上亦标有"美国加州牛肉面大王"字样。2005年6月7日,经美国鸿利公司请求,北京市西城区展览路工商所责令北京馨燕快餐厅将其横幅牌匾上的"美国加州牛肉面大王"以及霓虹灯上的"国"、"州"两字除去。北京馨燕快餐厅仅将横幅牌及霓虹灯上的"国"、"州"两字除去,将横幅牌匾及霓虹灯上的字样改为"美加牛肉面大王","国"、"州"两字在横幅牌匾及霓虹灯上的空缺处仍在。为此,美国鸿利公司遂于2006年5月12日向北京市第一中级人民法院起诉。

焦点问题:
　　美国鸿利公司是否会胜诉?
法理依据:(小组讨论)
判定结果:(小组讨论)

(二) 与知名商品相混淆

擅自使用知名商品特有的名称、包装、装潢,或者使用与知名商品近似的名称、包装、装潢,造成和他人的知名商品相混淆,使购买者误认为是该知名商品的,构成不正当竞争行为。

深度链接

知名商品

所谓"知名商品",是指在市场上具有一定知名度,为相关公众所知悉的商品。所谓知名商品特有的名称,是指知名商品独有的与通用名称有显著区别的商品名称。

法律、行政规章之所以对知名商品特有的名称、包装、装潢进行保护,是因为商品特有的名称、包装、装潢是权利人创造性劳动的成果,在使用过程中,权利人投入一定的人力财力进行宣传,才使其由普通商品成为知名商品。他人擅自制造、使用、销售知名商品特有的名称、包装、装潢,目的在于利用其良好的商品信誉和一定的知名度推销自己的商品或牟取其他非法利益,其不正当属性是显而易见的。知名商品特有的名称、包装、装潢的归属,在有多人主张权利时,应当依照使用在先的原则予以认定。

(三) 擅自使用他人的企业名称或姓名,引人误认为是他人的商品

企业名称及自然人个人的姓名,是其拥有者最具特色的、最基本的识别性符号。企业名称权及姓名权是受法律保护的人格权中重要的组成部分。在市场经营活动中,企业名称和生产经营者的姓名是区分商品生产者、经营者或服务的提供者来源的重要标志,它能反映出该企业或该生产经营者的商品声誉及商业信誉。他人若要使用(无论出于什么目的)必须取得合法所有人的书面同意。擅自使用行为不仅侵犯他人的合法在先权利,也是对消费者的欺骗,对市场竞争规则的破坏。因此,反不正当竞争法予以明文禁止。

(四) 伪造、冒用各种质量标志和产地的行为

根据有关法律和行政规章的规定,中国质量标志主要包括产品质量认证标志及名优标志。

产品质量认证标志,是指企业通过申请,经国际国内权威认证机构认可,颁发给企业的表示产品质量已达认证标准的一种标志。使用认证标志,可提高商品的竞争力,增强用户的信任度。未经认证而伪造、冒用认证标志不仅践踏国家商品质量认证制度、使其形同虚设,而且还可能使含有事故隐患的商品流入市场,危及用户和消费者的生命或财产安全。反不正当竞争法将此种行为作为严重违法行为予以禁止。

产地名称是表示某项产品来源于某个国家或地区的说明性标志。当产品质量、特点与其产地存在某种固定联系时,产地名称所反映的不仅是产品与其产地之间的外部联系,同时还揭示出产品质量与产地之间的内在联系。

> **深度链接**
>
> **名优标志**
>
> 名优标志是一种荣誉性质量标志。国家给予产品的名优标志有金质奖章荣誉标志、银质奖章荣誉标志、"优"字标志三种。只有按照法定程序,经专门机构认定,方可获得并使用。伪造、冒用名优标志,有悖于诚实信用的商业道德,是十足的欺骗性行为,因而为反不正当竞争法所禁止。

二、虚假宣传

虚假宣传行为是指经营者利用广告和其他方法,对商品的质量、制作成分、性能、用途、生产者、有效期限、产地等作引人误解的虚假宣传。

广告的经营者不得在明知或者应知的情况下,代理、设计、制作、发布虚假广告。

> **小小陪审员**
>
> 2011年4月8日,林州市工商执法人员在市场巡查时发现,林州市某面粉公司生产销售的产品低糖营养小麦粉包装袋上说明内容为:"本品采用目前国际最先进的剖流制粉工艺,提取小麦中最富含营养成分且含糖量较低的部分,经南京大学粮食经济研究所及其他粮食科研部门检测,本品中含有丰富粗蛋白质、粗脂肪和大量的膳食纤维及人体必需的

天然微量元素；铁、锌、钙、镁、钾及维生素；B_1、B_2、B_6、E、烟酸、叶酸、肌醇、赖氨酸、抗氧化剂等大量营养成分，可预防抑制乳腺癌、结肠癌、前列腺癌、冠心病等的天然保护剂，有利于防止动脉硬化和胆结石，特别对糖尿病及身体肥胖症有特殊的食疗效果。"该公司成品仓库中有印有上述产品说明内容的低糖营养小麦粉24袋，在其材料仓库中有印有上述产品说明内容的包装袋3500条。林州市工商局从网上南京大学证明该校无"南京大学粮食经济研究所"机构，某面粉公司也未经其他粮食科研部门检测，不能提供相关的检测报告。

焦点问题：
　　林州市某面粉公司的行为是否违反了《反不正当竞争法》？
法理依据：（小组讨论）
判定结果：（小组讨论）

三、商业贿赂

　　商业贿赂是指经营者为争取交易机会，暗中给予交易对方有关人员或者其他能影响交易的相关人员以财物或其他好处的行为。

　　根据《反不正当竞争法》的相关规定，经营者不得采用财物或者其他手段进行贿赂以销售或者购买商品。在账外暗中给予对方单位或者个人回扣的，以行贿论处；对方单位或者个人在账外暗中收受回扣的，以受贿论处。

　　经营者销售或者购买商品，可以以明示方式给对方折扣，可以给中间人佣金。经营者给对方折扣、给中间人佣金的，必须如实入账。接受折扣、佣金的经营者必须如实入账。

深度链接

回扣

　　回扣是指卖方从买方支付的商品款项中按一定比例返还给买方的价款。按照是否采取账外暗中的方式，回扣可以简单分为两种，即账内明示的回扣、账外暗中的回扣。《反不正当竞争法》中规定的回扣，都是账外暗中的回扣。

　　回扣法律特征：

　　1. 账外暗中

　　"账外暗中"是指未在依法设立的反映其生产经营活动或者行政事业经费收支的财务账上按照财务会计制度规定明确如实记载，包括不记入财务账、转入其他财务账或者作假账等。也可以理解为，"账外"是指不入正规财务账，"暗中"是指不在合同、发票中明确表示。

　　2. 返还一定比例的价款

　　回扣是卖方返还买方的一定比例的商品价款。这一属性可以界定回扣款项的来源性质，即回扣不是卖方额外从别处拿出物品或金钱给予买方，回扣款是商品价款的一部分。另外，需要注意的是如果卖方是从别处拿出物品以给予买方，虽然不构成回扣，但它同样构成商业贿赂，这也是回扣与商业贿赂的一点区别。

3. 收受人为对方单位或个人

回扣是卖方退给买方单位或者个人的,它决定了回扣的方向,是卖方退给买方,方向固定,不包括买方给卖方。同样,需要注意的是如果买方为购得某种紧俏商品,以给付实物、金钱为诱饵,在账外暗中给予卖方一部分款项,这也是种商业贿赂行为,但仍不是回扣,只是商业贿赂的典型形式。

小小陪审员

某经销公司所在地的夏季气候十分炎热,凉席的销路一向很好。2006年春,该公司购买了一批井冈山产的凉席,准备在夏季卖出。但该年夏季气候反常,比往年夏季气温低许多,这样就造成该公司的凉席销路不好,在仓库内积压。为了销售积压的凉席,收回资金,该公司经理决定用奖励的方法来促销凉席,即将购买凉席的价款的10%给予购买者。恰在此时,有一企业招待所的采购员李某来到该公司购买凉席100张,经双方协商,达成协议:李某所买凉席货款的10%称该公司给李某的奖励;对于这部分"奖励",双方均不入财务账。在李某买走凉席后,该经销公司又用同一种方法推销其积压的凉席,库存凉席很快便销售一空。

焦点问题:
某经销公司的行为是否违反了《反不正当竞争法》?
法理依据:(小组讨论)
判定结果:(小组讨论)

四、侵犯商业秘密

(一) 商业秘密的概念

商业秘密是指不为公众所知悉,能为权利人带来经济利益,具有实用性并经权利人采取保密措施的技术信息和经营信息。商业秘密权是权利人劳动成果的结晶,商业秘密权是权利人拥有的一种无形财产权,《反不正当竞争法》将侵犯商业秘密行为作为不正当竞争行为予以禁止是十分必要的。商业秘密不同于专利和注册商标,它可以为多个权利主体同时拥有和使用,只要获得及使用手段合法。如自主研究开发,或者通过反向工程破译他人商业秘密等。

(二) 侵犯商业秘密行为

侵犯商业秘密行为是指以不正当手段获取、披露、使用他人商业秘密的行为。《反不正当竞争法》相关条例指出,经营者不得采用下列手段侵犯商业秘密:

(1) 以盗窃、利诱、胁迫或者其他不正当手段获取权利人的商业秘密;
(2) 披露、使用或者允许他人使用以前项手段获取的权利人的商业秘密;
(3) 违反约定或者违反权利人有关保守商业秘密的要求,披露、使用或者允许他人使用其所掌握的商业秘密。

深度链接

认定侵犯商业秘密需要排除的两种行为

1. 反向工程

反向工程是指通过技术手段对从公开渠道取得的产品进行拆卸、测绘、分析等而获得该产品的有关技术信息。通过自行研发研制或者反向工程等方式获得的商业秘密,不认定为侵犯商业秘密行为。但是,当事人以不正当手段知悉他人的商业秘密之后,又以反向工程为由主张获取行为合法的,不予支持。

2. 商业秘密中的客户名单

一般是指客户的名称、地址、联系方式以及交易的习惯、意向、内容等构成的,区别于相关公众所知信息的特殊客户信息,包括汇集众多客户的客户名册,以及保持长期稳定交易关系的特定客户。

小小陪审员

镉镍电池制造技术是原告某研究所于1965年研究开发出的技术成果。该成果于1992年8月通过中国电子工业总公司鉴定,该鉴定认为此技术性能达到国际同类产品二十世纪八十年代以来先进水平,并居国内同类产品的领先地位。氢镍电池技术是国家下达的重点工程项目,该所于1990年开始研制,于2005年通过所级鉴定,结论为其能量高于镉镍电池1.5~2.0倍,综合性能居国内领先地位。上述两种电池制造技术成果均已经过测试,形成生产能力。该研究所已向国内多家企业有偿转让该技术,每家技术转让费为人民币300~350万。被告孙明于1977年至1989年在该所任镉镍电池课题组长,1990年至2005年7月任氢镍电池课题组长,高级工程师。原告所在的某研究所为了保护其商业秘密,于1985年制定"(85)所字第122号《保密工作暂行规定》",其中保密范围包括镉镍、氢镍电池制造技术。1991年3月,孙明在该所制定的"谁主管谁负责,防丢失和泄密"的班组长治安安全工作保证书上签字。2005年5月,被告开关厂到该研究所处洽谈转让镉镍、氢镍电池制造技术事宜,原告所在的研究所由孙明、鲁捷出面洽谈,但未能达成协议。同年8月,上述被告开关厂与孙明达成协议,约定给付孙明、鲁捷20万元风险金,提供住宅一套,孙明、鲁捷将其掌握的镉镍、氢镍电池技术作为股份投资共同建立抚天公司。2005年8月抚天公司成立,同年9月生产出镉镍、氢镍电池。2005年10月30日,孙明调离原研究所,调离时未按规定将其使用的技术手册交回。2006年3月,孙明进入抚天公司任总工程师,并获得该公司提供的20万元存单,同年12月搬入上述住宅。

焦点问题:
孙某的行为是否违反了《反不正当竞争法》?

法理依据:(小组讨论)

判定结果:(小组讨论)

五、低价倾销

低价倾销行为是指经营者以排挤竞争对手为目的,以低于成本的价格销售商品。

根据我国《反不正当竞争法》的相关规定,经营者不得以排挤竞争对手为目的,以低于成本的价格销售商品。经营者不得为排挤竞争对手或独占市场,以低于成本的价格倾销,扰乱正常的生产经营秩序,损害国家利益或者其他经营者的合法权益。

有下列情形之一的,不属于不正当竞争行为:

(1) 销售鲜活商品;

(2) 处理有效期限即将到期的商品或者其他积压的商品;

(3) 季节性降价;

(4) 因清偿债务、转产、歇业降价销售商品。

小小陪审员

2012年8月,春花纸厂推出"玫瑰"牌餐巾纸,每箱价格为30元。该品牌投放市场以后,以其低廉的价格,良好的质量赢得广大消费者的青睐。与此同时,云兰纸厂的"沙龙"牌餐巾纸在市场上却无人问津。云兰纸厂面对严峻的市场形势,作出战略调整,以每箱28元的价格投放市场。因云兰纸厂的产品质量也不错,很快就赢得了一定的市场份额。2014年3月,春花纸厂将产品价格降为25元每箱。于是,双方打起了价格大战。2014年7月,云兰纸厂为了彻底击垮对手,作出了大胆决定,以低于成本价的每箱18元的价格投放市场,并同时优化纸质。2015年2月,云兰纸厂凭借其雄厚的实力终于将对手击垮。2015年2月19日,春花纸厂因产品滞销、财政困难而停产。2015年3月13日,春花纸厂向人民法院提起诉讼,状告云兰纸厂的不正当竞争行为,并要求赔偿损失。

焦点问题:

春花纸厂是否能胜诉?

法理依据:(小组讨论)

判定结果:(小组讨论)

六、不正当有奖销售

不正当有奖销售是指经营者在销售商品或提供服务时,以提供奖励(包括金钱、实物、附加服务等)为名,实际上采取欺骗或者其他不当手段损害用户、消费者的利益,或者损害其他经营者合法权益的行为。

《反不正当竞争法》禁止经营者从事下列有奖销售行为:

(1) 采用谎称有奖或者故意让内定人员中奖的欺骗方式进行有奖销售;

(2) 利用有奖销售的手段推销质次价高的商品;

(3) 抽奖式的有奖销售,最高奖的金额超过五千元。

> **深度链接**
>
> 有奖销售的种类
>
> 　　有奖销售是一种有效的促销手段,其方式大致可分为两种:一种是奖励给所有购买者的附赠式有奖销售,另一种是奖励部分购买者的抽奖式有奖销售。法律并不禁止所有的有奖销售行为,而仅仅对可能造成不良后果、破坏竞争规则的有奖销售加以禁止。

七、诋毁商誉

　　诋毁商誉行为是指经营者捏造、散布虚假事实,损害竞争对手的商业信誉、商品声誉,从而削弱其竞争力的行为。

> **深度链接**
>
> 商誉
>
> 　　商誉是社会公众对市场经营主体名誉的综合性积极评价。它是经营者长期努力追求,刻意创造,并投入一定的金钱、时间及精力才取得的。良好的商誉本身就是一笔巨大的无形财富。在经济活动中,最终又通过有形的形式(如销售额、利润)回报它的主人。法律对通过积极劳动获得的商誉给予尊重和保护,对以不正当手段侵犯竞争者商誉的行为予以严厉制裁。我国《反不正当竞争法》的相关规定,经营者不得捏造、散布虚伪事实,以损害竞争对手的商业信誉、商品声誉。

> **小小陪审员**
>
> 　　清源百货大楼股份有限公司和恒兴百货公司作为竞争对手,具有共同的经营范围。2014年3月7日,为了吸引顾客,争夺市场,恒兴百货公司决定以有奖销售的方式促销。其有奖销售方式一推出,就吸引了大批顾客,其中还包括一部分原本属于清源公司的顾客。作为应对措施,清源公司董事长肖某于2014年3月24日召开紧急董事会,并决定开展有奖销售活动,具体办法及奖项如下:凡一日内在本公司购物满80元者,皆可获赠奖券一张,本次有奖销售设特等奖1名,奖价值48000元小汽车一辆,一等奖3名,奖价值4000元彩电一台,二等奖10名,奖价值1000元洗衣机一台,另外还有三、四、五、六等奖。与此同时,公司还展开了强大的宣传攻势,在清源公司的对外广播中,公司称:本公司所设奖项皆由消费者公平竞争,而不像本市有的公司,虽然设奖,但公司内部职工知道一、二等奖的设置,实际上一、二等奖已由公司自己人摸去,如此欺骗、坑害消费者的行为实该谴责,务请广大消费者不要上当。许多消费者据此认定广播中所称的公司为恒兴公司。恒兴公司遂以清源公司为被告向人民法院提起诉讼。
> 　　**焦点问题:**
> 　　恒兴公司是否能胜诉?

法理依据：（小组讨论）
判定结果：（小组讨论）

八、搭售

搭售也被称为附带条件交易，即一个销售商要求购买其产品或者服务的买方同时也购买其另一种产品或者服务，并且把买方购买其第二种产品或者服务作为其可以购买第一种产品或者服务的条件。经营者销售商品，不得违背购买者的意愿搭售商品或者附加其他不合理的条件。

小小陪审员

2013年5月15日，刘某在某电信公司营业厅办理安装宽带业务，却被告知要装宽带必须安装一部固定电话并且电话机要在营业厅买，否则就不给办理安装宽带业务。刘某无奈只好在营业厅买了一部电话机。

焦点问题：

某电信公司营业厅是否违反了《反不正当竞争法》？

法理依据：（小组讨论）
判定结果：（小组讨论）

九、滥用独占优势

公用企业或者其他依法具有独占地位的经营者，不得限定他人购买其指定的经营者的商品，以排挤其他经营者的公平竞争。

小小陪审员

某市自来水公司自2004年以来一直使用某市给水设备厂生产的2KG-B型全自动给水设备。2005年1月，市自来水公司与某电脑给水设备厂达成代销其给水设备的协议，销售利润实行3∶7分成，自来水公司每名职工集资入股300元成立了"某电脑给水设备加工厂"，经查该厂无厂房，无设备，根本不生产给水设备，只是代销某电脑给水设备厂的设备而从中获利。为了取得销售优势，市自来水公司和市给水办于2005年11月5日联合下发《关于实验二次加压给水设备统一管理规定的通知》（[2005]5号），并于11月19日至28日在该市电视台播发。该《通知》第二条规定："二次加压给水设备必须采用指定的定型产品，我市一律用某电脑给水设备厂生产的DWS系列定时、定压、高频调速全自动节能型微机控制给水设备，一律取消气压式给水设备，如采用气压式给水设备，自来水公司将不予供水，节水办不予办理各种用水手续。"该文件的实施，影响了该市另一给水设备厂的 2KG-B 型全自动给水设备的销售。

焦点问题：
　　该市的自来水公司是否违反了《反不正当竞争法》？
法理依据：（小组讨论）
判定结果：（小组讨论）

十、滥用行政权力

　　滥用行政权力是指行政机关和法律、法规授权的具有管理公共事务职能的组织，不执行或违反法律，制定和发布行政法规，或超出法律授权的范围管理公共事务及解决行政问题的行为或做法，包括其中进行的各种组织、控制、协调、监督等活动。

　　滥用行政权力通常表现为以下几种：

　　（1）对外地商品设定歧视性收费项目、实行歧视性收费标准，或者规定歧视性价格；

　　（2）对外地商品规定与本地同类商品不同的技术要求、检验标准，或者对外地商品采取重复检验、重复认证等歧视性技术措施，限制外地商品进入本地市场；

　　（3）采取专门针对外地商品的行政许可，限制外地商品进入本地市场；

　　（4）设置关卡或者采取其他手段，阻碍外地商品进入或者本地商品运出；

　　（5）妨碍商品在地区之间自由流通的其他行为。

　　根据《反不正当竞争法》的相关规定，政府及其所属部门不得滥用行政权力，限定他人购买其指定的经营者的商品，限制其他经营者正当的经营活动。

　　政府及其所属部门不得滥用行政权力，限制外地商品进入本地市场，或者本地商品流向外地市场。

☀ 小小陪审员

　　某地有一外资企业，是生产洗涤产品的，他们生产的无磷、无铝、无毒的"绵羊牌"洗衣粉不污染环境，不危害身体，并且有抑菌作用。该厂经过宣传推广，该洗衣粉在市场上销量迅速提高，对邻省洗涤剂厂家的生产、经营形成很大的冲击。2014 年 9 月，邻省的省技术监督局根据该省洗涤厂的反映，召集了某市技术监督局、洗涤剂厂家和肥皂厂家等许多单位在省技术监督局开会。会上由主持人作了如下布置：先由某洗涤剂厂向某市技术监督局正式投诉，某市技术监督局根据投诉的材料对"绵羊牌"洗衣粉进行抽样检查，检查出"质量问题"，某市工商行政管理局等部门协同他们工作。9 月 25 日，市技术监督局拿来了"样品"，交给省质检中心。质检中心出具了四份检验报告，以去污力、聚磷酸含量两项指标未达标为由宣布"绵羊牌"洗衣粉为不合格产品，不能在本省进行销售。某市技术监督局即将各销售点的"绵羊牌"洗衣粉查封。

> **焦点问题：**
>   某市技术监督局的行为是否已构成不正当竞争行为？
> **法理依据：**（小组讨论）
> **判定结果：**（小组讨论）

十一、串通投标招标

串通招标投标，是指招标者与投标者之间或者投标者与投标者之间采用不正当手段，对招标投标事项进行串通，以排挤竞争对手或者损害招标者利益的行为。

（一）投标者不得串通投标，抬高标价或者压低标价

投标者不得违反《反不正当竞争法》的规定，实施下列串通投标行为：

（1）投标者之间相互约定，一致抬高或者压低投标报价；
（2）投标者之间相互约定，在招标项目中轮流以高价位或者低价位中标；
（3）投标者之间先进行内部竞价，内定中标人，然后再参加投标；
（4）投标者之间其他串通投标行为。

（二）投标者和招标者不得相互勾结，以排挤竞争对手的公平竞争

投标者和招标者不得违反《反不正当竞争法》的规定，进行相互勾结，实施下列排挤竞争对手的公平竞争的行为：

（1）招标者在公开开标前，开启标书，并将投标情况告知其他投标者，或者协助投标者撤换标书，更改报价；
（2）招标者向投标者泄露标底；
（3）投标者与招标者商定，在招标投标时压低或者抬高标价，中标后再给投标者或者招标者额外补偿；
（4）招标者预先内定中标者，在确定中标者时以此决定取舍；
（5）招标者和投标者之间其他串通招标投标行为。

> **小小陪审员**
>
>   2006年初，某市决定兴建一条连接本市两河岸交通的大桥，采取招标方式选择承包商。某建筑公司为保证能以最低的标价中标，多方寻找能获得其他建筑公司投标价的机会。在得知负责本次招标的张某是本公司一职员李某的大学同学后，该公司领导让李某去说情，并承诺如果该公司能够获得承包权的话，就给李某1万元的好处费，给张某10万元的好处费。李某去找张某，张某答应帮忙，并在投标截止日前一天把其他建筑公司的投标价和投标文件等信息泄露给了该公司，据此该建筑公司以低于上述最低投标价1.5万元和其他更优惠的条件在投标截止最后期限前递交了投标书。在评标、决标过程中，张某利用其负责人的地位对评标委员会其他成员施加影响，致使该建筑公司最终获得了该大桥的施工合同。

> **焦点问题：**
> 　　某市技术监督局某建筑公司的行为是否已构成不正当竞争行为？
> **法理依据：**（小组讨论）
> **判定结果：**（小组讨论）

第三节　不正当竞争行为的法律责任

　　不正当竞争行为不但侵害了其他经营者甚至消费者的合法权益，而且破坏了良好公平的市场经济秩序，是一种违法行为，必须受到法律的制裁，承担相应的法律责任。

一、各种不正当竞争行为的处理

（一）混淆行为的处理

　　经营者利用《反不正当竞争法》中所禁止的不正当竞争手段从事市场交易的，监督检查部门应责令停止违法行为，没收违法所得，可视情节处违法所得2倍以上3倍以下的罚款；情节严重的，可吊销营业执照；销售伪劣产品、构成犯罪的，应依法追究刑事责任。

（二）虚假宣传行为的处理

　　1. 经营者(广告主)的法律责任

　　根据《反不正当竞争法》的相关规定，经营者利用广告和其他，对商品作引人误解的虚假广告的，监督检查部门应责令停止违法行为，消除影响，并可根据情节处1万元以上20万元以下的罚款。

　　2. 广告经营者的法律责任

　　根据《反不正当竞争法》的相关规定，广告经营者在明知或应知情况下，代理、设计、制作、发布虚假广告的，监督检查部门应当责令停止违法行为，没收违法所得，并依法处以罚款。根据《广告法》的相关规定的罚款，指广告费用1倍以上5倍以下的罚款。情节严重的，可停止其广告业务；构成犯罪的，依法追究刑事责任。

　　3. 连带责任

　　根据《广告法》的相关规定：发布虚假广告，欺骗和误导消费者，使其合法权益受到损害的，广告主应负担民事责任。广告经营者、广告发布者不能提供广告主的真实名称、地址的应承担全部民事责任。

（三）商业贿赂的行为处理

　　根据《反不正当竞争法》的相关规定，经营者有商业贿赂行为的，构成犯罪，追究刑事责任；未构成犯罪的，监督检查部门可处以1万元以上20万元以下的罚款，并没收其违法所得。

（四）侵犯商业秘密的处理

　　违反《反不正当竞争法》的规定侵犯商业秘密的，监督检查部门应当责令停止违法行为，可以根据情节处以1万元以上20万元以下的罚款。

《反不正当竞争法》对侵犯商业秘密行为规定的处罚方式,一是由监督检查部门责令停止违法行为,二是可根据情节处以1万元以上20万元以下的罚款。此外,我国《刑法》也规定了侵犯商业秘密罪的处罚。

(五) 低价倾销行为的处理

我国《反不正当竞争法》规定,经营者实施了不正当倾销行为时,受害的其他经营者可以依法要求行为人承担损害赔偿责任。

(六) 不正当有奖销售行为的处理

经营者违反《反不正当竞争法》规定进行有奖销售,监督检查部门应当责令停止违法行为,可以根据情节处以1万元以上10万元以下的罚款。

有关当事人因有奖销售活动中的不正当竞争行为受到侵害的,可根据《反不正当竞争法》的相关规定,向人民法院起诉,请求赔偿。

(七) 诋毁竞争对手商业信誉的处理

诋毁竞争对手商业信誉的不正当竞争行为一般承担民事责任。民事责任的形式主要有停止侵权;公开赔礼道歉,消除影响;赔偿损失。

赔偿损失的范围一般包括直接损失和间接损失。

直接损失包括:①因诽谤行为造成的实际经济损失,如退货、商品积压滞销损失;②为消除影响和调查、制止侵权行为而支出的费用。如调查费,合理律师费等。

间接损失包括:①因诽谤行为造成客户终止履行合同而丧失的可得利益损失;②因诽谤行为造成停产滞销期间设备折旧费及货款利息等。

(八) 搭售或附加不合理条件的处理

对于搭售行为,我国《反不正当竞争法》没有规定具体的法律责任。因此,受到搭售行为侵害的经营者或者消费者只能依据《反不正当竞争法》的相关规定,要求侵权行为人承担损害赔偿损失责任。《反不正当竞争法》规定:"经营者违反本法规定,给被侵害的经营者造成损害的,应当承担损害赔偿责任,被侵害的经营者的损失难以计算的,赔偿额为侵权人在侵权期间因侵权所获得的利润;并应当承担被侵害的经营者因调查该经营者侵害其合法权益的不正当竞争行为所支付的合理费用。"

(九) 公用或其他依法享有独占地位的经营者的限制竞争行为的处理

公用企业或者其他依法具有独占地位的经营者,限定他人购买其指定的经营者的商品,以排挤其他经营者的公平竞争的,省级或者设区的市的监督检查部门应当责令停止违法行为,可以根据情节处以5万元以上20万元以下的罚款。被指定的经营者借此销售质次价高商品或者滥收费用的,监督检查部门应当没收违法所得,可以根据情节处以违法所得1倍以上3倍以下的罚款。

(十) 政府机构的限制竞争行为的处理

政府及其所属部门限定他人购买其指定的经营者的商品、限制其他经营者正当的经营活动,或者限制商品在地区之间正常流通的,由上级机关责令其改正;情节严重的,由同级或者上级机关对直接责任人员给予行政处分。被指定的经营者借此销售质次价高商品或者滥收费用的,监督检查部门应当没收违法所得,可以根据情节处以违法所得1倍以上3倍以下的罚款。

(十一)招标投标中的串通行为的处理

投标者串通投标,抬高标价或者压低标价;投标者和招标者相互勾结,以排挤竞争对手的公平竞争的,其中标无效。监督检查部门可以根据情节处以1万元以上20万元以下的罚款。

二、不正当竞争行为应承担的法律责任

(一)民事责任

《反不正当竞争法》规定,如果经营者的不正当竞争行为给其他经营者的合法权益带来损害的,经营者应承担赔偿责任,被侵害的经营者的损失难以计算的,赔偿额为侵权人在侵权期间因侵权所获得的利润;并应当承担被侵害的经营者因调查该经营者侵害其合法权益的不正当竞争行为所支付的合理费用。

根据《反不正当竞争法》的规定,凡假冒其他企业的注册商标,擅自使用知名商品持有的名称、包装、装潢等,以排挤竞争对手为目的以低于成本的价格销售商品,侵犯他人商业秘密等行为,均得责令其停止侵害他人的不正当竞争行为,并给被侵害人消除影响、恢复名誉。

行为人的不正当竞争行为给他人造成经济损失的,行为人应当给予经济赔偿。赔偿的数额,以被侵害人实际发生的可计算的实际损失为限。如果损失难以计算的赔偿额为侵权人在侵权期间因侵权所获得的利润。除此之外,侵害人还应当承担被侵害的经营者因调查该经营者侵害其合法权益行为所支付的合理费用。

(二)行政责任

《反不正当竞争法》规定的行政责任,要通过不正当竞争行为的监督检查部门对不正当竞争行为的查处来实现。行政责任的形式主要包括责令停止违法行为、责令改正、消除影响以及吊销营业执照等形式。

1. 强制行为人停止不正当竞争行为

比如强制停止虚假广告宣传行为、停止以低于成本的价格销售商品等。

2. 没收非法所得

对假冒名优商品、商标,擅自使用知名商品特有的名称、包装、装潢,制作、发布虚假广告等行为,所得利润,应予以没收。

3. 处以罚款

对擅自制作知名商品特有的名称、包装、装潢,对采用财物或其他手段进行贿赂,对违反规定的有奖销售,对侵犯他人商业秘密等不正当竞争行为给予金额不等的罚款。

4. 吊销营业执照

不正当竞争行为者经教育不改,给他人造成经济损失或其他影响的,可以吊销其营业执照。

(三)刑事责任

刑事责任适用于那些对其他经营者、消费者和社会经济秩序损害严重、情节恶劣的不正当竞争行为。《反不正当竞争法》只对经营者承担刑事责任作了原则规定,确定具体的刑事责任要适用我国《刑法》的相应规定。

> 📎 **学以致用**
>
> 对某一商业区进行一次市场调查,撰写一份反映该商业区市场上存在的不正当竞争行为的调研报告及思考。要求:字数不少于2000字。

 知识巩固练习

一、重要概念
竞争　不正当竞争　混淆　商业贿赂　虚假宣传　商业秘密　低价倾销　不正当有奖销售　商业毁谤　滥用行政权力

二、简述题
1. 不正当竞争行为构成要件有哪些?
2. 不正当竞争行为特征是什么?
3. 反不正当竞争的原则是什么?
4. 不正当竞争的行为有几种?
5. 侵犯商业秘密的手段有几种?
6. 不构成低价倾销的有哪几种情况?
7. 滥用行政权力有几种表现?
8. 串通投标行为有哪几种?
9. 排挤竞争对手的公平竞争的违法行为种类有哪些?
10. 不正当竞争行为的法律责任是什么?

三、案例分析
【案例一】

2004年五一黄金周时,某商厦为招揽顾客,举行了特等奖为价值十万余元的某品牌轿车十年使用权的抽奖式有奖销售,形成了《反不正当竞争法》实施以来当地最引人注目的有奖销售。

问题:商厦把奖品设定为汽车十年使用权的行为是否属于不正当竞争行为?

【案例二】

原告甲有限责任公司成立于1997年,经过多年的发展,其主营业务收入在全国同类企业中排名位居前列。2005年,原告自主研发的"志圆"产品上市,当年市场销售火爆。2006年8月,经国家商标局核准注册了"志圆"商标。为了宣传及推广"志圆"品牌,原告不仅投入巨额的广告费,而且积极组织、参加大量的市场推广活动和公益事业,提升产品的知名度和美誉度。经过原告大量宣传和广泛使用,"志圆"商标已被广为知晓。

2006年2月,李某将甲有限责任公司"志圆"中文文字商标对应的汉语拼音注册为"www.zhiyuan.com"域名,并公开在网上出售该域名牟利。李某注册的争议域名是对甲有限责任公司商标"志圆"的音译,其行为违反了《中华人民共和国商标法》、《中华人民共和国反不正当竞争法》的规定。因此甲有限责任公司诉至法院,请求法院判令:①确认被告注册、使用域名的行为构成不正当竞争;②被告赔偿原告经济损失10万元;③被告承担原告为本案支出的合理费用5万元;④被告公开在报纸上向原告赔礼道歉。

被告李某答辩称:针对双方争议域名,被告在持有期间从未在网上出售过,更未通过争议域名牟利。被告注册、使用的争议域名与原告商标核定使用的商品不相同也不类似,且标识不近似,故不足以造成相关公众的误认,而且被告注册争议域名在先,因此,被告没有侵犯原告的注册商标专用权。综上,被告的行为不具有恶意,被告注册、使用争议域名的行为未构成侵权或者不正当竞争,请求人民法院驳回原告的全部诉讼请求。

问题:
李某注册、使用域名的行为是否构成不正当竞争?

【案例三】
××电器有限公司成立于2012年,由于公司管理落后,不注重开发新产品,公司生产的小型收录机、变压器、耳机等电器产品在市场上销售量很小,两年来公司的亏损额已达几十万元。公司总经理苏某忧心忡忡,想着打开产品销路的问题,听别人谈及给人回扣的方法,非常感兴趣。在一次贸易交流洽谈会上,苏某结识了该省某百货商场的经理刘某,两人就购销××公司的电器产品一事进行了商谈,决定刘某去××公司看货后签订购销合同。刘某和其商场家电部主任一道去××公司看货,家电部主任仔细查看和试用了××公司的电器产品后向刘某汇报,指出××公司电器产品的质量一般,式样陈旧,且价格较高。晚上,××公司邀请刘某、家电部主任共往"金月酒楼"具体商谈签订购销合同之事。苏某在酒桌上提出,只要两人愿意帮助销售××公司的电器产品,将给予两人8%的回扣作为答谢。刘某和家电部主任为丰厚的回扣所诱惑,答应购买××公司价值20万元的电器产品,包括小型收录机、变压器、耳机等。合同签订后,苏某即将16000元交到两人手中。××公司的电器产品于几日后由公司送往百货商场。

问题:
苏某的行为是否构成不正当竞争?

第七章 消费者权益保护法律制度

> **案例导入**
>
> 【案例回放】
>
> 　　2013年5月,张某开办饭庄,从商场购买10台吊扇。同年7月,吴某等一行6人到饭庄就餐,进餐过程中,吊扇突然脱落,造成吴某等3人骨折或皮外伤,共花去医疗费8000元。事后,3人找到张某要求赔偿,张某认为事故纯粹是由于装潢公司安装不当所致,自己亦是受害人,拒绝赔偿。后查明,这10台吊扇全系不合格产品。本案中,哪些当事人是消费者呢?
>
> 【以案析法】
>
> 　　1. 吴某等人是该饭庄的消费者。根据《消费者权益保护法》的相关规定,经营者有保证其所提供的商品和服务不损害消费者人身及财产安全的义务;同时,消费者享有安全权和求偿权。案例中,吴某等人在接受张某饭庄所提供的服务时人身财产安全受到侵犯,吴某作为消费者理应受到赔偿。
>
> 　　2. 张某是购买吊扇的消费者。根据《产品质量法》的相关规定,产品质量应该检验合格,不得以不合格产品冒充合格产品;根据《消费者权益保护法》的相关规定,经营者有保证其所提供的商品和服务不损害消费者人身及财产安全的义务;同时,消费者享有安全权和求偿权。案例中,张某所购买的吊扇为不合格产品,存在威胁消费者人身及财产安全的隐患,因此,吊扇销售者和生产者应当承担赔偿责任。张某可以向吊扇生产者及销售者要求追偿。

第一节　消费者权益保护法概述

一、消费者的含义和特征

(一)消费者的含义

消费者是指为生活消费需要购买、使用商品或者接受服务的个人或单位。

(二)消费者的特征

消费者具有以下法律特征:
(1)消费者的消费性质属于生活消费。

消费者的生活消费包括两类:一是物质资料的消费,如衣、食、住、行、用等方面的物质消费。二是精神消费,如旅游、文化教育等方面的消费。

(2) 消费者的消费客体是商品和服务。

商品指的是与生活消费有关的并通过流通过程推出的那部分商品,不管其是否经过加工制作,也不管其是否为动产或不动产。

服务指的是与生活消费有关的有偿提供的可供消费者利用的任何种类的服务。

(3) 消费者的消费方式包括购买、使用商品和接受服务。

关于商品的消费,即购买和使用商品,既包括消费者购买商品用于自身的消费,也包括购买商品供他人使用或使用他人购买的商品。关于服务的消费,不仅包括自己付费自己接受服务,而且也包括他人付费自己接受服务。不论是商品的消费还是服务的消费,只要其有偿获得的商品和接受的服务是用于生活消费,就属于消费者。

(4) 消费者的主体包括公民个人和进行生活消费的单位。

生活消费主要是公民个人(含家庭)的消费,而且对公民个人的生活消费是保护的重点。但是,生活消费还包括单位的生活消费,因为在一般情况下,单位购买生活资料最后都是由个人使用,有些单位还为个人进行生活消费而购买商品和接受服务。

(5) 农民购买、使用直接用于农业生产的生产资料,虽不属于生活消费的范畴,但适用于本法。

二、消费者权益保护法的调整范围及原则

(一) 消费者权益保护法的调整范围

消费者权益保护法是调整在保护消费者权益过程中发生的经济关系的法律规范的总称。

(二) 消费者权益保护法的原则

消费者权益保护法确立了国家保护消费者合法权益的原则主要包括以下几个方面:
(1) 经营者与消费者进行交易,应当遵循自愿、平等、公平、诚实信用的原则;
(2) 经营者依法为消费者提供其生产、销售的商品或者提供服务;
(3) 国家保护消费者的合法权益不受侵害;
(4) 国家采取措施,保障消费者依法行使权利,维护消费者的合法权益;
(5) 国家倡导文明、健康、节约资源和保护环境的消费方式,反对浪费。

第二节　消费者的权利和经营者的义务

一、消费者的权利

消费者的合法权益,指的是消费者所享有的,由法律、法规确认,受法律、法规保护的权利。

(一) 安全权

消费者在购买、使用商品和接受服务时享有人身财产安全不受损害的权利。消费者有权要求经营者提供的商品和服务,符合保障人身、财产安全的要求。

> ### 小小陪审员
>
> 卢某于 2012 年 3 月 23 日从北京云龙之星汽车贸易有限公司购买了一辆美国产道奇公羊汽车,售价为 69 万元,双方订立了购车合同,买方先后支付各种费用共计 695682 元。同年 8 月,卢先生驾车时发觉车内气味刺鼻难忍,头顶开始小片脱发。经检测,车内空气甲醛含量超出正常值 26 倍多。卢先生先后同云龙之星公司多次协商无果后,将对方起诉至北京市朝阳区人民法院,要求被告退回购车款及各种费用共计 755682 元。
>
> **焦点问题:**
> 北京云龙之星汽车贸易有限公司是否侵犯了消费者的权益?
> **法理依据:**(小组讨论)
> **判断结果:**(小组讨论)

(二)知情权

消费者享有知悉其购买、使用的商品或者接受的服务的真实情况的权利。

消费者有权根据商品或者服务的不同情况,要求经营者提供商品的价格、产地、生产者、用途、性能、规格、等级、主要成份、生产日期、有效期限、检验合格证明、使用方法说明书、售后服务,或者服务的内容、规格、费用等有关情况。

(三)自主选择权

消费者有权自主选择提供商品或者服务的经营者,自主选择商品品种或者服务方式,自主决定购买或者不购买任何一种商品、接受或者不接受任何一项服务。

消费者在自主选择商品或者服务时,有权进行比较、鉴别和挑选。

> ### 小小陪审员
>
> 姜士民于 2014 年 4 月 24 日晚偕同妻子李某邀约朋友数人到红天鹅火锅餐厅就餐,消费了一瓶自带的五粮液酒。红天鹅火锅餐厅的服务员在姜士民一行就餐前及消费自带的五粮液时均未对他们进行提示,在姜士民消费完结账时,红天鹅火锅餐厅单方面按照五粮液在被告店内售价 500 元的 20% 收取了姜士民酒水服务费 100 元。
>
> **焦点问题:**
> 红天鹅火锅餐厅是否侵犯了姜士民的自主选择权?
> **法理依据:**(小组讨论)
> **判断结果:**(小组讨论)

(四)公平交易权

消费者在购买商品或者接受服务时,有权获得质量保障、价格合理、计量正确等公平交易条件,有权拒绝经营者的强制交易行为。

(五)求偿权

消费者因购买、使用商品或者接受服务受到人身、财产损害的,享有依法获得赔偿的权利。

(六)结社权

消费者享有依法成立维护自身合法权益的社会组织的权利。

(七)获取知识权

消费者享有获得有关消费和消费者权益保护方面的知识的权利。

消费者应当努力掌握所需商品或者服务的知识和使用技能,正确使用商品,提高自我保护意识。

(八)受尊重权

消费者在购买、使用商品和接受服务时,享有人格尊严、民族风俗习惯得到尊重的权利,享有个人信息依法得到保护的权利。

☀ 小小陪审员

2000年4月22日、4月28日及5月1日,在北京工作的高彬3次欲进入敦煌公司开办的"TheDen"酒吧消费,均被酒吧工作人员以其"面容不太好,怕影响店中生意"为由挡在门外。2000年7月,高彬向北京市朝阳区人民法院提起诉讼,认为酒吧工作人员的行为侵害了其人格尊严,要求被告赔偿精神损失费5万元及经济损失2847元,并公开赔礼道歉。

焦点问题:
酒吧工作人员的行为是否侵害了高彬的人格尊严?
法理依据:(小组讨论)
判断结果:(小组讨论)

(九)监督权

消费者享有对商品和服务以及保护消费者权益工作进行监督的权利。

消费者有权检举、控告侵害消费者权益的行为和国家机关及其工作人员在保护消费者权益工作中的违法失职行为,有权对保护消费者权益工作提出批评、建议。

二、经营者的义务

(一)履行法定或约定义务

经营者向消费者提供商品或者服务,应当依照《消费者权益保护法》和其他有关法律、法规的规定履行义务。经营者和消费者有约定的,应当按照约定履行义务,但双方的约定不得违背法律、法规的规定。

经营者向消费者提供商品或者服务,应当恪守社会公德,诚信经营,保障消费者的合法权益;不得设定不公平、不合理的交易条件,不得强制交易。

(二)听取意见、接受监督

经营者应当听取消费者对其提供的商品或者服务的意见,接受消费者的监督。

(三)保证人身和财产安全

经营者应当保证其提供的商品或者服务符合保障人身、财产安全的要求。对可能危及人身、财产安全的商品和服务,应当向消费者作出真实的说明和明确的警示,并说明和标明正确使用商品或者接受服务的方法以及防止危害发生的方法。

宾馆、商场、餐馆、银行、机场、车站、港口、影剧院等经营场所的经营者,应当对消费者尽到安全保障义务。

经营者发现其提供的商品或者服务存在缺陷,有危及人身、财产安全危险的,应当立即向有关行政部门报告和告知消费者,并采取停止销售、警示、召回、无害化处理、销毁、停止生产或者服务等措施。采取召回措施的,经营者应当承担消费者因商品被召回支出的必要费用。

(四)提供真实信息

经营者向消费者提供有关商品或者服务的质量、性能、用途、有效期限等信息,应当真实、全面,不得作虚假或者引人误解的宣传。

经营者对消费者就其提供的商品或者服务的质量和使用方法等问题提出的询问,应当作出真实、明确的答复。

经营者提供商品或者服务应当明码标价。

小小陪审员

2006年4月24日,何山在北京乐万达商行购买了两幅标明为徐悲鸿先生所作的作品,一张独马,一张群马,价格分别为700元和2200元。在商行开具的发票中,分别写有"卅三年暮春悲鸿独马"及"悲鸿群马"等字样。何山认为这两幅画作不是徐悲鸿的真迹,遂于5月13日以"怀疑有假,特诉请保护"为由,诉至北京市西城区人民法院。

焦点问题:
何山的诉讼请求是否会得到法院的支持?
法理依据:(小组讨论)
判断结果:(小组讨论)

(五)标明真实名称和标志

经营者应当标明其真实名称和标记。租赁他人柜台或者场地的经营者,应当标明其真实名称和标记。

(六)出具购货凭证和服务单据

经营者提供商品或者服务,应当按照国家有关规定或者商业惯例向消费者出具发票等购货凭证或者服务单据;消费者索要发票等购货凭证或者服务单据的,经营者必须出具。

小小陪审员

去年10月28日,53岁的陈女士到七宝龙城店购物,柔婷美容美体连锁店的一位美容促销员向她推荐去做一次免费的面部护理。在护理过程中,美容小姐极力向她推销一种美容院的精油,并要她再购买一张原本标价7600元,优惠价3800元的终身美容卡。"热心"的美容促销员见她心动,身边资金不够,特意叫了一辆出租车陪她一起回家取钱。事后,细心的女儿发现购买的"美容卡"商家没有提供发票和任何收款凭证,原本美容小姐所说的"终身美容卡"变成了"长期美容卡",顿时,陈女士傻了眼。陈女士即向美容院提出退款的要求。

焦点问题:
美容院是否应该给陈女士退款?
法理依据:(小组讨论)
判断结果:(小组讨论)

(七)保证商品或服务质量

经营者应当保证在正常使用商品或者接受服务的情况下其提供的商品或者服务应当具有的质量、性能、用途和有效期限;但消费者在购买该商品或者接受该服务前已经知道其存在瑕疵,且存在该瑕疵不违反法律强制性规定的除外。

经营者以广告、产品说明、实物样品或者其他方式表明商品或者服务的质量状况的,应当保证其提供的商品或者服务的实际质量与表明的质量状况相符。

经营者提供的机动车、计算机、电视机、电冰箱、空调器、洗衣机等耐用商品或者装饰装修等服务,消费者自接受商品或者服务之日起六个月内发现瑕疵,发生争议的,由经营者承担有关瑕疵的举证责任。

(八)履行"三包"或其他责任

经营者提供的商品或者服务不符合质量要求的,消费者可以依照国家规定、当事人约定退货,或者要求经营者履行更换、修理等义务。没有国家规定和当事人约定的,消费者可以自收到商品之日起七日内退货;七日后符合法定解除合同条件的,消费者可以及时退货,不符合法定解除合同条件的,可以要求经营者履行更换、修理等义务。

依照《消费者权益保护法》的相关规定,进行退货、更换、修理的,经营者应当承担运输等必要费用。

深度链接

"三包"责任的含义

"三包"责任是指以下几个方面:
(1)售出之日起7天内,货品出现性能故障的,消费者可以选择退货、换货或者修理。
(2)自售出之日起第8日至第15日内,货品出现性能故障的,消费者可以选择换货或者修理。

(3) 在"三包"有效期内,货品出现性能故障,经两次修理,仍不能正常使用的,凭三包凭证中的修理记录,免费更换同型号同规格的货品。

(4) 在"三包"有效期内,并自送修之日起超过60日未修好的,凭发票或受理凭证及三包凭证中修理者的修理记录,免费更换同型号同规格的货品。

(九) 不得以格式合同、通知、声明、店堂告示等方式单方作出对消费者不利规定的义务

不得做出不公平、不合理的规定;经营者在经营活动中使用格式条款的,应当以显著方式提请消费者注意商品或者服务的数量和质量、价款或者费用、履行期限和方式、安全注意事项和风险警示、售后服务、民事责任等与消费者有重大利害关系的内容,并按照消费者的要求予以说明。

经营者不得以格式条款、通知、声明、店堂告示等方式,作出排除或者限制消费者权利、减轻或者免除经营者责任、加重消费者责任等对消费者不公平、不合理的规定,不得利用格式条款并借助技术手段强制交易。

(十) 经营者采用网络、电视、电话、邮购等方式销售商品,七日内无理由退货,且无需说明理由

采用网络、电视、电话、邮购等方式提供商品或者服务的经营者,以及提供证券、保险、银行等金融服务的经营者,应当向消费者提供经营地址、联系方式、商品或者服务的数量和质量、价款或者费用、履行期限和方式、安全注意事项和风险警示、售后服务、民事责任等信息。

经营者采用网络、电视、电话、邮购等方式销售商品,消费者有权自收到商品之日起七日内退货,且无需说明理由,但下列商品除外:

(1) 消费者定做的;

(2) 鲜活易腐的;

(3) 在线下载或者消费者拆封的音像制品、计算机软件等数字化商品;

(4) 交付的报纸、期刊。

除以上所列商品外,其他根据商品性质并经消费者在购买时确认不宜退货的商品,不适用无理由退货。

消费者退货的商品应当完好。经营者应当自收到退回商品之日起七日内返还消费者支付的商品价款。退回商品的运费由消费者承担;经营者和消费者另有约定的,按照约定。

(十一) 不得侵犯消费者人格权

经营者不得对消费者进行侮辱、诽谤,不得搜查消费者的身体及其携带的物品,不得侵犯消费者的人身自由。

> **小小陪审员**
>
> 王某到某超市购物,超市工作人员怀疑其偷拿了物品,遂将王某强行带到保安室,并说如果王某想证明自己是清白的并没有偷拿物品,应自愿让商场保安人员搜身。王某为证明自己是清白的,同意保安人员搜身。保安人员搜身后没有发现王某身上有偷拿的物

品。王某回家后,气羞难当,遂于第二天向法院起诉。

焦点问题:

(1) 超市的行为有无侵犯王某的权利?

(2) 你如果是王某该如何制止超市侵权行为?

(3) 如超市有确实的证据证明某个消费者有偷盗行为,正确的做法是什么?

法理依据:(小组讨论)

判断结果:(小组讨论)

(十二) 经营者收集、使用消费者个人信息,应当遵循合法、正当、必要的原则

经营者收集、使用消费者个人信息,应当遵循合法、正当、必要的原则,明示收集、使用信息的目的、方式和范围,并经消费者同意。经营者收集、使用消费者个人信息,应当公开其收集、使用规则,不得违反法律、法规的规定和双方的约定收集、使用信息。

经营者及其工作人员对收集的消费者个人信息必须严格保密,不得泄露、出售或者非法向他人提供。经营者应当采取技术措施和其他必要措施,确保信息安全,防止消费者个人信息泄露、丢失。在发生或者可能发生信息泄露、丢失的情况时,应当立即采取补救措施。

经营者未经消费者同意或者请求,或者消费者明确表示拒绝的,不得向其发送商业性信息。

第三节 消费者权益保护途径及争议解决途径

一、消费者权益保护途径

(1) 国家制定有关消费者权益的法律、法规、规章和强制性标准,应当听取消费者和消费者协会等组织的意见。

(2) 各级人民政府应当加强领导,组织、协调、督促有关行政部门做好保护消费者合法权益的工作,落实保护消费者合法权益的职责。

各级人民政府应当加强监督,预防危害消费者人身、财产安全行为的发生,及时制止危害消费者人身、财产安全的行为。

(3) 各级人民政府工商行政管理部门和其他有关行政部门应当依照法律、法规的规定,在各自的职责范围内,采取措施,保护消费者的合法权益。

有关行政部门应当听取消费者和消费者协会等组织对经营者交易行为、商品和服务质量问题的意见,及时调查处理。

(4) 有关行政部门在各自的职责范围内,应当定期或者不定期对经营者提供的商品和服务进行抽查检验,并及时向社会公布抽查检验结果。

有关行政部门发现并认定经营者提供的商品或者服务存在缺陷,有危及人身、财产安全危险的,应当立即责令经营者采取停止销售、警示、召回、无害化处理、销毁、停止生产或者服务等措施。

(5) 有关国家机关应当依照法律、法规的规定,惩处经营者在提供商品和服务中侵害消费者合法权益的违法犯罪行为。

(6) 人民法院应当采取措施,方便消费者提起诉讼。对符合《中华人民共和国民事诉讼法》起诉条件的消费者权益争议,必须受理,及时审理。

二、消费者争议解决途径

消费者和经营者发生消费者权益争议的,可以通过下列途径解决:
(1) 与经营者协商和解;
(2) 请求消费者协会或者依法成立的其他调解组织调解;
(3) 向有关行政部门投诉;
(4) 根据与经营者达成的仲裁协议提请仲裁机构仲裁;
(5) 向人民法院提起诉讼。

深度链接

消费者争议几种常见情况的解决途径

(1) 消费者在购买、使用商品时,其合法权益受到损害的,可以向销售者要求赔偿。销售者赔偿后,属于生产者的责任或者属于向销售者提供商品的其他销售者的责任的,销售者有权向生产者或者其他销售者追偿。

(2) 消费者或者其他受害人因商品缺陷造成人身、财产损害的,可以向销售者要求赔偿,也可以向生产者要求赔偿。属于生产者责任的,销售者赔偿后,有权向生产者追偿。属于销售者责任的,生产者赔偿后,有权向销售者追偿。

(3) 消费者在接受服务时,其合法权益受到损害的,可以向服务者要求赔偿。

(4) 消费者在购买、使用商品或者接受服务时,其合法权益受到损害,因原企业分立、合并的,可以向变更后承受其权利义务的企业要求赔偿。

(5) 使用他人营业执照的违法经营者提供商品或者服务,损害消费者合法权益的,消费者可以向其要求赔偿,也可以向营业执照的持有人要求赔偿。

(6) 消费者在展销会、租赁柜台购买商品或者接受服务,其合法权益受到损害的,可以向销售者或者服务者要求赔偿。展销会结束或者柜台租赁期满后,也可以向展销会的举办者、柜台的出租者要求赔偿。展销会的举办者、柜台的出租者赔偿后,有权向销售者或者服务者追偿。

(7) 消费者通过网络交易平台购买商品或者接受服务,其合法权益受到损害的,可以向销售者或者服务者要求赔偿。网络交易平台提供者不能提供销售者或者服务者的真实名称、地址和有效联系方式的,消费者也可以向网络交易平台提供者要求赔偿;网络交易平台提供者作出更有利于消费者的承诺的,应当履行承诺。网络交易平台提供者赔偿后,有权向销售者或者服务者追偿。

(8) 网络交易平台提供者明知或者应知销售者或者服务者利用其平台侵害消费者合法权益,未采取必要措施的,依法与该销售者或者服务者承担连带责任。

(9) 消费者因经营者利用虚假广告或者其他虚假宣传方式提供商品或者服务,其合法权益受到损害的,可以向经营者要求赔偿。广告经营者、发布者发布虚假广告的,消费者可以请求行政主管部门予以惩处。广告经营者、发布者不能提供经营者的真实名称、地址和有效联系方式的,应当承担赔偿责任。

(10) 广告经营者、发布者设计、制作、发布关系消费者生命健康商品或者服务的虚假广告,造成消费者损害的,应当与提供该商品或者服务的经营者承担连带责任。

(11) 社会团体或者其他组织、个人在关系消费者生命健康商品或者服务的虚假广告或者其他虚假宣传中向消费者推荐商品或者服务,造成消费者损害的,应当与提供该商品或者服务的经营者承担连带责任。

(12) 消费者向有关行政部门投诉的,该部门应当自收到投诉之日起七个工作日内,予以处理并告知消费者。

(13) 对侵害众多消费者合法权益的行为,中国消费者协会以及在省、自治区、直辖市设立的消费者协会,可以向人民法院提起诉讼。

第四节　消费者组织

一、消费者组织的含义

消费者协会和其他消费者组织是依法成立的对商品和服务进行社会监督的保护消费者合法权益的社会组织。

> **深度链接**
>
> **中国消费者协会**
>
> 中国消费者协会于1984年12月经国务院批准成立,是对商品和服务进行社会监督的保护消费者合法权益的全国性社会团体。
>
> 1987年9月中国消费者协会加入国际消费者联盟(Consumers International),成为正式会员。中国消费者协会的宗旨是:依据国家有关法律法规和政策,对商品和服务进行社会监督,保护消费者的合法权益,引导消费者科学、合理、健康、文明消费,维护社会主义市场经济秩序,为促进国民经济又好又快发展和构建社会主义和谐社会服务。

二、消费者组织的职责

消费者组织履行下列公益性职责:

(1) 向消费者提供消费信息和咨询服务,提高消费者维护自身合法权益的能力,引导文明、健康、节约资源和保护环境的消费方式;

(2) 参与制定有关消费者权益的法律、法规、规章和强制性标准;

(3) 参与有关行政部门对商品和服务的监督、检查;

(4) 就有关消费者合法权益的问题,向有关部门反映、查询,提出建议;

（5）受理消费者的投诉，并对投诉事项进行调查、调解；

（6）投诉事项涉及商品和服务质量问题的，可以委托具备资格的鉴定人鉴定，鉴定人应当告知鉴定意见；

（7）就损害消费者合法权益的行为，支持受损害的消费者提起诉讼；

（8）对损害消费者合法权益的行为，通过大众传播媒介予以揭露、批评。

三、消费者组织的禁止行为

消费者组织不得从事商品经营和营利性服务，不得以收取费用或者其他牟取利益的方式向消费者推荐商品和服务。

第五节　侵害消费者权益的行为及应承担的法律责任

一、民事责任

经营者提供商品或者服务有下列情形之一的，除《消费者权益保护法》另有规定外，应当依照其他有关法律、法规的规定，承担民事责任：

（1）商品或者服务存在缺陷的；

（2）不具备商品应当具备的使用性能而出售时未作说明的；

（3）不符合在商品或者其包装上注明采用的商品标准的；

（4）不符合商品说明、实物样品等方式表明的质量状况的；

（5）生产国家明令淘汰的商品或者销售失效、变质的商品的；

（6）销售的商品数量不足的；

（7）服务的内容和费用违反约定的；

（8）对消费者提出的修理、重做、更换、退货、补足商品数量、退还货款和服务费用或者赔偿损失的要求，故意拖延或者无理拒绝的；

（9）法律、法规规定的其他损害消费者权益的情形：

① 经营者对消费者未尽到安全保障义务，造成消费者损害的，应当承担侵权责任。

② 经营者提供商品或者服务，造成消费者或者其他受害人人身伤害的，应当赔偿医疗费、护理费、交通费等为治疗和康复支出的合理费用，以及因误工减少的收入。造成残疾的，还应当赔偿残疾生活辅助具费和残疾赔偿金。造成死亡的，还应当赔偿丧葬费和死亡赔偿金。

③ 经营者侵害消费者的人格尊严、侵犯消费者人身自由或者侵害消费者个人信息依法得到保护的权利的，应当停止侵害、恢复名誉、消除影响、赔礼道歉，并赔偿损失。

④ 经营者有侮辱诽谤、搜查身体、侵犯人身自由等侵害消费者或者其他受害人人身权益的行为，造成严重精神损害的，受害人可以要求精神损害赔偿。

⑤ 经营者提供商品或者服务，造成消费者财产损害的，应当依照法律规定或者当事人约定承担修理、重做、更换、退货、补足商品数量、退还货款和服务费用或者赔偿损失等民事责任。

⑥ 经营者以预收款方式提供商品或者服务的，应当按照约定提供。未按照约定提供的，

应当按照消费者的要求履行约定或者退回预付款;并应当承担预付款的利息、消费者必须支付的合理费用。

⑦ 依法经有关行政部门认定为不合格的商品,消费者要求退货的,经营者应当负责退货。

⑧ 经营者提供商品或者服务有欺诈行为的,应当按照消费者的要求增加赔偿其受到的损失,增加赔偿的金额为消费者购买商品的价款或者接受服务的费用的三倍;增加赔偿的金额不足五百元的,为五百元。法律另有规定的,依照其规定。

⑨ 经营者明知商品或者服务存在缺陷,仍然向消费者提供,造成消费者或者其他受害人死亡或者健康严重损害的,受害人有权要求经营者依照《消费者权益保护法》的相关规定赔偿损失,并有权要求所受损失二倍以下的惩罚性赔偿。

二、行政责任

经营者有下列情形之一,除承担相应的民事责任外,其他有关法律、法规对处罚机关和处罚方式有规定的,依照法律、法规的规定执行;法律、法规未作规定的,由工商行政管理部门或者其他有关行政部门责令改正,可以根据情节单处或者并处警告、没收违法所得、处以违法所得一倍以上十倍以下的罚款,没有违法所得的,处以五十万元以下的罚款;情节严重的,责令停业整顿、吊销营业执照:

(1) 提供的商品或者服务不符合保障人身、财产安全要求的;

(2) 在商品中掺杂、掺假,以假充真,以次充好,或者以不合格商品冒充合格商品的;

(3) 生产国家明令淘汰的商品或者销售失效、变质的商品的;

(4) 伪造商品的产地,伪造或者冒用他人的厂名、厂址,篡改生产日期,伪造或者冒用认证标志等质量标志的;

(5) 销售的商品应当检验、检疫而未检验、检疫或者伪造检验、检疫结果的;

(6) 对商品或者服务作虚假或者引人误解的宣传的;

(7) 拒绝或者拖延有关行政部门责令对缺陷商品或者服务采取停止销售、警示、召回、无害化处理、销毁、停止生产或者服务等措施的;

(8) 对消费者提出的修理、重做、更换、退货、补足商品数量、退还货款和服务费用或者赔偿损失的要求,故意拖延或者无理拒绝的;

(9) 侵害消费者人格尊严、侵犯消费者人身自由或者侵害消费者个人信息依法得到保护的权利的;

(10) 法律、法规规定的对损害消费者权益应当予以处罚的其他情形。

经营者有前款规定情形的,除依照法律、法规规定予以处罚外,处罚机关应当记入信用档案,向社会公布。

三、刑事责任

经营者违反《消费者权益保护法》规定提供商品或者服务,侵害消费者合法权益,构成犯罪的,依法追究刑事责任。

(1) 经营者违反《消费者权益保护法》规定,应当承担民事赔偿责任和缴纳罚款、罚金,其财产不足以同时支付的,先承担民事赔偿责任。

(2) 经营者对行政处罚决定不服的,可以依法申请行政复议或者提起行政诉讼。

(3) 以暴力、威胁等方法阻碍有关行政部门工作人员依法执行职务的,依法追究刑事责任;拒绝、阻碍有关行政部门工作人员依法执行职务,未使用暴力、威胁方法的,由公安机关依照《中华人民共和国治安管理处罚法》的规定处罚。

(4) 国家机关工作人员玩忽职守或者包庇经营者侵害消费者合法权益的行为的,由其所在单位或者上级机关给予行政处分;情节严重,构成犯罪的,依法追究刑事责任。

> **学以致用**
>
> 记录自己的一次不愉快的消费经历,根据今天所学知识,思考作为消费者,自己的哪些权利受到了侵害?并撰写一封投诉信。

一、重要概念

消费者　消费者权益保护法　安全权　知情权　自由选择权　公平交易权　求偿权　获得知识权　受尊重权　消费者组织

二、简述题

1. 消费者的特征是什么?
2. 消费者权益保护法的原则是什么?
3. 消费者的权利有哪些?
4. 经营者的义务有哪些?
5. 消费者争议的解决途径有哪些?

三、案例分析

【案例一】

马先生在家乐福超市方圆店购物时,被蜂拥的人群挤倒后摔伤,为此他将家乐福超市告上法庭索赔8万余元。

问题:

法院是否会支持马先生的诉讼请求?

【案例二】

王小姐于某日到某超市购物,进门时,门口的报警器无任何反应。过了有十几分钟,王某未选中任何物品,从门口出来时,报警器却铃声大作。超市保安及售货员将其叫到经理办公室,要求王某配合检查。王某说:"检查可以,但如果没有检查到未付钱的商品,你们就要当场书面赔礼道歉。"王某的要求当场被保安经理拒绝,双方发生争吵,保安坚持要求检查,否则不准王某离开。双方僵持了近半个小时后,王某迫于无奈,同意检查。几名保安随即走出经理室,并将门关上,站在门外,由两名女售货员将王某的外衣脱下进行检查,结果未查到任何超市的商品,只好让王某走。王某穿好衣服走出经理室,许多人对她指指点点,说三道四,王某倍感委屈,哭着跑出了超市。几天后,王某在亲友的帮助下,向区人民法院提起了诉讼,要求追究该超市的民事责任,提出精神赔偿,并且向派出所报了案,要求追究超市工作人员非法拘禁罪的刑事责任。

问题:
王某要求提出精神损害赔偿的法律依据有哪些?

【案例三】

2014年7月10日,王某从某食品批发商店购买了30箱啤酒,用卡车将啤酒运回家中,当王某卸货至第25箱时,其中一瓶啤酒突然爆炸,酒瓶碎片飞进王某的左眼,致使王某的左眼球受伤,后因医治无效,王某左眼失明。王某在运输和搬动啤酒的过程中没有任何过错,于是王某向某商店批发店要求赔偿。但批发店称啤酒瓶的爆炸可能是由于生产厂家生产时因质量不合格所至,自己并没有过错,于是叫王某向厂家索赔,王某遂诉至法院。

问题:
某食品批发商店是否应承担民事赔偿责任?

【案例四】

来自保定的陈某在北京某商场购买了一双由天津某皮鞋厂生产的皮鞋,价值人民币300元。购鞋的同时,陈某还领取了此商场发的"包修、包换、包退"的三包质量卡。陈某回保定后,穿上了这双新购得的皮鞋。仅穿十天,此鞋鞋底即告断裂。陈某为此专程前往北京,找到店家要求退货。该商场承认皮鞋确实存在质量问题,同意调换,但同时还表示,目前商场无现货可换,商场将与生产厂家进行联系,请陈某暂回保定等候该商场与生产厂家联系的结果。此后,陈某三次电话查询此事,商场方面总以生产厂家没有回音为由要求陈某继续等待。陈某再次赴北京找商场要求解决问题,商场仍给陈某以同样的答复。陈某遂向人民法院提出诉讼,要求该商场退回购鞋款300元,并要求赔偿交通、误工费等人民币500元。

问题:
陈某的诉讼请求是否会得到法院的支持?

第八章 劳动法律制度

案例导入

【案例回放】

学生小敏为了毕业分配时能够顺利分配到某家公司,在毕业前到单位实习。一次工作中的意外,小敏不慎摔伤。事后,小敏向实习单位提出申请,要求按照工伤处理,享受相关待遇。

1. 小敏在实习期间是否受到劳动法的保护?
2. 实习学生在单位因公受伤该怎么办?

【以案析法】

1. 小敏在实习期间不受劳动法保护。法理上称为主体不适合。
2. 如果学生和实习单位之间产生的劳务和人身伤害纠纷,如案例中的小敏因公受伤,只能按照一般的民事纠纷处理,双方有约定的按照约定处理。

第一节 劳动法概述

一、劳动法及其调整对象

劳动法是调整劳动关系以及与劳动关系密切相关的其他社会关系的法律规范的总称。

二、劳动法的适用范围

中华人民共和国境内的企业、个体经济组织、民办非企业单位等组织(以下称用人单位)与劳动者建立劳动关系,订立、履行、变更、解除或者终止劳动合同,适用于《劳动法》。

国家机关、事业单位、社会团体和与其建立劳动合同关系的劳动者,订立、履行、变更、解除或者终止劳动合同,依照《劳动法》执行。

第二节 劳动者的权利和义务

一、劳动者的基本权利

(一)平等就业和选择职业的权利

(1)劳动者就业,不因民族、种族、性别、宗教信仰不同而受歧视。

（2）妇女享有与男子平等的就业权利。在录用职工时，除国家规定的不适合妇女的工种或者岗位外，不得以性别为由拒绝录用妇女或者提高对妇女的录用标准。

（3）残疾人、少数民族人员、退出现役的军人的就业，法律、法规有特别规定的，从其规定。

（4）禁止用人单位招用未满十六周岁的未成年人。文艺、体育和特种工艺单位招用未满十六周岁的未成年人，必须依照国家有关规定，履行审批手续，并保障其接受义务教育的权利。

> ### 小小陪审员
>
> 某公司的人事经理在与自己恋爱4年的满族女朋友分手后，对满族人产生了偏见。他认为，满族人懒惰，不讲情义。
>
> 一天，有位小伙子到公司来应聘总经理助理，按照惯例，人事经理首先对这位应聘者进行了面试，当他看到应聘者在简历的民族栏内写了满族时，出于对满族的偏见，人事经理顺口说道："我公司目前不招少数民族，请你到别的单位去寻找发展机会吧。"应聘者听到这话后，心里很不舒服，马上质问："少数民族怎么了？""没怎么，我们就是不想要！"人事经理理直气壮地说，"我们有权做这样的决定。"
>
> **焦点问题：**
> 人事经理所在的单位有权不聘用少数民族吗？
> **法理依据：**（小组讨论）
> **判定结果：**（小组讨论）

（二）取得劳动报酬的权利

（1）劳动者的劳动工资分配应当遵循按劳分配原则，实行同工同酬。

（2）国家实行最低工资保障制度。用人单位支付劳动者的工资不得低于当地最低工资标准。

（3）工资应当以货币形式按月支付给劳动者本人，用人单位不得克扣或者无故拖欠劳动者的工资。

（4）劳动者在法定休假日和婚丧假期间以及依法参加社会活动期间，用人单位应当依法支付工资。

（5）国家实行带薪年休假制度。劳动者连续工作一年以上的，享受带薪年休假。

（6）有下列情形之一的，用人单位应当按照下列标准支付高于劳动者正常工作时间工资的工资报酬：

① 安排劳动者延长工作时间的，支付不低于工资的百分之一百五十的工资报酬；

② 休息日安排劳动者工作又不能安排补休的，支付不低于工资的百分之二百的工资报酬；

③ 法定休假日安排劳动者工作的，支付不低于工资的百分之三百的工资报酬。

深度链接

用人单位克扣、无故拖欠劳动者劳动报酬的法律后果

用人单位不得克扣、无故拖欠劳动者劳动报酬。所谓"克扣",是指用人单位对履行了劳动合同规定的义务和责任,保质保量完成生产工作任务的劳动者,不支付或未足额支付其工资。所谓"无故拖欠",是指用人单位无正当理由在规定时间内故意不支付劳动者工资。

一、及时足额支付为原则,法定情形下可以依法代扣和扣除

用人单位应当及时足额向劳动者支付劳动报酬,不过根据《工资支付暂行规定》相关规定,有下列情形之一的,用人单位可以依法代扣劳动者工资:

(1) 用人单位代扣代缴的个人所得税;
(2) 用人单位代扣代缴的应由劳动者个人负担的各项社会保险费用;
(3) 法院判决、裁定中要求代扣的抚养费、赡养费;
(4) 法律、法规规定可以从劳动者工资中扣除的其他费用。

此外,《工资支付暂行规定》还规定,因劳动者本人原因给用人单位造成经济损失的,用人单位可按照劳动合同的约定要求其赔偿经济损失。经济损失的赔偿,可从劳动者本人的工资中扣除。但每月扣除的部分不得超过劳动者当月工资的20%。若扣除后的剩余工资部分低于当地月最低工资标准,则按最低工资标准支付。这里是双标准,一是扣除部分不得超过劳动者当月工资的20%;二是扣除后的剩余部分不得低于当地最低工资标准。

二、用人单位未及时足额支付劳动报酬的法律后果

1. 责令改正、加付赔偿金

根据《劳动合同法》的相关规定,用人单位未按照劳动合同的约定或者国家规定及时足额支付劳动者劳动报酬的,由劳动行政部门责令限期支付,逾期不支付的,用人单位按应付金额百分之五十以上百分之一百以下的标准向劳动者加付赔偿金。劳动者若要获得此种权利保障,可以向劳动行政部门寻求权利救济。

2. 合同解除、支付经济补偿

根据《劳动合同法》的相关规定,用人单位未及时足额支付劳动报酬的,劳动者可以立即解除劳动合同,并且在这种情况下,用人单位需要按照法定标准向劳动者支付经济补偿。劳动者若要获得此种权利保障,可以向劳动争议仲裁委员会和人民法院寻求权利救济。

此外,《劳动合同法》还规定,用人单位拖欠或者未足额支付劳动报酬的,劳动者可以依法向当地人民法院申请支付令,人民法院应当依法发出支付令。

小小陪审员

冯某于2003年5月2日进入沈阳某公司工作,从事设计工作。2008年2月22日,冯某以单位经常拖欠支付其工资为由与公司解除劳动合同,公司将冯某工资支付至当日。

2008年4月7日,经单位领导签字确认,冯某正式离职。冯某认为,单位经常拖欠其工资,应按法律规定向其支付经济补偿金。公司认为,冯某是在个人提出离职的情况下与单位解除劳动合同的,根据《劳动合同法》规定,劳动者提出动议协议解除劳动合同的,单位不应当支付经济补偿金,因此,不同意向冯某支付经济补偿,冯某遂诉至当地劳动争议仲裁委员会。

焦点问题:
　　冯某能拿到公司的经济补偿吗?
法理依据:(小组讨论)
判定结果:(小组讨论)

(三) 休息休假的权利

(1) 国家实行劳动者每日工作时间不超过八小时、平均每周工作时间不超过四十四小时的工时制度。用人单位应当保证劳动者每周至少休息一日。

用人单位不得违反《劳动法》的相关规定延长劳动者的工作时间。

用人单位由于生产经营需要,经与工会和劳动者协商后可以延长工作时间,一般每日不得超过1小时;因特殊原因需要延长工作时间的在保障劳动者身体健康的条件下延长工作时间每日不得超过3小时,但是每月不得超过36小时。

有下列情形之一的,延长工作时间不受上述规定的限制:
① 发生自然灾害、事故或者因其他原因,威胁劳动者生命健康和财产安全,需要紧急处理的;
② 生产设备、交通运输线路、公共设施发生故障,影响生产和公众利益,必须及时抢修的。

(2) 用人单位在下列节日期间应当依法安排劳动者休假:
① 元旦;
② 春节;
③ 国际劳动节;
④ 国庆节;
⑤ 法律、法规规定的其他休假节日。

> **深度链接**
>
> **综合计算工时工作制**
>
> 综合计算工时工作制是指以一定时间为周期(周、月、季、年),集中安排工作和休息,平均工作时间与法定标准工作时间基本相同的工作时间制度。
>
> 企业对符合下列条件之一的职工,可以实行综合计算工时制:
> (1) 交通、铁路、邮电、水运、航空、渔业等行业中因工作性质特殊,需连续作业的职工;
> (2) 地质、石油及资源勘探、建筑、制盐、制糖、旅游等受季节和自然条件限制的行业的部分职工;
> (3) 亦工亦农或受能源、原材料供应等条件限制难以均衡生产的乡镇企业的职工;

(4) 其他适合实行综合计算工时工作制的职工。对于在市场竞争中,由于受外界因素影响,生产任务不均衡的企业的部分职工,也可以参照综合计算工时工作制的办法实施。

实行综合计算工时工作制的企业职工,工作日正好是周日休息日的,属于正常工作;工作日正好是法定节假日的,要按照《劳动法》的相关规定支付职工的工资报酬。即安排在法定休假节日工作的,应另外支付给劳动者不低于劳动合同规定的劳动者本人小时或日工资标准300%的工资。

小小陪审员

赵先生到现在的公司已经两年了,工作很努力,被提升为公司的销售总监,公司把他列为高级管理人员,对他实行灵活的不定时工作制。最近,公司分管生产和销售的副总经理对赵先生的工作方法有些不同看法,对他提出了多次批评意见。但是,赵先生认为自己一贯干得很好,副总经理的批评意见分明是找茬,所以他从来听不进去,只是按照自己的习惯管理。结果,最近公司给他发出一份书面通知,要求他从下月起每天按时上下班,而且必须打卡,否则按旷工论处。赵先生觉得这完全是公司副总经理在整自己,便赌气不理会公司的通知,继续按照习惯上班。几天之后,公司对他作出了解聘决定,理由是他连续旷工,严重违反了《员工手册》的规定。赵先生非常委屈,但是公司确实有他旷工的考勤记录,公司《员工手册》也明确写了连续旷工3天者,公司可以解聘。

焦点问题:
　　公司的处理正确吗?
法理依据:(小组讨论)
判定结果:(小组讨论)

(四) 获得劳动安全卫生保护的权利

劳动安全卫生,又称劳动保护或者职业安全卫生,是指劳动者在生产和工作过程中应得到的生命安全和身体健康基本保障的制度。

(1) 用人单位必须建立、健全劳动卫生制度,严格执行国家劳动安全卫生规程和标准,对劳动者进行劳动安全卫生教育,防止劳动过程中的事故,减少职业危害。

(2) 劳动安全卫生设施必须符合国家规定的标准。新建、改建、扩建工程的劳动安全卫生设施必须与主题同时设计、同时施工、同时投入生产和使用。

(3) 用人单位必须为劳动者提供符合国家规定的劳动安全卫生条件和必要的劳动防护用品,对从事有职业危害作业的劳动者应当定期进行健康检查。

(4) 从事特种作业的劳动者必须经过专门培训并取得特种作业资格。

(5) 劳动者在劳动过程中必须严格遵守安全操作规程。劳动者对用人单位管理人员违章指挥、强令冒险作业,有权拒绝执行;对危害生命安全和身体健康的行为,有权提出批评、检举和控告。

（6）国家建立伤亡和职业病统计报告和处理制度。县级以上各级人民政府劳动行政部门、有关部门和用人单位应当依法对劳动者在劳动过程中发生的伤亡事故和劳动者的职业病状况，进行统计、报告和处理。

> **深度链接**
>
> 工伤和职业病
>
> 一、工伤
>
> 工伤，又称为产业伤害、职业伤害、工业伤害、工作伤害，是指劳动者在从事职业活动或者与职业活动有关的活动时所遭受的不良因素的伤害和职业病伤害。
>
> （一）职工有下列情形之一的，应当认定为工伤：
>
> （1）在工作时间和工作场所内，因工作原因受到事故伤害的；
>
> （2）工作时间前后在工作场所内，从事与工作有关的预备性或者收尾性工作受到事故伤害的；
>
> （3）在工作时间和工作场所内，因履行工作职责受到暴力等意外伤害的；
>
> （4）患职业病的；
>
> （5）因工外出期间，由于工作原因受到伤害或者发生事故下落不明的；
>
> （6）在上下班途中，受到机动车事故伤害的；
>
> （7）法律、行政法规规定应当认定为工伤的其他情形。
>
> （二）职工有下列情形之一的，视同工伤：
>
> （1）在工作时间和工作岗位，突发疾病死亡或者在48小时之内经抢救无效死亡的；
>
> （2）在抢险救灾等维护国家利益、公共利益活动中受到伤害的；
>
> （3）职工原在军队服役，因战、因公负伤致残，已取得革命伤残军人证，到用人单位后旧伤复发的。
>
> （三）职工有下列情形之一的，不得认定为工伤或者视同工伤：
>
> （1）因犯罪或者违反治安管理伤亡的；
>
> （2）醉酒导致伤亡的；
>
> （3）自残或者自杀的。
>
> （四）对社会保险行政部门认定下列情形为"上下班途中"的，人民法院应予支持：
>
> （1）在合理时间内往返于工作地与住所地、经常居住地、单位宿舍的合理路线的上下班途中；
>
> （2）在合理时间内往返于工作地与配偶、父母、子女居住地的合理路线的上下班途中；
>
> （3）从事属于日常工作生活所需要的活动，且在合理时间和合理路线的上下班途中；
>
> （4）在合理时间内其他合理路线的上下班途中。
>
> 二、职业病
>
> 职业病是指企业、事业单位和个体经济组织的劳动者在职业活动中，因接触粉尘、放射性物质和其他有毒、有害物质等因素而引起的疾病。各国法律都有对于职业病预防方面的规定，一般来说，凡是符合法律规定的疾病才能称为职业病。职业病的诊断，一般由

卫生行政部门授权的,具有一定专门条件的单位进行。最常见的职业病有尘肺、职业中毒、职业性皮肤病等。

小小陪审员

马某与某煤矿签订了一份合同,合同规定,在合同期间发生意外事故,不论什么原因,煤矿概不负责。两个月后,矿井大面积倒塌,马某受重伤。马某家属要求煤矿支付医疗费,但煤矿以合同规定为由,拒不支付医疗费。马某及其家属诉诸法院。

焦点问题:
马某及其家属是否能拿到煤矿支付医疗费?
法理依据:(小组讨论)
判定结果:(小组讨论)

(五)接受职业培训的权利

国家通过各种途径,采取各种措施,发展职业培训事业,开发劳动者的职业技能,提高劳动者素质,增强劳动者的就业能力和工作能力。

(1)各级人民政府应当把发展职业培训纳入社会经济发展的规划,鼓励和支持有条件的企业、事业组织、社会团体和个人进行各种形式的职业培训。

(2)用人单位应当建立职业培训制度,按照国家规定提取和使用职业培训经费,根据本单位实际,有计划地对劳动者进行职业培训。

(3)从事技术工种的劳动者,上岗前必须经过培训。

(4)国家确定职业分类,对规定的职业制度职业技能标准,实行职业资格证书制度,由经过政府批准的考核鉴定机构负责对劳动者实施职业技能考核鉴定。

(六)享受社会保险和福利的权利

国家发展社会保险事业,建立社会保险制度,设立社会保险基金,使劳动者在年老、患病、工伤、失业、生育等情况下获得帮助和补偿。

(1)用人单位和劳动者必须依法参加社会保险,缴纳社会保险费。

(2)劳动者在下列情形下,依法享受社会保险待遇:

① 退休;
② 患病、负伤;
③ 因工伤残或者患职业病;
④ 失业;
⑤ 生育。

小小陪审员

狄某与某公司于2003年4月15日签订一份无固定期限《劳动合同》,约定岗位为从

> 事销售工作。合同订立后,某公司安排狄某从事生产工作,月工资 800 元。2005 年 2 月 20 日狄某分娩生育孩子,并领取了独生子女证。2005 年 8 月狄某产假满后去某公司上班,某公司安排狄某从事营销工作,狄某不同意,双方发生争执,狄某未再上班。狄某垫付了产假期间应由某公司承担的养老保险费 920 元。狄某要求某公司补发产假工资及返还垫付的养老保险费并于 2005 年 10 月 8 日向劳动争议仲裁委员会申诉。
>
> **焦点问题:**
> 　某公司应该给付狄某工资、返还狄某垫付的养老保险费吗?
> **法理依据:**(小组讨论)
> **判定结果:**(小组讨论)

(七)提请劳动争议处理的权利

解决劳动争议,应当根据合法、公正、及时处理的原则,依法维护劳动争议当事人的合法权益。

(八)法律规定的其他劳动权利

劳动者还享有法律规定的其他劳动权利。

二、劳动者的基本义务

劳动者的义务是指劳动法规定的对劳动者必须作出一定行为或不得作出一定行为的约束。劳动者应履行的五项义务:

(一)完成劳动任务

劳动者有劳动就业的权利,而劳动者一旦与用人单位发生劳动关系,就必须履行其应尽的义务,其中最主要的义务就是完成劳动生产任务。这是劳动关系范围内的法定的义务,同时也是强制性义务。劳动者不能完成劳动义务,就意味着劳动者违反劳动合同的约定,用人单位可以解除劳动合同。

(二)提高职业技能

提高职业技能、执行劳动安全卫生规程,遵守劳动纪律和职业道德,既是劳动者的义务,也是劳动者完成劳动任务的保证。

(三)执行劳动安全卫生规程

劳动者对国家以及企业内部关于劳动安全卫生规程的规定,必须严格执行,以保障安全生产,从而保证劳动任务的完成。

(四)遵守劳动纪律

宪法规定遵守劳动纪律是公民的基本义务,其意义是重大的。劳动纪律是劳动者在共同劳动中所必须遵守的劳动规则和秩序。它要求每个劳动者按照规定的时间、质量、程序和方法完成自己应承担的工作。劳动者应当履行规定的义务,不断增强国家主人翁责任感,兢兢业业、勤勤恳恳地劳动,保质保量地完成规定的生产任务,自觉地遵守劳动纪律,维护工作制度和生产秩序。

(五)遵循职业道德

职业道德是从业人员在职业活动中应当遵循的道德。职业道德在职业生活中形成和发展,调节职业活动中的特殊道德关系和利益矛盾,它是一般社会道德在职业活动中的体现,其基本要求是忠于职守,并对社会负责。

第三节 劳动合同

一、劳动合同的概念

劳动合同是劳动者与用人单位确立劳动关系、明确双方权利和义务的协议。建立劳动关系应当订立劳动合同。

二、劳动合同的基本原则

订立劳动合同,应当遵循合法、公平、平等自愿、协商一致、诚实信用的原则。依法订立的劳动合同具有约束力,用人单位与劳动者应当履行劳动合同约定的义务。

三、劳动合同的订立和劳动合同的种类

(一)劳动合同的订立

1. 订立书面劳动合同

建立劳动关系,应当订立书面劳动合同。

已建立劳动关系,未同时订立书面劳动合同的,应当自用工之日起一个月内订立书面劳动合同。

2. 劳动关系的建立

用人单位自用工之日起即与劳动者建立劳动关系。

用人单位与劳动者在用工前订立劳动合同的,劳动关系自用工之日起建立。

3. 用人单位的告知义务和劳动者的说明义务

用人单位招用劳动者时,应当如实告知劳动者工作内容、工作条件、工作地点、职业危害、安全生产状况、劳动报酬,以及劳动者要求了解的其他情况;用人单位有权了解劳动者与劳动合同直接相关的基本情况,劳动者应当如实说明。

小小陪审员

王某是一名销售人员,几年前通过朋友介绍认识了本市一家私营企业老板,双方在生意上谈得很投缘,于是双方商定签订了一份合作生产销售协议书,双方在协议中约定,由企业负责产品开发设计、制造,由王某负责以该企业的名义予以销售,企业以出厂价给王某,王某可以在市场上自己定价进行销售,卖价越高,王某得到的利益越多。

王某销售产品价格与出厂价的差价扣除增值税即是王某的收入,多出的金额全部归王某所有。双方合作销售产品一年多来很愉快,王某的收益很好。但是,去年12月份双方在合作过程中发生了矛盾,相互之间产生不信任,今年2月企业向王某发出通知停止向其供货。于是,王某向劳动仲裁委员会申请劳动仲裁,要求确认与企业具有劳动关系,并

且要求企业为其缴纳合作期间的社会保险费等。

焦点问题：
    王某要求确认与企业具有劳动关系并缴纳社会保险费的仲裁请求是否会得到支持？
法理依据：（小组讨论）
判定结果：（小组讨论）

4. 用人单位不得扣押劳动者证件和要求提供担保

用人单位招用劳动者，不得扣押劳动者的居民身份证和其他证件，不得要求劳动者提供担保或者以其他名义向劳动者收取财物。

大专毕业生苏小姐在劳动力市场求职，报名应聘一家稍有规模的某私营电子企业。这家电子公司的老板当场收取每位应聘者600元押金，不交押金者不予录用。苏小姐觉得现在找份工作不容易，就交了600元押金，被某电子公司录用，双方签订了为期5年的劳动合同。苏小姐上了一个多月班后，拿到了劳动保障部门发送的《职工维权手册》，得知企业收取押金是违反劳动法律法规的，自己的权益受到了侵犯，于是向老板要求退还600元押金。老板宣称押金要到劳动合同期满才能退还苏小姐，如果苏小姐要退还，公司将以试用不合格为由，解除与苏小姐的劳动合同。苏小姐不服，向当地劳动争议仲裁委员会申诉。

焦点问题：
    苏小姐能从某电子公司拿回600元押金吗？
法理依据：（小组讨论）
判定结果：（小组讨论）

（二）劳动合同的种类

劳动合同分为固定期限劳动合同、无固定期限劳动合同和以完成一定工作任务为期限的劳动合同。

1. 固定期限劳动合同

固定期限劳动合同，是指用人单位与劳动者约定合同终止时间的劳动合同。用人单位与劳动者协商一致，可以订立固定期限劳动合同。

2. 无固定期限劳动合同

无固定期限劳动合同，是指用人单位与劳动者约定无确定终止时间的劳动合同。用人单位与劳动者协商一致，可以订立无固定期限劳动合同。

有下列情形之一，劳动者提出或者同意续订、订立劳动合同的，除劳动者提出订立固定期限劳动合同外，应当订立无固定期限劳动合同：

（1）劳动者在该用人单位连续工作满十年的；

（2）用人单位初次实行劳动合同制度或者国有企业改制重新订立劳动合同时，劳动者在该用人单位连续工作满十年且距法定退休年龄不足十年的；

（3）连续订立二次固定期限劳动合同，且劳动者没有出现《劳动法》规定的用人单位可以解除劳动合同的情形下，如果用人单位与劳动者签订了一次固定期限劳动合同，在签订第二次固定期限劳动合同时，就意味着下一次必须签订无固定期限劳动合同。所以在第一次劳动合同期满，用人单位与劳动者准备订立第二次固定期限劳动合同时，应当作出慎重考虑。

（4）用人单位自用工之日起满一年不与劳动者订立书面劳动合同的，视为用人单位与劳动者已订立无固定期限劳动合同。

3. 以完成一定工作任务为期限的劳动合同

以完成一定工作任务为期限的劳动合同，是指用人单位与劳动者约定以某项工作的完成为合同期限的劳动合同。

四、劳动合同的内容

劳动合同应当以书面形式订立，并具备以下条款：
（1）劳动合同期限；
（2）工作内容；
（3）劳动保护和劳动条件；
（4）劳动报酬；
（5）劳动纪律；
（6）劳动合同终止的条件；
（7）违反劳动合同的责任。

劳动合同除以上规定的必备条款外，用人单位与劳动者可以约定试用期、培训、保守秘密、补充保险和福利待遇等其他内容。劳动合同当事人可以在劳动合同中约定保守用人单位商业秘密的有关事项。

五、试用期

（一）劳动合同期限

劳动合同期限三个月以上不满一年的，试用期不得超过一个月；劳动合同期限一年以上不满三年的，试用期不得超过二个月；三年以上固定期限和无固定期限的劳动合同，试用期最长不得超过六个月。同一用人单位与同一劳动者只能约定一次试用期。以完成一定工作任务为期限的劳动合同或者劳动合同期限不满三个月的，不得约定试用期。试用期包含在劳动合同期限内。劳动合同仅约定试用期的，试用期不成立，该期限为劳动合同期限。

（二）试用期工资

劳动者在试用期的工资不得低于本单位相同岗位最低档工资或者劳动合同约定工资的百分之八十，并不得低于用人单位所在地的最低工资标准。

（三）试用期内解除劳动合同

用人单位在试用期解除劳动合同的，应当向劳动者说明理由。

小小陪审员

白某受聘于电信公司,任销售副总裁,劳动合同约定试用期为3个月,月薪2万9千元。

试用期满前一天,电信公司总裁找白某谈话,称其工作中存在问题,试用期终止,命令其到人力资源部办理离职手续。白某到人力资源部后,人力资源部出具了一份终止聘用关系通知书。白某对通知书中所称白某不能胜任岗位要求提出异议,人力资源部遂拟订了一份"离职协议书",白某以该协议内容过于苛刻为由拒绝签订。

试用期满五天后,电信公司发给白某一份"违纪辞退通知书",称因白某违反工作纪律和不能胜任工作岗位而被解除劳动合同。

白某随后诉讼至劳动仲裁委。电信公司辩称,在试用期内可以随时解除劳动合同,况且白某属于不符合录用条件及有违纪行为。

公司员工手册中规定,员工试用期满进行考核,考核合格的转正,考核不合格的解聘。

焦点问题:
(1) 电信公司的解聘是否合法有效?
(2) 白某应该提出什么仲裁申请?

法理依据:(小组讨论)

判断结果:(小组讨论)

六、劳动合同的履行、变更、解除和终止

(一) 劳动合同的履行

用人单位与劳动者应当按照劳动合同的约定,全面履行各自的义务。

(二) 劳动合同的变更

用人单位与劳动者协商一致,可以变更劳动合同约定的内容。变更劳动合同,应当采用书面形式。

变更后的劳动合同文本由用人单位和劳动者各执一份。

(三) 劳动合同的解除

1. 协商解除劳动合同

用人单位与劳动者协商一致,可以解除劳动合同。

2. 劳动者提前通知解除劳动合同

劳动者提前三十日以书面形式通知用人单位,可以解除劳动合同。劳动者在试用期内提前三日通知用人单位,可以解除劳动合同。

小小陪审员

劳动者小蔡提前30日以书面形式提出辞职。公司提出需要缴纳3万元赔偿费,否则

不开离职证明,办理档案转移手续,而小蔡已经找到了一个比较满意的工作,但是新单位需要离职证明和档案才可以办理入职手续。一方面要高额赔偿费,一方面新单位无法就职,大好机会马上就要丢失。但是如果提起仲裁,至少要等到3个月后才能出结果,小蔡的新工作机会就会丢失。万般无奈,小蔡只能按照公司的要求缴纳赔偿费,然后办理了交接,拿到了档案和离职证明后。事后,小蔡向劳动仲裁机构提起仲裁,要求公司返还无理收取的赔偿费。

焦点问题:
　　小蔡提出劳动仲裁,要求公司返还无理收取的赔偿费3万元的诉讼请求是否会得到劳动仲裁委会的支持?

法理依据:(小组讨论)

判定结果:(小组讨论)

3. 劳动者单方解除劳动合同

用人单位有下列情形之一的,劳动者可以随时通知用人单位解除劳动合同:
(1) 在试用期内的;
(2) 用人单位未按照劳动合同约定支付劳动报酬或者提供劳动条件的;
(3) 用人单位未依法为劳动者缴纳社会保险费的;
(4) 用人单位以暴力、威胁或者非法限制人身自由的手段强迫劳动的。

4. 用人单位单方解除劳动合同

劳动者有下列情形之一的,用人单位可以解除劳动合同:
(1) 在试用期间被证明不符合录用条件的;
(2) 严重违反劳动纪律或者用人单位规章制度的;
(3) 严重失职、营私舞弊,对用人单位利益造成重大损害的;
(4) 被依法追究刑事责任的。

小小陪审员

　　王某系某大型连锁超市销售部经理,在2011年单位的内部销售业绩考核中,被单位认定为年度销售业绩下滑,考核认定为不合格,单位因此根据内部的考核管理办法,单方面解除了与王某的劳动合同。王某对单位这种无故、强行解除劳动合同的行为不服,多次找到单位协商经济补偿金的事宜,单位都未予以理会。
　　王某即向劳动仲裁机构提起了劳动仲裁,向单位主张双倍经济赔偿。

焦点问题:
　　王某的单位强行解除劳动合同,王某是否能得到单位的双倍经济赔偿金?

法理依据:(小组讨论)

判定结果:(小组讨论)

5. 无过失性辞退

劳动者有下列情形之一的,用人单位提前三十日以书面形式通知劳动者本人或者额外支付劳动者一个月工资后,可以解除劳动合同:

(1) 劳动者患病或者非因工负伤,在规定的医疗期满后不能从事原工作,也不能从事由用人单位另行安排的工作的;

(2) 劳动者不能胜任工作,经过培训或者调整工作岗位,仍不能胜任工作的;

(3) 劳动合同订立时所依据的客观情况发生重大变化,致使劳动合同无法履行,经用人单位与劳动者协商,未能就变更劳动合同内容达成协议的。

> **☀ 小小陪审员**
>
> 2012年8月申请人王某进入上海某机械有限公司,在上海某机械有限公司担任作业经理一职,双方签订了一份无固定期限劳动合同。王某月工资为22000元。2013年6月,上海某机械有限公司以王某负责管理的六名下属利用职务之便,伙同他人损害公司利益,造成公司经济与名誉的重大损失为理由,认定王某不胜任工作,将王某的工作岗位调整为操作员,并且工资相应地调整为每月4000元。王某不服,申请劳动仲裁,要求上海某机械有限公司恢复其原作业经理的工作岗位,并按照原工资22000每月的标准补足差额。
>
> **焦点问题:**
> 王某最终能恢复原作业经理的岗位并拿到工资的补偿差额吗?
>
> **法理依据:**(小组讨论)
>
> **判定结果:**(小组讨论)

---

6. 用人单位不得解除劳动合同的情形

劳动者有下列情形之一的,用人单位不得解除劳动合同:

(1) 从事接触职业病危害作业的劳动者未进行离岗前职业健康检查,或者疑似职业病病人在诊断或者医学观察期间的;

(2) 在本单位患职业病或者因工负伤并被确认丧失或者部分丧失劳动能力的;

(3) 患病或者非因工负伤,在规定的医疗期内的;

(4) 女职工在孕期、产期、哺乳期的;

(5) 在本单位连续工作满十五年,且距法定退休年龄不足五年的;

(6) 法律、行政法规规定的其他情形。

(四) 劳动合同的终止

有下列情形之一的,劳动合同终止:

(1) 劳动合同期满的;

(2) 劳动者开始依法享受基本养老保险待遇的;

(3) 劳动者死亡,或者被人民法院宣告死亡或者宣告失踪的;

(4) 用人单位被依法宣告破产的;

(5) 用人单位被吊销营业执照、责令关闭、撤销或者用人单位决定提前解散的;

(6) 法律、行政法规规定的其他情形。

小小陪审员

王小姐是一家广告公司的销售主管,由于在一笔销售提成款的问题上与公司产生分歧,她一气之下于2013年4月20日向公司发送了一封电子邮件:"我决定今天辞职,希望公司可以安排交接人员于5月19日前将我的工作交接完毕。"人力资源部门直到5月10日才作出接受辞职的答复。王小姐十分意外,本以为公司会挽留她,没想到公司竟然同意了自己的辞职请求。深感懊悔的王小姐向当地劳动争议仲裁委员会提出仲裁申请。她认为,电子邮件的辞职申请只是自己一个意向表示,应当是书面申请才能构成正式的辞职信。公司发出的这一决定显然是单方面终止与自己的劳动关系,因此要求公司继续履行原劳动合同。

焦点问题:
  电子邮件的辞职申请具有法律效力吗?
法理依据:(小组讨论)
判断结果:(小组讨论)

深度链接

集体合同

集体合同是企业职工一方与企业可以就劳动报酬、工作时间、休息休假、劳动安全卫生、保险福利等事项,通过平等协商达成的书面协议。集体合同草案应当提交职工代表大会或者全体职工讨论通过。

集体合同由工会代表职工与企业签定;没有建立工会的企业,有职工推举的代表与企业签定。

集体合同签定后应当报送劳动行政部门;劳动行政部门自收到集体合同文本之日起15日内未提出异议的,集体合同即行生效。

依法签定的集体合同对企业和企业全体职工具有约束力。职工个人与企业订立的劳动合同中劳动条件和劳动报酬等标准不得低于集体合同的规定。

七、无效的劳动合同

下列劳动合同无效:
(1) 违反法律、行政法规的劳动合同;
(2) 采取欺诈、威胁等手段订立的劳动合同。

无效的劳动合同,从订立的时候起,就没有法律约束力。确认劳动合同部分无效的,如果不影响其余部分的效力,其余部分仍然有效。劳动合同的无效,由劳动争议仲裁委员会或者人民法院确认。

第四节　劳动争议的解决

一、劳动争议的概念

劳动争议是指劳动关系中的双方当事人因执行劳动法律、法规或履行劳动合同、集体合同而发生的纠纷。

二、劳动争议的处理程序

用人单位与劳动者发生劳动争议，当事人可以依法申请调解、仲裁、提起诉讼，也可以协商解决。解决劳动争议，应当根据合法、公正、及时处理的原则，依法维护劳动争议当事人的合法权益。

劳动争议处理程序一般有协商、调解、仲裁和诉讼。劳动争议发生后，当事人可以向本单位劳动争议调解委员会申请调解；调解不成，当事人一方要求仲裁的，可以向劳动争议仲裁委员会申请仲裁。当事人一方也可以直接向劳动争议仲裁委员会申请仲裁。对仲裁裁决不服的，可以向人民法院提起诉讼。

提出仲裁要求的一方应当自劳动争议发生之日起六十日内向劳动争议仲裁委员会提出书面申请。仲裁裁决一般应在收到仲裁申请的六十日内作出。对仲裁裁决无异议的，当事人必须履行。

劳动争议当事人对仲裁裁决不服的，可以自收到仲裁裁决书之日起十五日内向人民法院提起诉讼。一方当事人在法定期限内不起诉又不履行仲裁裁决的，另一方当事人可以申请人民法院强制执行。

> **深度链接**
>
> **申请劳动争议仲裁需提供的申请材料**
>
> 申诉人向仲裁委员会申请劳动争议仲裁时，应当提交申诉书，并按照被诉人数提交副本。申诉书应当载明申诉人的姓名、职业、住址、工作单位、邮政编码以及联系电话和被诉人（企业）的名称、地址和法定代表人的姓名、职务、联系电话；申诉书应当着重阐明仲裁请求和所根据的事实和理由；并且提供相应的证据材料。
>
> 仲裁当事人可以委托一至二名律师或者其他人代理参加仲裁活动。委托他人参加仲裁活动，必须向仲裁委员会提交有委托人签名或者盖章的委托书，委托书应当具体明确委托权限有无代为提出、承认、放弃和变更申诉请求、代为进行和解权利。

> **小小陪审员**
>
> 某公司员工小刘在销售部工作多年，工资收入颇丰。2007年1月，小刘却莫名其妙

地被口头通知销售部实行新的规定,提高了任务额,且完不成任务就只发基本工资 800 元。小刘不服,认为公司的做法实际是逼迫员工自己辞职,感觉公司不适合自己的未来前途,便借此机会提出仲裁:以公司降低工资,被迫辞职为理由,要求经济补偿金。不料小刘此举触怒了公司,公司否认有降低工资的说法,并反诉小刘提前违约,应当赔偿损失。

焦点问题:
　　小刘能拿到公司的经济补偿金吗?
法理依据:(小组讨论)
判定结果:(小组讨论)

第五节　违反劳动法的责任

《劳动法》对各种违法行为规定了应该承担的法律责任,包括行政责任、民事责任和刑事责任。

一、行政责任

(1) 由于用人单位的原因订立的无效合同,对劳动者造成损害的,应当承担赔偿责任。
(2) 用人单位制定的劳动规章制度违反法律、法规规定的,由劳动行政部门给予警告,责令改正;对劳动者造成损害的,应当承担赔偿责任。

二、民事责任

用人单位违反《劳动法》的相关规定,延长劳动者工作时间的,由劳动行政部门给予警告,责令改正,并可以处以罚款。

用人单位有下列侵害劳动者合法权益情形之一的,由劳动行政部门责令支付劳动者的工资报酬、经济补偿,并可以责令支付赔偿金:
(1) 克扣或者无故拖欠劳动者工资的;
(2) 拒不支付劳动者延长工作时间工资报酬的;
(3) 低于当地最低工资标准支付劳动者工资的;
(4) 解除劳动合同后,未依照《劳动法》的相关规定给予劳动者经济补偿的。

三、刑事责任

用人单位强令劳动者违章冒险作业,发生重大伤亡事故,造成严重后果的,对责任人员依法追究刑事责任。

学以致用

请以案例背景材料为依据,为张某拟定一份劳动争议仲裁申请书。

要求:格式正确,劳动争议仲裁申请书主要条款完备,内容具体明确。

案例:

张某系职业高中毕业生,分到某合资饭店工作,并与饭店正式签订了为期二年的劳动合同。在劳动合同终止前的一个月,张某将合同到期后不再与饭店续订一事向饭店提出了请求,饭店人事部表示同意并答复张某过一个月后来办手续。一个月以后,张某手持接收单位的商调函找到饭店要求办理调离手续时,人事部负责人却突然提出:"要调走可以,但必须交齐后三年的培养费1200元,然后才给办理调动手续。"张某认为,与饭店签订的是为期二年的劳动合同,自己既没有经过饭店培训,又没有提前解除合同,饭店收取培训费是非法的。饭店根据其制定的《饭店员工须知》第18条"凡到饭店工作的人员至少应服务五年……"的规定则认为:张某与饭店签订的二年劳动合同虽然已经到期,但至少还应与饭店续签三年的劳动合同,如果张某不再为饭店服务,则应赔偿饭店培训费1200元。在此之后,张某又多次与饭店交涉,得到的答复仍然是"要调离,必须交齐1200元培训费,否则,不能办理调离手续"。在这种情况下,张某向父母求助,凑齐了1200元,办理了离店手续。对于饭店这种违背职工意愿,合同到期后职工不再续签劳动合同,饭店强行收取培训费的做法,张某无法接受,遂向劳动争议仲裁委员会提出申诉,要求给予公正处理。

深度链接

劳动合同范本

一、双方在签订本合同前,应认真阅读本合同书。本合同一经签订,即具有法律效力,双方必须严格履行。

二、本合同必须由用人单位(甲方)的法定代表人(或者委托代理人)和职工(乙方)亲自签章,并加盖用人单位公章(或者劳动合同专用章)方为有效。

三、本合同中的空栏,由双方协商确定后填写,并不得违反法律、法规和相关规定;不需填写的空栏,划上"/"。

四、工时制度分为标准工时、不定时、综合计算工时三种。实行不定时、综合计算工时工作制的,应经劳动保障部门批准。

五、本合同的未尽事宜,可另行签订补充协议,作为本合同的附件,与本合同一并履行。

六、本合同必须认真填写,字迹清楚、文字简练、准确,并不得擅自涂改。

七、本合同(含附件)签订后,甲乙双方各保管一份备查。

甲方(用人单位):　　　　　　　　乙方(职工):

名称:　　　　　　　　　　　　　　姓名:

法定代表人:　　　　　　　　　　　身份证号码:

地址:　　　　　　　　　　　　　　现住址:

联系电话:　　　　　　　　　　　　联系电话:

根据《中华人民共和国劳动法》和国家及省的有关规定,甲乙双方按照平等自愿、协商一致的原则订立本合同。

一、合同期限

(一)合同期限

双方同意按以下第_____种方式确定本合同期限:

1. 有固定期限:从_____年_____月_____日起至_____年_____月_____日止。

2. 无固定期限:从_____年_____月_____日起至本合同约定的终止条件出现时止(不得将法定解除条件约定为终止条件)。

3. 以完成一定的工作为期限:从_____年_____月_____日起至工作任务完成时止。

(二)试用期限

双方同意按以下第_____种方式确定试用期期限(试用期包括在合同期内):

1. 无试用期。

2. 试用期从_____年_____月_____日起至_____年_____月_____日止。

(试用期最长不超过六个月。其中合同期限在六个月以下的,试用期不得超过十五日;合同期限在六个月以上一年以下的,试用期不得超过一个月;合同期限在一年以上两年以下的,试用期不得超过二个月。)

二、工作内容

1. 乙方的工作岗位(工作地点、部门、工种或职务)为_____。

2. 乙方的工作任务或职责是_____。

3. 甲方因生产经营需要调整乙方的工作岗位,按变更本合同办理,双方签章确认的协议或通知书作为本合同的附件。

4. 如甲方派乙方到外单位工作,应签订补充协议。

三、工作时间

(一)甲乙双方同意以下第_____种方式确定乙方的工作时间:

1. 标准工时制,即每日工作_____小时,每周工作_____天,每周至少休息一天。

2. 不定时工作制,即经劳动保障部门审批,乙方所在岗位实行不定时工作制。

3. 综合计算工时工作制,即经劳动保障部门审批,乙方所在岗位实行以_____为周期,总工时_____小时的综合计算工时工作制。

(二)甲方因生产(工作)需要,经与工会和乙方协商后可以延长工作时间。除《劳动法》第四十二条规定的情形外,一般每日不得超过一小时,因特殊原因最长每日不得超过三小时,每月不得超过三十六小时。

四、工资待遇

1. 乙方正常工作时间的工资按下列第_____种形式执行,不得低于当地最低工资标准。

(1)乙方试用期工资_____元/月;试用期满工资_____元/月(_____元/日)。

(2)其他形式:_____。

2. 工资必须以法定货币支付,不得以实物及有价证券替代货币支付。

3. 甲方根据企业的经营状况和依法制定的工资分配办法调整乙方工资，乙方在六十日内未提出异议的视为同意。

4. 甲方每月_____日发放工资。如遇节假日或休息日，则提前到最近的工作日支付。

5. 甲方依法安排乙方延长工作时间的，应按《劳动法》第四十四条的规定支付延长工作时间的工资报酬。

五、劳动保护和劳动条件

1. 甲方按国家和省有关劳动保护规定提供符合国家劳动卫生标准的劳动作业场所，切实保护乙方在生产工作中的安全和健康。如乙方工作过程中可能产生职业病危害，甲方应按《职业病防治法》的规定保护乙方的健康及其相关权益。

2. 甲方根据乙方从事的工作岗位，按国家有关规定，发给乙方必要的劳动保护用品，并按劳动保护规定每(年/季/月)免费安排乙方进行体检。

3. 乙方有权拒绝甲方的违章指挥、强令冒险作业，对甲方及其管理人员漠视乙方安全和健康的行为，有权要求改正并向有关部门检举、控告。

六、社会保险和福利待遇

1. 合同期内，甲方应依法为乙方办理参加养老、医疗、失业、工伤、生育等社会保险的手续，社会保险费按规定的比例，由甲乙双方负责。

2. 乙方患病或非因工负伤，甲方应按国家和地方的规定给予医疗期和医疗待遇，按医疗保险及其他相关规定报销医疗费用，并在规定的医疗期内支付病假工资或疾病救济费。

3. 乙方患职业病、因工负伤或者因工死亡的，甲方应按《工伤保险条例》的规定办理。

4. 甲方按规定给予乙方享受节日假、年休假、婚假、丧假、探亲假、产假、看护假等带薪假期，并按本合同约定的工资标准支付工资。

七、劳动纪律

1. 甲方根据国家和省的有关法律、法规通过民主程序制定的各项规章制度，应向乙方公示；乙方应自觉遵守国家和省规定的有关劳动纪律、法规和企业依法制定的各项规章制度，严格遵守安全操作规程，服从管理，按时完成工作任务。

2. 甲方有权对乙方履行制度的情况进行检查、督促、考核和奖惩。

3. 如乙方掌握甲方的商业秘密，乙方有义务为甲方保守商业秘密。

八、本合同的变更

1. 任何一方要求变更本合同的有关内容，都应以书面形式通知对方。

2. 甲乙双方经协商一致，可以变更本合同，并办理变更本合同的手续。

九、本合同的解除

1. 经甲乙双方协商一致，本合同可以解除。由甲方解除本合同的，应按规定支付经济补偿金。

2. 属下列情形之一的，甲方可以单方解除本合同：

(1) 试用期内证明乙方不符合录用条件的。

(2) 乙方严重违反劳动纪律或甲方规章制度的。

(3) 严重失职、营私舞弊，对甲方利益造成重大损害的。

(4) 乙方被依法追究刑事责任的。

（5）甲方歇业、停业、濒临破产处于法定整顿期间或者生产经营状况发生严重困难的。

（6）乙方患病或非因工负伤,医疗期满后不能从事本合同约定的工作,也不能从事由甲方另行安排的工作的。

（7）乙方不能胜任工作,经过培训或者调整工作岗位,仍不能胜任工作的。

（8）本合同订立时所依据的客观情况发生重大变化,致使本合同无法履行,经当事人协商不能就变更本合同达成协议的。

（9）本合同约定的解除条件出现的。

甲方按照第（5）、（6）、（7）、（8）、（9）项规定解除本合同的,需提前三十日书面通知乙方,并按规定向乙方支付经济补偿金,其中按第（6）项解除本合同并符合有关规定的还需支付乙方医疗补助费。

3. 乙方解除本合同,应当提前三十日以书面形式通知甲方。但属下列情形之一的,乙方可以随时解除本合同:

（1）在试用期内的。

（2）甲方以暴力、威胁或者非法限制人身自由的手段强迫劳动的。

（3）甲方不按本合同规定支付劳动报酬,克扣或无故拖欠工资的。

（4）经国家有关部门确认,甲方劳动安全卫生条件恶劣,严重危害乙方身体健康的。

4. 有下列情形之一的,甲方不得解除本合同:

（1）乙方患病或非因工负伤,在规定的医疗期内的。

（2）乙方患有职业病或因工负伤,并经劳动能力鉴定委员会确认,丧失或部分丧失劳动能力的。

（3）女职工在孕期、产期、哺乳期内的。

（4）法律、法规规定的其他情形。

5. 解除本合同后,甲乙双方在七日内办理解除劳动合同有关手续。

十、本合同的终止

本合同期满或甲乙双方约定的本合同终止条件出现,本合同即行终止。

本合同期满前一个月,甲方应向乙方提出终止或续订劳动合同的书面意向,并及时办理有关手续。

十一、违约情形及责任

1. 甲方的违约情形及违约责任:_____。

2. 乙方的违约情形及违约责任:_____。

十二、调解及仲裁

双方履行本合同如发生争议,可先协商解决;不愿协商或协商不成的,可以向本单位劳动争议调解委员会申请调解;调解无效,可在争论发生之日起六十日内向当地劳动争议仲裁委员会申请仲裁;也可以直接向劳动争议仲裁委员会申请仲裁。对仲裁决不服的,可在十五日内向人民法院提起诉讼。

十三、其他

1. 本合同未尽事宜,按国家和地方有关政策规定办理。在合同期内,如本合同条款与国家、省有关劳动管理新规定相抵触的,按新规定执行。

2. 下列文件规定为本合同附件,与本合同具有同等效力:
(1)
(2)
(3)
3. 双方约定(内容不得违反法律及相关规定,可另加双方签名或盖章的附页):

甲方:(盖章)　　　　　　　　　　　　　　　乙方:(签名或盖章)
法定代表人(或委托代理人):
20____年____月____日　　　　　　　　　　20____年____月____日

 知识巩固练习

一、重要概念
劳动法　劳动合同　无固定期限劳动合同　无效劳动合同　劳动争议

二、简述题
1. 简述劳动法的适用范围。
2. 劳动者的基本权利是什么?
3. 劳动者的基本义务是什么?
4. 劳动合同的种类有哪几种?
5. 劳动合同的内容是什么?
6. 劳动争议的处理程序是怎样的?
7. 违反劳动法的责任有哪些?

三、案例分析
【案例一】
余某 2009 年进入深圳某制衣厂工作,公司在余某进厂时仅为其参加了工伤保险,2012 年 6 月,公司为余某参加了养老保险,2013 年 1 月份,公司才为余某参加医疗保险。2014 年 7 月 1 日,余某以用人单位没有依法为其参加社会保险为由,要求与公司解除劳动合同并要求支付其经济补偿金,其理由为:①公司没有在其入职之日起为其依法参险;②公司没有按照其实际工资为其足额缴纳社会保险;③公司直至目前尚为其依法购买失业保险。
问题:
1. 余某的理由是否都应当得到支持?
2. 公司是否需要支付余某经济补偿金,如需要应当如何支付?

【案例二】

某公司为减员增效,规定传达室由3人减至2人,要求轮流值白班和夜班,无周休日,节假日由保卫科人员轮流到传达室值班。2名门卫每天工作12小时,两个月后感到体力不支,拒绝双休日长期加班,与公司发生争议。公司认为门卫工作时间虽长,但工作量不如车间大,特别是夜间门卫可以睡觉;双休日加班并不少给加班费。2名门卫则不同意厂方观点,认为双休日长期加班有损健康,尽管厂方并不少给加班费,但要求按工时制度执行,每月加班、加点不超过36小时,保证依法享有休息权。双方协商不成,2名门卫遂向劳动争议仲裁委员会提出申诉。

问题:
劳动仲裁委员会是否会支持门卫的申诉?

【案例三】

应某于2010年9月被录用为某服装工业公司工人,双方签订为期6年的劳动合同。2014年4月起,服装工业公司接到一份来料加工订单:加工各四万件丝绸和亚麻衬衣,时间三个月,到期按样验收出口。厂长宋某感到压力很大,遂未与厂工会协商,就在厂门口贴出告员工通知:即日起全厂生产职工每天加班4小时,周日不休息,苦干60天,顺利完成上级交给的来样加工任务,每日每人定额补助加班费12元。应某与其他生产职工一样在头一个月一直按要求每日加班加点,周日亦未休息,定额领取加班费。但每天连续数小时的加班,应某甚感身体不适,要求隔日加班,以便身体能稍有恢复。厂方不同意,但应某决定不再连续加班。数日后公司以应某不服从用人单位安排,拒绝参加单位紧急生产劳动,对全厂正常生产秩序造成极坏影响为由,经厂务会议决定,对应某依法作出除名处理。

问题:
公司的决定是否正确?

第九章 经济仲裁与经济诉讼法律制度

> **案例导入**
>
> 【案例回放】
>   张丽萍于某年年初购买了某房地产公司"茶园小区"三房二厅现货住宅一套,价格35万元。张丽萍按约定缴纳了购房款后发现房地产公司未能按照约定办妥房产证、土地使用证等相关售房手续,遂要求退房,同时要求房地产公司赔偿因此造成的损失。
>   房地产公司认为,未能如约办妥相关手续责任不在自己,因而拒绝张丽萍的要求。张丽萍于是按照购房合同约定向当地仲裁委员会请求仲裁。房地产公司接到仲裁委员会的通知后,认为张丽萍的请求超出了原合同约定的仲裁范围,遂拒绝出庭参与仲裁。
>   1. 张丽萍的请求是否属于合同约定的仲裁范围?
>   2. 房地产公司应如何表达自己的不同意见?
>
> 【以案析法】
>   1. 张的请求属于因合同履行发生的争议:在张女士按约交付购房款后,房产公司未能提供房产证和土地使用证,意即房产公司未能按时交付房屋按约进行所有权转移,属于根本违约,因违约而造成合同另一方的损失由违约方承担。因此属于仲裁范围。
>   2. 房地产公司可以约定仲裁机构不明另行协商仲裁机构或进行诉讼。

第一节 经济仲裁

一、经济仲裁概述

(一) 经济仲裁的概念

经济仲裁是一种和平解决经济纠纷的方法,指经济合同的当事人双方发生争议时,如通过协商不能解决,当事人一方或双方自愿将争议的事项或问题提交给双方同意的第三者依照专门的仲裁规则进行裁决,由其作出对双方均有约束力的裁决。

(二) 仲裁法适用的范围

仲裁法适用于平等主体的公民、法人和其他经济组织之间发生合同纠纷和其他财产纠纷。婚姻、监护、抚养、继承纠纷和依法应当由行政机关处理的行政争议不能仲裁。

二、经济仲裁的基本原则

经济纠纷仲裁的基本原则是指经济纠纷仲裁活动中,仲裁机构以及双方当事人及其参与人必须遵循的准则。主要包括:

(一) 自愿原则

这是仲裁制度的一个基本原则,主要体现在以下几个方面:

(1) 采用仲裁方式解决纠纷,必须双方自愿,并达成书面仲裁协议。没有仲裁协议一方申请仲裁的,仲裁委员会不予受理。

(2) 当事人双方有权自愿选择仲裁机构。仲裁委员会应当由当事人协议选定。仲裁不实行级别管辖和地域管辖,被选定的仲裁委员会必须仲裁。

(3) 当事人有权选择仲裁员。根据仲裁法的规定,仲裁员由当事人自愿选任。

(4) 当事人有权约定仲裁程序中依法可约定的事项。仲裁法规定了许多当事人可以自由约定的事项,如当事人可约定仲裁庭的组成方式,可约定是否开庭仲裁、是否公开仲裁、是否进行调解。

(二) 仲裁独立原则

仲裁依法独立进行,不受行政机关、社会团体和个人的干涉。这是法律赋予仲裁机构和仲裁员的权力,也体现出仲裁机构的独立性职能。仲裁的独立性表现在仲裁机构不隶属于任何行政机关;仲裁庭享有独立的仲裁权,仲裁委员会不作干预;法院对仲裁的监督只是事后监督,不能事前干预。

(三) 根据事实,符合法律规定,公平合理解决经济纠纷原则

1. 根据事实

根据事实就是在仲裁审理过程中,要全面、客观、深入地查清与案件有关的事实情况,包括纠纷发生的原因、发生的过程、现状及各方的争议所在,通过查明事实,分清是非曲直,为适用法律打下良好基础。

2. 符合法律规定

符合法律规定就是仲裁庭在查清事实的基础上,根据法律的有关规定确认当事人的权利和义务,确定承担责任的方式以及赔偿数额的大小。

首先是仲裁庭处理纠纷应当公平、公正、不偏不倚。仲裁员不同于律师,他不代表任何一方当事人的利益。无论仲裁员是哪一方选定的,他都应当公平地对待双方当事人,公正地处理纠纷。其次,公平合理还意味着,对争议的处理法律未作明确规定的,仲裁庭可以参照经济贸易活动中被人们所普遍接受的做法即国际贸易惯例或者行业惯例进行裁断。

三、经济仲裁机构

(一) 仲裁委员会

仲裁委员会是受理经济纠纷案件,进行仲裁工作,解决经济纠纷的社会团体法人。根据我国《仲裁法》规定,仲裁委员会可以在直辖市和省、自治区人民政府所在地设立,也可以根据需要在其他设区的市设立,不按行政区划层层设立。仲裁委员会由所在市人民政府组织有关部门和商会统一组建。

设立仲裁委员会,应当经省、自治区、直辖市的司法行政部门登记。仲裁委员会独立于行政机关,与行政机关没有隶属关系。仲裁委员会之间也没有隶属关系,也不隶属于行政机关。

仲裁委员会应当具备下列条件:

(1) 有自己的名称、住所和章程;

(2) 有必要的财产;

(3) 有该委员会的组成人员;

(4) 有聘任的仲裁员。

(二) 仲裁员

仲裁委员会由主任一人、副主任2至4人和委员7至11人组成。仲裁委员会的主任、副主任和委员由法律、经济贸易专家和有实际工作经验的人员担任。仲裁委员会的组成人员中,法律、经济贸易专家不得少于三分之二。仲裁委员会应当从公道正派的人员中聘任仲裁员。

仲裁员应符合下列条件之一:

(1) 从事仲裁工作满8年的;

(2) 从事律师工作满8年的;

(3) 曾任审判员满8年的;

(4) 从事法律研究、教学工作并具有高级职称的;

(5) 具有法律知识、从事经济贸易等专业工作,并具有高级职称或者具有同等专业水平的。

仲裁委员会按照不同专业设仲裁员名册。

(三) 仲裁机构的基本制度

我国《仲裁法》在原有法律对仲裁的基本制度规定的基础上,根据市场经济对仲裁工作提出的客观要求,借鉴国际通行做法,确立了以下基本工作制度。

1. 协议仲裁制度

当事人采用仲裁方式解决纠纷,应当双方自愿,达成仲裁协议。没有仲裁协议,一方申请仲裁的,仲裁机构不予受理。

2. 回避制度

仲裁员仲裁案件实行回避制度。回避是指仲裁员具有可能影响案件公正裁决的情形时,依照法律规定,自行申请退出仲裁或者根据当事人申请退出仲裁。我国《仲裁法》规定:仲裁员有下列情形之一的,必须回避,当事人也有权提出回避申请:

(1) 是本案当事人或当事人、代理人的近亲属;

(2) 与本案有利害关系的;

(3) 与本案当事人、代理人有其他关系,可能影响公正仲裁的;

(4) 私自会见当事人、代理人或者接受当事人、代理人的请客送礼的。

当事人提出回避申请,应当说明理由,在首次开庭前提出。回避事由在首次开庭后知道的,可以在最后一次开庭终结提出。仲裁员是否回避,由仲裁委员会主任决定;仲裁委员会主任担任仲裁员时,由仲裁委员会集体决定。

3. 或裁或审制度

当事人达成仲裁协议,应当向仲裁机构申请仲裁,不能向法院起诉。一方向法院起诉的,人民法院不予受理。但仲裁协议无效的除外。如果没有仲裁协议,仲裁机构不受理,当事人可直接向人民法院提起诉讼。

4. 一裁终局制度

仲裁实行一裁终局的制度,裁决作出后,当事人就同一纠纷再申请仲裁或者向人民法院起诉的,仲裁委员会或者人民法院不予受理。一裁终局制度是仲裁程序简便、迅速的具体体现,它不仅排除了一裁二审的可能性,同时也否认一裁复议的两裁终局制度。

四、仲裁协议

(一)仲裁协议的基本内容

仲裁协议包括合同中订立的仲裁条款和以其他书面方式在纠纷发生前或者纠纷发生后达成的请求仲裁的协议。

仲裁协议应当具有下列内容:

(1)请求仲裁的意思表示;

(2)仲裁事项;

(3)选定的仲裁委员会。

(二)仲裁协议的无效

有下列情形之一的,仲裁协议无效:

(1)约定的仲裁事项超出法律规定的仲裁范围的;

(2)无民事行为能力人或者限制民事行为能力人订立的仲裁协议;

(3)一方采取胁迫手段,迫使对方订立仲裁协议的。

仲裁协议对仲裁事项或者仲裁委员会没有约定或者约定不明确的,当事人可以补充协议;达不成补充协议的,仲裁协议无效。仲裁协议独立存在,合同的变更、解除、终止或者无效,不影响仲裁协议的效力。仲裁庭有权确认合同的效力。

当事人对仲裁协议的效力有异议的,可以请求仲裁委员会作出决定或者请求人民法院作出裁定。一方请求仲裁委员会作出决定,另一方请求人民法院作出裁定的,由人民法院裁定。

当事人对仲裁协议的效力有异议,应当在仲裁庭首次开庭前提出。

> **小小陪审员**
>
> 2013年7月,石家庄市奥龙健身房与广州市健身器械公司签订了一份购销合同。合同中的仲裁条款规定:"因履行合同发生的争议,由双方协商解决;无法协商解决的,由仲裁机构仲裁。"2013年9月,双方发生争议,奥龙健身房向其所在地的石家庄市仲裁委员会递交了仲裁申请书,但健身器械公司拒绝答辩。同年11月,双方经过协商,重新签订了一份仲裁协议,并商定将此合同争议提交该健身器械公司所在地的广州市仲裁委员会仲裁。事后奥龙健身房担心广州市仲裁委员会实行地方保护主义,偏袒健身器械公司,故未申请仲裁,而向合同履行地人民法院提起诉讼,且起诉时说明此前两次仲裁的情况,法院受理此案,并向健身器械公司送达了起诉状副本,

该器械公司向法院提交了答辩状。法院经审理判决被告某健身器械公司败诉,被告不服,理由是双方事先有仲裁协议,法院判决无效。

焦点问题:
(1) 购销合同中的仲裁条款是否有效?
(2) 争议发生后,双方签订的协议是否有效?
(3) 原告奥龙健身房向法院提起诉讼正确与否?
(4) 人民法院审理本案是否正确?
(5) 被告健身器械公司的上诉理由是否正确?
(6) 被告是否具有上诉权?

法理依据:(小组讨论)
判定结果:(小组讨论)

五、仲裁程序

(一) 申请与受理

1. 申请

当事人申请仲裁应当符合下列条件:
(1) 有仲裁协议;
(2) 有具体的仲裁请求和事实、理由;
(3) 属于仲裁委员会的受理范围。

当事人申请仲裁,应当向仲裁委员会递交仲裁协议、仲裁申请书及副本。仲裁申请书应当载明下列事项:

(1) 当事人的姓名、性别、年龄、职业、工作单位和住所,法人或者其他组织的名称、住所和法定代表人或者主要负责人的姓名、职务;
(2) 仲裁请求和所根据的事实、理由;
(3) 证据和证据来源、证人姓名和住所。

2. 受理

仲裁委员会收到仲裁申请书之日起五日内,认为符合受理条件的,应当受理,并通知当事人;认为不符合受理条件的,应当书面通知当事人不予受理,并说明理由。

仲裁委员会受理仲裁申请后,应当在仲裁规则规定的期限内将仲裁规则和仲裁员名册送达申请人,并将仲裁申请书副本和仲裁规则、仲裁员名册送达被申请人。

3. 答辩

被申请人收到仲裁申请书副本后,应当在仲裁规则规定的期限内向仲裁委员会提交答辩书。仲裁委员会收到答辩书后,应当在仲裁规则规定的期限内将答辩书副本送达申请人。被申请人未提交答辩书的,不影响仲裁程序的进行。

(二) 当事人在仲裁开庭前的准备

(1) 当事人达成仲裁协议,一方向人民法院起诉未声明有仲裁协议,人民法院受理后,另一方在首次开庭前提交仲裁协议的,人民法院应当驳回起诉,但仲裁协议无效的除外;另一方在首次开庭前未对人民法院受理该案提出异议的,视为放弃仲裁协议,人民法院应当继续审理。

(2)申请人可以放弃或者变更仲裁请求。被申请人可以承认或者反驳仲裁请求,有权提出反请求。

(3)一方当事人因另一方当事人的行为或者其他原因,可能使裁决不能执行或者难以执行的,可以申请财产保全。当事人申请财产保全的,仲裁委员会应当将当事人的申请依照民事诉讼法的有关规定提交人民法院。申请有错误的,申请人应当赔偿被申请人因财产保全所遭受的损失。

(4)当事人、法定代理人可以委托律师和其他代理人进行仲裁活动。委托律师和其他代理人进行仲裁活动的,应当向仲裁委员会提交授权委托书。

小小陪审员

海南省天南公司与海北公司于2012年6月签订了一份融资租赁合同,约定由天南公司进口一套化工生产设备,租给海北公司使用,海北公司按年交付租金。海南省A银行出具担保函,为海北公司提供担保。后来天南公司与海北公司因履行合同发生争议。

焦点问题:

(1)如果天南公司与海北公司签订的合同中约定了以下仲裁条款:"因本合同的履行所发生的一切争议,均提交珠海仲裁委员会仲裁",天南公司因海北公司无力支付租金,向珠海仲裁委员会申请仲裁,将海北公司和A银行作为被申请人,请求裁决被申请人给付拖欠的租金。天南公司的行为是否正确?为什么?

(2)如果存在上问中所说的仲裁条款,天南公司能否向人民法院起诉海北公司和A银行,请求支付拖欠的租金?为什么?

(3)如果本案通过仲裁程序处理,天南公司申请仲裁委员会对海北公司的财产采取保全措施,仲裁委员会应当如何处理?

(4)如果本案通过仲裁程序处理后,在对仲裁裁决执行的过程中,法院裁定对裁决不予执行,在此情况下,天南公司可以通过什么法律程序解决争议?

法理依据:(小组讨论)

判定结果:(小组讨论)

(三)仲裁庭的组成

仲裁庭可以由3名仲裁员或者1名仲裁员组成。由3名仲裁员组成的,设首席仲裁员。当事人约定由3名仲裁员组成仲裁庭的,应当各自选定或者各自委托仲裁委员会主任指定1名仲裁员,第3名仲裁员由当事人共同选定或者共同委托仲裁委员会主任指定。第3名仲裁员是首席仲裁员。当事人约定由1名仲裁员成立仲裁庭的,应当由当事人共同选定或者共同委托仲裁委员会主任指定仲裁员。

当事人没有在仲裁规则规定的期限内约定仲裁庭的组成方式或者选定仲裁员的,由仲裁委员会主任指定。

仲裁庭组成后,仲裁委员会应当将仲裁庭的组成情况书面通知当事人。

（四）开庭与裁决

1. 开庭

仲裁应当开庭进行。当事人协议不开庭的,仲裁庭可以根据仲裁申请书、答辩书以及其他材料作出裁决。仲裁一般不公开进行,当然,当事人协议公开的,可以公开进行,但涉及国家秘密的除外。

当事人有正当理由的,可以在仲裁规定的期限内请求延期开庭。是否延期,由仲裁庭决定。申请人经书面通知无正当理由不到庭,或者未经仲裁庭许可中途退庭的,视为撤回仲裁申请;被申请人经书面通知,无正当理由不到庭或者未经仲裁庭许可中途退庭的,可以缺席裁决。在庭审中,实行谁主张谁举证的原则。仲裁庭认为有必要收集的证据,可以自行搜集。所有证据应当在开庭时出示,当事人可以质证。最后,由仲裁庭审定。当事人在仲裁过程中有权进行辩论,辩论终结时,首席仲裁员或独任仲裁员应当征询当事人的最后意见。当事人申请仲裁后,可以自行和解,也可以撤回仲裁申请。当事人达成和解协议、撤回仲裁申请反悔的,还可以根据仲裁协议申请仲裁。

2. 裁决

仲裁庭在作出裁决前,可以先行调解。当事人自愿调解的,仲裁庭应当调解。调解达成协议的,仲裁庭应当制作调解书或者根据协议的结果制作裁决书。调解书与裁决书具有同等法律效力。调解书经双方当事人签收后,即发生法律效力。调解书签收前当事人反悔的,仲裁庭应当及时作出裁决。裁决书的内容一般包括仲裁请求、争议事实、裁决理由、裁决结果、仲裁费用的负担和裁决日期。裁决书自作出之日起即发生法律效力。当事人应当认真履行,并不得就同一纠纷再向其他仲裁机构申请仲裁或向人民法院起诉。

按照我国《仲裁法》规定,当事人之间发生合同纠纷、继承纠纷和其他财产权益纠纷,无论是否有仲裁协议,一方均可向被申请人所在地的仲裁委员申请仲裁。裁决应当按照仲裁庭多数仲裁员的意见作出,仲裁庭形不成多数意见时,报仲裁委员会决定。当事人对裁决不服的,可以上诉。裁决发生法律效力后,任何单位无权撤销。一方不履行的,另一方可以向作出此裁决的仲裁委员申请执行。

六、申请撤销裁决

当事人提出证据证明裁决有下列情形之一的,可以向仲裁委员会所在地的中级人民法院申请撤销裁决:

（1）没有仲裁协议的;

（2）裁决的事项不属于仲裁协议的范围或者仲裁委员会无权仲裁的;

（3）仲裁庭的组成或者仲裁的程序违反法定程序的;

（4）裁决所根据的证据是伪造的;

（5）对方当事人隐瞒了足以影响公正裁决的证据的;

（6）仲裁员在仲裁该案时有索贿受贿,徇私舞弊,枉法裁决行为的。

人民法院经组成合议庭审查核实裁决有前款规定情形之一的,应当裁定撤销。人民法院认定该裁决违背社会公共利益的,应当裁定撤销。

当事人申请撤销裁决的,应当自收到裁决书之日起 6 个月内提出。

人民法院应当在受理撤销裁决申请之日起两个月内作出撤销裁决或者驳回申请的裁定。

人民法院受理撤销裁决的申请后,认为可以由仲裁庭重新仲裁的,通知仲裁庭在一定期限内重新仲裁,并裁定中止撤销程序。仲裁庭拒绝重新仲裁的,人民法院应当裁定恢复撤销程序。

七、执行

当事人应当履行裁决。一方当事人不履行的,另一方当事人可以依照民事诉讼法的有关规定向人民法院申请执行。受申请的人民法院应当执行。

被申请人提出证据证明裁决有民事诉讼法第217条第2款规定的情形之一的,经人民法院组成合议庭审查核实,裁定不予执行。

一方当事人申请执行裁决,另一方当事人申请撤销裁决的,人民法院应当裁定中止执行。人民法院裁定撤销裁决的,应当裁定终结执行。撤销裁决的申请被裁定驳回的,人民法院应当裁定恢复执行。

小小陪审员

某市食品厂和另一市某高级商场签订了一份长期供货合同。最初的一段时间内,食品厂都能够按照合同的约定交付货物。但是后来由于受到外部的冲击,食品厂的效益下滑,同时由于机器设备老化,生产出来的产品的质量下降。因此供给商场的产品多为次品,导致消费者大量投诉,严重影响了该商场的经济效益,给该商场造成的直接经济损失大约15万元。商场多次与食品厂交涉,但是均未能就损害赔偿的具体数额达成一致意见,后来双方商定,将该合同纠纷提交某市仲裁委员会仲裁,并且签署了仲裁协议。

焦点问题:

(1) 如果在签订了仲裁协议后,商场认为该仲裁协议不发生法律效力,双方当事人就此发生争议,此时有关的当事人应当向何机构寻求解决?

(2) 如果在仲裁的过程中,仲裁委员会认为双方当事人之间的买卖合同无效,此时仲裁委员会能否根据双方当事人就合同纠纷达成的仲裁协议继续进行仲裁?

(3) 如果仲裁委员会作出了仲裁裁决后,食品厂对仲裁裁决不服,是否可以向人民法院提起诉讼?是否可以向人民法院提起上诉?

(4) 如果食品厂认为仲裁委员会的仲裁裁决所依据的证据是伪造的,在收到仲裁裁决后,食品厂可以寻求何种救济?

(5) 在仲裁委员会进行仲裁时,开庭了,但是没有公开进行。此程序是否正当?为什么?

(6) 如果仲裁委员会裁定食品厂赔偿商场10万元的损失,但是食品厂没有自行履行该仲裁裁决,商场应当向何机构申请强制执行?

(7) 如果商场在向法院申请强制执行后,食品厂向法院提交证据证明仲裁裁决认定事实的主要证据不足,人民法院应当如何处理?如果商场希望再次寻求法律救济,应当申请仲裁还是进行诉讼?

法理依据:(小组讨论)

判定结果:(小组讨论)

第二节 经济纠纷诉讼

一、经济纠纷诉讼的概述

(一) 经济纠纷诉讼的概念

诉讼俗称"打官司",是指司法机关和案件当事人在其他诉讼参与人的配合下,为了正确处理案件,依照法定程序所进行的全部活动。

经济纠纷诉讼就是发生经济纠纷的一方当事人,依法向有管辖权的人民法院提出诉讼,人民法院和案件当事人在其他诉讼参与人的配合下,按照法定程序,为解决经济权利义务争议所进行的全部活动。

(二) 经济纠纷诉讼的特征

经济纠纷诉讼作为解决经济纠纷的一种有效途径,具有以下特征:

1. 强制性

包含两层含义:首先指经济纠纷只要一方依法向有管辖权的人民法院起诉,另一方就必须应诉,否则法院就有权采取强制措施;其次是指经济纠纷诉讼产生的结果,即法院主持下双方达成的调解协议或人民法院的判决、裁定,一旦生效,就具有强制执行的效力。

2. 最终性

最终性体现二方面:一方面是指一方当事人依法向人民法院起诉后,另一方当事人就无权再向其他部门要求解决;另一方面是指在经济纠纷诉讼中,法院作出的判决、裁定或在法院主行下达成的调解协议一旦生效,经济纠纷的解决便告终结。

3. 规范性

规范性是指经济纠纷诉讼程序具有严格的规范性,也就是说,经济活动一旦发生纠纷需要通过诉讼解决时,必须严格按照法定程序进行。在我国,发生在平等主体之间的经济纠纷引起的诉讼,适用《民事诉讼法》,如企业之间的合同纠纷,根据我国《合同法》和《民事诉讼法》可以向人民法院提起民事诉讼。自然人、法人和其他经济组织对经济管理机关的具有经济性质的管理行为不服而发生的经济纠纷诉讼,如企业对国家税务机关作出的行政处罚决定不服,依据我国《税收征收管理暂行条例》和《行政诉讼法》的规定,可以向人民法院提起行政诉讼。

二、经济诉讼的管辖

经济纠纷诉讼的管辖就是规定上下级法院之间、同级法院之间受理第一审经济纠纷案件的分工和权限,可以分为级别管辖、地域管辖、移送管辖和指定管辖等4种。

(一) 级别管辖

级别管辖亦称审级管辖,是指各级人民法院之间受理第一审案件的分工和权限。具体分为:基层人民法院管辖除上级人民法院管辖外的所有第一审经济纠纷案件,法律另有规定的除外;中级人民法院管辖重大涉外案件、在本辖区内有影响的案件、确认专利权的案件和对海关处理不服的案件;高级人民法院管辖在本辖区内有重大影响的第一审经济纠纷案件;高级人民法院管辖在全国有重大影响的案件,以及它认为应当由其审理的第一审经济纠纷案件。最高人民法院的判决和裁定为最终审判和裁定。

（二）地域管辖

地域管辖是指同级人民法院之间受理第一审经济纠纷案件的分工和权限。它的特点是按照行政区域来划分法院管辖案件的权限。具体分为：

（1）一般地域管辖，即由被告住所地人民法院管辖，也就是我们通常所说的"原告就被告"的原则。如果被告是我国公民，其住所地与经常居住地不一致的，由经常居住地人民法院管辖。经济行政纠纷案件，由最初作出具体行政行为的行政机关所在地或复议机关所在地人民法院管辖。

（2）特殊地域管辖，即合同纠纷，由被告住所地或者合同履行人民法院管辖；票据纠纷，由票据支付地或者被告住所地人民法院管辖；交通运输合同纠纷，由运输始发地、目的地或被告住所地人民法院管辖；共同海损纠纷由船舶最先到达地、共同海损理算地或航程终止地的人民法院管辖等。

（3）协议地域管辖，即合同的双方当事人可以在书面合同中协议选择被告住所地、合同履行地、合同签订地、原告住所地、标的物所在地人民法院管辖，但不得违反有关级别管辖的规定。

（4）专属地域管辖，即不动产纠纷提起的诉讼，由不动产所在地人民法院管辖；港口作业中发生纠纷提起的诉讼，由港口所在地人民法院管辖；因登记（如商标、船舶、法人登记等）发生纠纷提起的诉讼，由登记机关所在地人民法院管辖。

（5）共同地域管辖，即同一诉讼的几个被告住所地、经常居住地在两个以上人民法院辖区的，各人民法院都有管辖权。两个以上人民法院都有管辖权的诉讼，原告可以向其中一个人民法院起诉；原告向两个以上有管辖权的人民法院起诉，由最先立案的人民法院管辖。

（三）移送管辖

移送管辖是指人民法院受理某一案件后，发现自己对此案无管辖权，便移送给有管辖权的人民法院受理或者在特定情况下，下级人民法院将自己有管辖的案件，报请上级人民法院审理或者上级人民法院将自己有管辖权的案件，交给下级人民法院管辖。

（四）指定管辖

指定管辖是指人民法院之间因管辖权发生争议，或者有管辖权人民法院由于特殊原因不能行使审判权，由它们的共同上级人民法院指定某一人民法院管辖。

小小陪审员

A市甲公司与B市乙公司在C市签订一份合同，该合同履行地在D市，合同中的仲裁条款约定，如本合同发生争议提交C市仲裁委员会仲裁。现甲、乙两公司发生合同纠纷，甲公司欲申请仲裁，得知C市未设立仲裁委员会，但A、B、D三个市均设立了仲裁委员会。

焦点问题：
甲公司应当向A、B、D中的哪个仲裁委员会申请仲裁？
法理依据：（小组讨论）
判定结果：（小组讨论）

三、经济诉讼的参加人

诉讼参加人,是指作为经济诉讼主体参加的当事人和类似当事人诉讼地位的诉讼代理人。

(一) 当事人

当事人是指因民事权益受到侵害或者发生争议,而以自己名义进行诉讼,并受人民法院裁定或判决约束,与案件审理结果有直接利害关系的人。包括单一诉讼中的当事人、共同诉讼中的共同诉讼人以及参加诉讼的第三人。

1. 共同诉讼人

当事人一方或者双方为二人以上,其诉讼标的是共同的,或者诉讼标的是同一种类,人民法院认为可以合并审理并经当事人同意的,为共同诉讼。原告为二人以上的,称为共同原告;被告为二人以上的,称为共同被告,这就是共同诉讼人。当事人一方人数众多的共同诉讼,可以由当事人推选代表人进行诉讼。

2. 第三人

经济诉讼一般是在原告和被告两方当事人之间进行的。但在有些情况下,原被告之间的诉讼也可能涉及第三人的利益,需要有第三方参加。第三方,是指对他人之间的诉讼标的有独立的请求权,或者虽无独立的请求权,但案件的处理结果与他有法律上的利害关系,因而参加到他人之间已经开始的经济诉讼中去,以维护自己权益的人。

(二) 诉讼代理人

当事人可由他人作为诉讼代理人代为诉讼。

(1) 无诉讼行为能力人由他的监护人作为法定代理人代为诉讼。

(2) 法定代理人之间相互推诿代理责任的,由人民法院指定其中一人代为诉讼。当事人,法定代理人可以委托一至二人作为诉讼代理人。

(3) 律师、当事人的近亲属、有关的社会团体或者所在单位推荐的人、经人民法院许可的其他公民,都可以被委托为诉讼代理人。

四、第一审程序

(一) 第一审普通程序

第一审普通程序是指人民法院审理当事人起诉案件通常所适用的程序。它在整个经济诉讼中是最完备的一种程序,也是二审程序、审判监督程序和执行程序的基础。

经济纠纷诉讼的一审普通程序,包括起诉和受理、审理前准备、开庭审理、调解或判决几个阶段。起诉和受理起诉是指公民、法人和其他组织认为自己的民事、经济权益受到侵害或者与他人发生争议,以自己的名义请求人民法院通过审判给予法律保护的诉讼行为。它是形成整个诉讼过程的前提条件。起诉必须符合下列条件:

(1) 原告是与本案有直接利害关系的公民、法人和其他经济组织;

(2) 有明确的被告;

(3) 有具体的诉讼请求和事实、理由;

(4) 属于人民法院受理经济诉讼的范围和受诉人民法院管辖。

受理是指人民法院接到原告起诉后经审查,认为符合法律规定的起诉条件,决定立案审理,从而引起诉讼程序开始的一种诉讼行为。原告起诉应向人民法院递交起诉状,并按照被告人数递交副本。人民法院经审查,认为符合条件的,应当在 7 日内立案,并通知当事人;认为不符合条件的,应在 7 日内裁定不予受理,并通知原告人,说明原因和理由,原告对裁定不服的,可以提起上诉。

(二)审理前准备

人民法院应当在立案之日起 5 日内将起诉状副本发送被告,告知被告在收到之日起 15 日内提出答辩。人民法院在收到答辩状之日起 5 日内将答辩状副本发送原告。被告不提出答辩的,不影响人民法院的开庭审理。人民法院还应当在受理案件后,根据原告的起诉状和被告答辩意见,认真做好证据的搜集工作,必要时,也可以委托外地法院进行调查,受委托的人民法院接到委托书后,应在 30 日内完成调查。最后,还要组成合议庭,决定开庭的日期、时间和地点,并向当事人和诉讼参与人提前发出传票和出庭通知书。此外,还要认真做好更换和追加当事人的工作。

(三)开庭审理

根据《民事诉讼法》的约定,经济纠纷案件除涉及国家机密或法律另有规定的以外,一律进行公开审理。人民法院审理案件,必须严格按照《民事诉讼法》规定程序分阶段进行。

首先是开庭预备,包括:

(1)传唤,通知当事人和其他诉讼参与人;

(2)查明当事人和其他诉讼参与人是否到庭;

(3)审判长核对当事人;

(4)宣布案由,宣布审判人员、书记员名单,告知当事人有关的诉讼权利和义务,询问当事人是否提出回避请求。

其次是法庭调查,它是开庭审理的核心,是案件进入实体审理的一个重要阶段。这一阶段,一般按下列顺序进行:

(1)当事人陈述;

(2)告知证人的权利义务,证人作证,宣读未到庭的证人证言;

(3)出示书证、物证和视听资料;

(4)宣读鉴定结论;

(5)宣读勘验笔录。

最后法庭辩论,即经济纠纷当事人及诉讼代理人就案件的有关事实和法律适用等问题提出自己对本案的基本看法和处理意见,并相互辩驳对方观点的诉讼活动。法庭辩论的顺序是:

(1)原告及其诉讼代理人发言;

(2)被告及其诉讼代理人答辩;

(3)第三人及其诉讼代理人发言或者答辩;

(4)相互辩论。

(四)调解或判决

经济纠纷案件经过法庭调查和辩论,事实已经清楚,责任已经明确,因此接下来就是处理案件了。

根据《民事诉讼法》的规定,经济纠纷可以在查清事实,分清责任的基础上进行调解。调解达成协议的,人民法院要制作调解书,并经双方签收后,即发生法律效力。对于达不成协议或一方当事人在调解书送达前反悔的,应及时依法作出判决,而不能久调不决。

评议宣判是开庭审理的最后阶段,其主要工作为:合议庭评议,作出判决,公开宣判;告知当事人上诉权利、上诉期限和上诉的法院。

五、第二审程序

第二审程序是指当事人对一审法院的判决或裁定不服,而上诉至上一级人民法院进行审理所适用的程序。根据我国《民事诉讼法》的规定,对一审判决不服,其上诉期限为15日;对一审裁定不服,其上诉期限为10日,均从接到判决书或裁定书的次日起计算。

二审人民法院对上诉案件,应当由审判员组成合议庭进行审理。审理可视情况分别采用直接审理或书面审理。上诉案件经过审理后,二审法院按照不同情况,分别作出判决或裁定:

(1) 原判决认定事实清楚、适用法律正确的,驳回上诉,维持原状;
(2) 原判决适用法律错误,依法改判;
(3) 原判决认定事实错误或者主要事实不清,证据不足,裁定撤销原判,发回重审,或者查清事实后改判;
(4) 原判决违反法定程序,可能影响案件正确判决的,裁定撤销原判,发回重审。当事人对重审案件的判决或裁定不服的,可以上诉。

六、审判监督程序

审判监督程序也称再审程序,是指人民法院对已经发生法律效力的判决、裁定发现确有错误,依法对案件进行再次审理的程序。它是"实事求是,有错必纠"原则在审判工作中的具体体现。

我国《民事诉讼法》和《行政诉讼法》规定:当事人对已经发生法律效力的判决和裁定,认为有错误,可以向原审人民法院或者上一级法院申请再审。当事人申请再审,应当在判决、裁定发生法律效力后六个月内提出,并不得因申请再审而停止原判决裁定的执行。再审程序的提起通常有下列几种情况:

(1) 新的证据,足以推翻原判决、裁定的;
(2) 原判决、裁定认定事实的主要证据不足的;
(3) 原判决、裁定适用法律确有错误的;
(4) 人民法院违反法定程序,可能影响案件正确判决、裁定的;
(5) 审判人员在审理该案件时有贪污受贿,徇私舞弊,枉法裁判行为的。

再审案件的程序应由原审级决定。原来是第一审的,按照一审程序审理,所作出的判决、裁定,当事人不服可以上诉;原来是二审的,或者是上级人民法院提审的,按第二审程序审理,所作的判决、裁定就是发生法律效力的判决、裁定。

七、执行程序

执行是指人民法院对已经发生法律效力的判决、裁定、调解协议和其他具有执行效力的法律文书,由于一方当事人无理拒绝履行,根据对方当事人的申请,依照法定程序强制执行的诉讼活动。

执行必须符合下列条件:①要有执行根据;②执行根据必须具有给付内容;③执行根据必

须已经发生法律效力;④负有义务的一方当事人拒不履行法律文书确定的义务。执行权统一由人民法院行使。

申请执行的期限是:双方或一方当事人是个人的为一年;双方是企业事业单位、机关、团体的为六个月。从法律文书规定期限的最后一日起计算。

执行的具体措施有:扣留、提取、划拨被执行人的收入或银行、信用社存款,查封、扣押、冻结、拍卖、变卖被执行人的财产等。对于人民法院发生的协助执行通知书,有关单位和个人必须办理。

八、经济起诉状

(一) 经济起诉状的概念

经济起诉状是指经济案件的原告人为维护自己的合法经济权益,就经济纠纷向人民法院提起诉讼的书状。任何经济法主体认为自己的权益被侵犯或与他人发生纠纷时,都依法享有起诉的权利。要行使这种权利就要制作经济起诉状,并提交给有管辖权的人民法院。它是两个诉讼活动的开始。

(二) 经济起诉状的结构和内容

经济起诉状一般由开头、诉讼请求、事实与理由、结尾和附项等五个部分组成。

1. 开头部分

首先要写明诉状的名称,标明"经济诉状"。其次,要分别写明原、被告的基本情况,包括单位名称,法定代表人姓名、职务,企业经济性质、经营范围,单位所在地址、开户银行、账号。如果对被告有些情况不清楚,可注上"不详"。如果原、被告一方是个人的,就写明姓名、性别、年龄、民族、籍贯、职业、工作单位、住址等内容。

2. 诉讼请求部分

直接、简要地写明原告人的起诉目的、要求解决哪些问题。诉讼请求中提出的主张和要求应做到合情、合理,更要合法。要与后面的事实与理由部分相吻合,并互为因果,形式可采用1、2、3……的顺序,给人简练、清晰的感觉,切不可含糊不清。

3. 事实和理由

这部分要重点写出与诉讼目的有关的重要事实、主要事实和具体法律依据,做到陈述清楚、阐明理由充分、适用法律依据准确。

重要事实要把发生纠纷的时间、地点、人物、原因和前后经过叙述清楚,要说明目前的状况,当事人之间相互的权利、义务关系如何。

理由要以具体的法律、法规,双方的协议、合同作为依据,注意做到合情、合理和合法。

事实和理由要以证据作为后盾。事实要用证据加以证实,理由要以证据和有关法律加以说明。有无确凿、充分、有效的证据提供给人民法院作为定案、处理纠纷的依据,直接关系到诉讼请求能否成立和诉讼的胜败。陈述案情要建立在可靠的人证、物证、书证的基础之上,凡能证明案件真实情况的一切证据,都应列举出来,说明证据的来源、证人的姓名,并把它附在后面。

引用法律规定作为依据,必须弄清该纠纷适用什么具体的法律、法规。引用时要具体提出什么法律、第几条第几款第几项,切不可含糊不清,更忌断章取义。

4. 结尾部分

写明提交法院、起诉的单位（或姓名）、书写诉状的时间，并加盖单位或起诉人的印章。

5. 附项

应注明本状副本份数，物证、书证件数。

（三）经济起诉状书写要求

（1）诉讼内容要具备真实性；

（2）证据要具备确凿性；

（3）表述方法要有条理性。

经济起诉状和民事起诉状格式基本相同，现以下面民事诉状为例，让学生掌握诉讼文书的写作。

⚓ 学以致用

请以案例背景材料为依据，为迪达公司拟定一份经济仲裁申请书。

要求：格式正确，经济仲裁申请书主要条款完备，内容具体明确。

案例：

环龙公司与迪达公司签订了一份买卖节能灯的合同。双方在合同中约定：如果发生纠纷，应提交当地的仲裁委员会仲裁。后来迪达公司作为买方提货时发现环龙公司提供的货有严重的质量问题，于是向环龙公司提出赔偿损失的要求，环龙公司不允，双方协商未果。遂迪达公司向当地的仲裁委员会提起仲裁。

⚓ 深度链接

仲裁申请书

申诉人：

申诉人名称：＿＿＿＿＿＿＿＿　地址：＿＿＿＿＿＿＿＿＿

法定代表人：

姓名：＿＿＿＿＿＿　职务：＿＿＿＿＿＿＿

住址：＿＿＿＿＿＿＿＿＿＿＿　电话：＿＿＿＿＿

委托代理人：

姓名：＿＿＿＿＿＿　性别：＿＿＿＿＿　年龄：＿＿＿＿

工作单位：＿＿＿＿＿＿＿＿＿＿＿＿　职务：＿＿＿＿＿

住址：＿＿＿＿＿＿＿＿＿＿＿　电话：＿＿＿＿＿

被诉人：

被诉人名称：＿＿＿＿＿＿＿＿　地址：＿＿＿＿＿＿＿＿＿

法定代表人：

姓名：＿＿＿＿＿＿　职务：＿＿＿＿＿＿＿

案由：＿＿＿＿＿＿＿＿＿＿＿＿＿＿＿＿＿＿＿＿＿＿＿＿＿＿

申请理由和要求：＿＿＿＿＿＿＿＿＿＿＿＿＿＿＿＿＿＿＿

为此,特向你会申请仲裁。
此　致
_____经济合同仲裁委员会

申诉人：_____（盖章）
法定代表人：_____（签章）
　　　　_____年___月___日

附：本申请书副本_____份。
　　合同副本_____份。
　　仲裁协议书_____份。
　　其他有关文件_____份。
注：经济合同纠纷申请仲裁时,双方当事人必须在合同中订有仲裁条款或者有事后达成书面仲裁协议,仲裁机关方能受理。

 知识巩固练习

一、重要概念

经济仲裁　回避　仲裁协议　一裁终局　经济纠纷诉讼　级别管辖　地域管辖　第二审程序　审判监督程序　执行程序

二、简述题

1. 简述仲裁法的适用范围。
2. 仲裁的基本原则是什么？
3. 仲裁机构的基本制度有哪些？
4. 仲裁协议的基本内容是什么？
5. 简述可以申请撤销仲裁的几种情况。
6. 经济纠纷诉讼的特征是什么？
7. 经济纠纷诉讼执行必须符合什么条件？
8. 经济纠纷诉讼申请执行的期限是多久？

三、案例分析

【案例一】

甲、乙两公司于2012年10月签订了一份合同,甲公司从乙公司购买一套水处理设备。甲公司于2012年12月自行派车运回了全套设备,当即安装调试,虽发现存在质量问题,但于2013年6月按期交付了货款。2015年8月甲公司根据仲裁协议申请仲裁,要求退货。

问题：

仲裁委员会是否会受理甲公司的仲裁申请？

【案例二】

2012年1月12日,机电公司与机械加工公司签订一份机电设备加工合同。合同约定,机械加工公司于2012年2月底之前为机电公司完成一套机电设备加工任务,部分原材料及加工费总计为66万元,于设备交付后7日内一次性付清,如果一方违约,应向对方支付合同标的额总价10%的违约金。合同签订后,双方又单独签订一仲裁协议,约定在合同履行过程中,如果就标的物的质量问题发生争议,协商解决不成时,应提交甲仲裁委员会仲裁。合同履行后,就机电设备质量问题双方发生争议。机电公司于2012年5月10日向人民法院起诉,人民法院受理案件后,向被告机械加工公司送达了起诉状副本,并在被告进行实体答辩的情况下对争议案件进行了审理,并作出责令机械加工公司重新加工设备并支付违约金的判决。判决作出后,机械加工公司以存在仲裁协议,人民法院无权受理为由上诉。

问题:

1. 机械加工公司的上诉理由是否成立?人民法院的判决是否有效?

2. 如果机械加工公司在接到起诉状副本后,以存在仲裁协议为理由对人民法院的管辖权提出抗辩,人民法院应当如何处理?

3. 如果就上述争议,机电公司申请甲仲裁委员会仲裁解决,仲裁委员会受理案件后,经过审理作出责令机械加工公司重新加工设备并支付违约金的仲裁裁决,那么,该仲裁裁决是否有效?

【案例三】

2013年9月,望龙实业公司与海辰食品研究所签订一份技术合同,商定双方联合开发研制一种老人营养饮料,合同中的仲裁条款规定:"因履行本合同发生的争议,由双方协商解决;协商解决不了的,由仲裁机构进行仲裁。"2014年4月,双方发生争议,海辰食品研究所向本单位所在地的A市仲裁委员会递交了仲裁申请书。望龙实业公司拒绝答辩。双方经过协商,重新签订一份仲裁协议,商定将此合同争议提交望龙实业公司所在地的B市仲裁委员会进行仲裁。事后,海辰食品研究所担心B市仲裁委员会实行地方保护主义,故未申请仲裁,而向合同履行地的人民法院起诉,起诉时未说明此前两次约定仲裁的情况,法院受理了本案,并向望龙实业公司送达了起诉状副本,望龙实业公司向法院提交了答辩状。法院经审理判决被告败诉,被告立即上诉,理由是事先有仲裁协议,法院判决无效。

问题:

1. 合同中的仲裁条款有效还是无效?为什么?
2. 争议发生后签订的仲裁协议有效还是无效?
3. 海辰食品研究所向法院起诉是否正确?为什么?
4. 法院审理本案是否合法?为什么?
5. 上诉理由是否正确?
6. 被告是否具有上诉权?为什么?